2018年改定の保育所保育指針では、今までの「0歳児」を「乳児」と表示し、育ちに関する新たな3つの視点「健やかに伸び伸びと育つ」「身近な人と気持ちが通じ合う」「身近なものと関わり感性が育つ」について追記されました。その3つの視点から5領域の育ちにつながるよう、保育者はどのように働きかけ、配慮をすべきか、本書の事例を交えて考えていきましょう。

　まず、きめ細かな対応をするために、担当する月齢の子どもが、どう成長していくかという発達の姿(P.26～P.29)を理解しておきましょう。そのうえで、その月齢に必要な経験が抜けないよう指導計画(P.39～)を立案し、愛情をたっぷりと注ぎながら、愛着関係を築いていきたいものです。

　また、乳児保育は、特に睡眠時間が生活リズムの中心になります。保育現場では、乳児の睡眠中に起こるSIDS(乳幼児突然死症候群)の発生を防ぐため、0歳児は5分ごとに1回の睡眠チェックを行なうことが望ましいとされています。本書の「日の記録」は、SIDSのチェックを0歳児は5分に1回、観察して記録する書式にしています。忘れないようにアラームをつけるなどの工夫をして睡眠中の子どものようすを見守るようにしましょう。このチェック表の存在は、子どもの命を守るということが一番の目的ですが、こうして書面に残すことでSIDSによる事故が起きたときに、保育者がきちんと見守りをしていたという証（あかし）ともなるのです。

　0歳児保育の醍醐味は、子どもにとっての「はじめて」にたくさん遭遇できることです。はじめて立った！　はじめて歩いた！…、時には保護者よりも多く子どもの「はじめて」に立ち会うこともあります。その感動は、0歳児担任にしか味わえない感動であり一番の"やりがい"といえます。本書に掲載された資料は、実際の保育の現場にて記録されたものが土台とされています。日々、子どもたちの笑顔の中で、時には迷いつつも、乳児保育に"やりがい"を感じる保育者たちが記入したものとして参考にしていただけたら幸いです。

奈良・ふたば保育園　田中三千穂

本書の特長

指導計画への理解と、
子どもひとりひとりの姿の理解がより深まる1冊です!

1 個別の指導計画がたっぷり!

15人の子どもの1年間の発達を見通せる指導計画例で、
目の前の子どもに沿った指導計画を立案するヒントになります!
毎月の指導計画には、ふりかえりが付いて、
次月の計画立案もさらにわかりやすくなります!

2 書ける! 指導計画のための工夫が満載!

巻頭ページでは、指導計画を書くための基本をわかりやすく説明!
さらに、すべての月案・個人案・日の記録には、よい表現を示し、
ひとりひとりの育ちや実践的なポイントがわかる解説付きです。
指導計画を書くこと、そして保育が楽しくなる工夫が満載です!

3 多様なニーズにこたえる計画がいっぱい!

月案はもちろん、全体的な計画や食育、避難訓練、健康支援など、
様々な計画を網羅しています。指導計画のつながりがわかります!

子どもたちのことは
大好きなんです。

指導計画のことなら
なんでもお任せ!
いっしょに学んでいこうね。

▶ しょうこ先生
指導計画に苦手意識があり、
わかりやすく教えて
もらえないか悩んでいる。

◀ ふくろう先生
悩める保育者のもとにかけつける
指導計画のプロ。
著者・川原佐公先生の弟子。

第1章 指導計画の基本

ふくろう先生といっしょに！
楽しく学ぶ！ 指導計画

第1章 項目別！立案のポイント

子どもの姿について書く！

立案のポイント：発達のポイントとなる姿をとらえる

子どもがその時期ごとに示す発達の特性や、それまでに見られなかった育とうとしている姿を特に取り上げ、記入します。

→ P.8のマンガへ

書き方のヒント！ 生活、遊びの場面からとらえよう！

記録を取る！
- 発達のポイントとなる姿
- 前月に見られなかった姿
- 成長を感じる場面
- ひとつの言動を詳しく観察する など

例：ハイハイしているときの手足の動きは？ 背骨はどうなっている？ など。

深める！
- 何を楽しんでいただろう？
- 何に興味を持っていたのだろう？
- なぜ、何に、こだわっていたのだろう？ など

子どもの言動ひとつひとつに意味がある！それを探ろう！

文章にしてみる！
- 抽象的な表現でなく、子どもの姿が目に浮かぶように書く。（抽象的→具体的な表現の例は次ページ参照）
- 事実（実際の子どもの姿）と、解釈（保育者の視点で感じたこと、思ったこと）を分けて書こう！

例：積み木を高く積み、「ア〜」と言って、うれしそうにしている。

解釈　事実

指導計画の基本

気になるこんなQ&A

Q 4月の初めの姿はどうとらえて書けばよいのでしょうか？

A 前年の担任や保護者とのやりとりをヒントに！

進級児の場合は、前年のクラス担任に話を聞いておき、新入園児の場合は、入園前に保護者とやりとりをしておきます。そのうえで予想をたてながら、4月の初めの姿を実際に見て記入するようにしましょう。

書き方のヒント！ 抽象的 → 具体的に書こう！

抽象的	具体的
●手づかみでこぼしながら食べている。	●スプーンを持っているが、手づかみで口に運ぶこともあり、こぼしながらも自分で食べている。
●眠くなると特定のサインを見せている。	●耳をかいたり目をこすったり、眠くなると保育者に決まった動作で知らせる。
●靴の脱ぎ履きをひとりでできない。	●靴に足を入れることはできているが、かかとの部分を引っ張って足を全部入れることは、保育者に手伝ってもらいながらしている。
●おしぼりを渡すとふいている。	●食後おしぼりを渡すと、汚れた手を自分でふき、にっこりと笑っている。
●ハイハイして移動している。	●両手とひざを床に着け、おなかを浮かせながらハイハイして前へ進んでいる。
●両手で持ったものを打ち合わせている。	●両手に持った玩具を打ち合わせて鳴らし、喜んでいる。
●「いないいないばあ」を喜んでいる。	●保育者が「いないいないばあ」をすると、手をたたいて喜んでいる。
●指さして、声に出して知らせようとしている。	●知っているものを指さして、保育者に「ワンワン」などと言って知らせようとしている。

7

第1章 項目別！立案のポイント

ねらい について書く！

立案のポイント 育とうとしているところ + 保育者の願いで

子どもの姿から読み取れる、育とうとしているところに、保育者の願いを込めてねらいをたてます。発達のことや月齢、季節も考慮したうえで作成しましょう。

→ P.9のマンガへ

書き方のヒント！ よく使う文末表現

指針、教育・保育要領のねらいの文末表現を特に抜き出しました。「感覚が芽生える」や「〜を感じる」「関心をもつ」というように、この時期に「できる」ということを目指すのではなく、今後育っていった際の、「力の基盤を養う」ことを大切にしましょう。

0歳児
- 〜する心地よさを感じる。
- 〜をしようとする。
- 〜の感覚が芽生える。
- 喜びを感じる。
- 〜に興味や関心をもつ。
- 〜に自分から関わろうとする。

 例
- ゆったりとした環境の中で、保育者や友達と共に過ごす喜びを感じる。
- いろいろな食材を進んで食べ、食べることにも興味や関心を持つ。

1歳以上3歳未満児
- 〜を楽しむ。
- 〜しようとする気持ちが育つ。
- 〜する心地よさを感じる。
- 〜に気付く。
- 〜に興味や関心をもつ。
- 〜を味わう。
- 〜が豊かになる。

例
- 進んで友達や保育者と体を動かすことを楽しむ。
- 保育者と関わる中で、自分なりに思いを表現しようとする。
- 身近な自然物に関わりながら、様々なものに興味や関心をもつ。

指導計画の基本

内容 について書く！

立案のポイント　「ねらい」を達成するための子どもが経験する事項

ねらいに向けて、子どもがどのようなことを経験する必要があるかを考えて、内容をたてます。

前のページでたてたねらいに向けて、Aちゃんには ってしてほしいかな

保育者のそばで「デタ」と言ったり、ズボンの前をたたいたりする。

養護はもちろん、
- 身の回りのことを自分でする「健康」
- 自分の思ったことを相手に伝える「人間関係」
- 気持ちを言葉で表現する「言葉」

っていう教育的要素が含まれてるんだよ！
0歳児なら、身体、精神、社会性、どれも入っているね！

→ P.10のマンガへ

ねらいを達成するための
- 保育者が適切に行なう事項
- 保育者が援助して子どもが環境にかかわって経験する事項が内容です。

決して保育者側からの押し付けにならないように、「子どもがみずからかかわって」経験できるように考えましょう。

書き方のヒント！　よく使う文末表現

ここでも、指針、教育・保育要領の文末表現から抜き出しています。参考にしましょう。5歳の修了時も念頭に置く一方で、この乳児期に必要な「気持ちの芽生え」や「意欲の育ち」などを大切に考えていきましょう。

0歳児

- 生活をする。
- 体を動かす。
- 楽しむ。
- 過ごす。
- やり取りを楽しむ。
- 意欲が育つ。
- 気持ちが芽生える。
- 豊かにする。
- 見る。
- 遊ぶ。

 例
- 保育者や友達と室内で体を動かす。
- 保育者に見守られて、安心して過ごす。
- 型はめなど、指先を使って遊ぶ。

1歳以上3歳未満児

- 生活をする。
- 楽しむ。
- 身に付く
- 自分でしようとする。
- 感じる。
- 過ごす。
- 遊ぶ。
- 気付く。
- 育つ。
- 親しみをもつ。
- 興味や関心をもつ。
- 使おうとする。
- 聞いたり、話したりする。
- 体の動きを楽しむ。
- 自分なりに表現する。

 例
- 落ち葉やドングリに親しみをもつ。
- 簡単な衣服の脱ぎ着を自分でしようとする。
- パスや絵の具で、自分なりに表現する。

第1章 項目別！立案のポイント

環境づくり について書く！

立案のポイント 子どもがみずからかかわれるように

ねらいや内容を達成するために、どのようにすれば子どもがみずからかかわるか、具体的な方法を考えましょう。

→ P.12のマンガへ

書き方のヒント！

人的環境 子どもによい刺激を与えることで発達を助長します。

保育の現場では

- 保育者 ………… 保育者が率先して遊んで、楽しんでいる姿を見せる。
- ほかの子ども ……… 意欲的に食べる子とそうでない子を並べる。
- 保護者、兄弟 ……… 保護者、兄弟への信頼・安心感を伝える。
- 異年齢の子ども …… あこがれを抱くことができるふれあう機会をつくる。
- 地域住民 ………… 敬老の日などに、地域の高齢者とかかわる。 など

人的環境と援助の違いは？

| **人的環境** 子どもによい刺激を与える | **援助** 子どもの思いを受け止めてかかわる |

保育室で保育者がピアノをひとりで弾いて歌っているときに子どもが近づいてくる場面

ひとりで歌っている子どもに気づいた保育者がピアノ伴奏をつけている場面

 季節の歌を弾き、子どもといっしょに歌えるようにする。

 子どもが歌っているときにはピアノ伴奏をつけ、歌への興味が増していけるようにする。

指導計画の基本

Q 初めにたてた環境と子どもの姿がずれてしまったらどうしたらよいのでしょうか。

A 子どもに寄り添って環境の再構成を。

活動の途中で子どもの興味・関心が変わったり、夢中になってかかわり、物が足りなくなったりすることがあります。柔軟にとらえ、必要に応じて物の補充を行なったり、コーナーを作っている場合はその内容を変更したりするなど、子どもに寄り添いながら再構成しましょう。また子ども自身で環境を発展させていけるようにしておくことも重要です。

物的環境
大きく、生活のための環境と、遊びの環境に分けられますが、一体化している場合もあります。

生活
日々の生活を快適に過ごせるように、生活習慣の自立に向けて子どもが自分からしたくなるように、環境を構成するようにしましょう。

例
- スプーンとフォークを用意しておき、自分で選んで食事できるようにしておく。
- ひとりでパンツやズボンの脱ぎ着をできるように、低い台を用意しておく。

遊び
子どもたちは遊びを通して多くのことを学びます。環境に意欲的にかかわっていけるように、発達に合った環境を用意しましょう。

例
- 巧技台やマットを用意しておき、広い環境で存分に体を動かせるようにする。
- コーナーに人形などままごとの道具を準備しておき、ごっこ遊びを十分に遊び込めるようにする。
- のびのびとなぐり描きを楽しめるように、四ツ切の画用紙を用意しておく。

空間・雰囲気
人的環境と物的環境が互いに関係し合いながら、総合的につくり出すようにします。

例
- にっこりと温かい笑みでかかわることを心がけたり、家庭で慣れ親しんだ玩具を持ってくることができるようにしたりして、ゆったりとした温かい雰囲気をつくる。

時間
時間配分を考えたり、子どもがひとりでする時間を取ったりするのも環境のうちです。

例
- 着替えに時間がかかっても、自分でしようとする姿を大切にし、ゆったりとひとりで着替えられる時間を取るようにする。
- 戸外で体を動かして遊んだあとは、ゆったりと汗をふいたり水分補給をしたりできるような時間を取る。

自然事象
季節によって変わる自然事象にふれられるように心がけましょう。

例
- 落ち葉やドングリなどにかかわって遊べるように、たくさん落ちている場所を事前に確認しておく。

第1章 項目別！立案のポイント

保育者の援助 について書く！

立案のポイント 子どもの育ちを支える手助けを

子どもに寄り添い、受容したり共有したり共感したり、必要に応じて働きかけることが援助になります。

→ P.14のマンガへ

書き方のヒント！ 0・1・2歳児保育で特に重要な援助

子どもの主体性を育てるために、0・1・2歳児のころに特に大切にしていきたい援助として以下のものが挙げられます。

	例
●子どもの行動をそのまままねて返す。	○子どもがほほを触りにっこり笑うなどのしぐさをしたときに、保育者も同じようにほほを触って笑い、まねて返す。
●子どもの発した音声や言葉をまねて返す。	○「アー」と子どもが喃語を発したとき、思いを十分に受け止めてかかわり「アー」と返すようにする。
●子どもの行動や気持ちを言葉で表す。	○友達と玩具の取り合いになり、手が出てしまったときには、「玩具が欲しかったんだね」と子どもの思いを言葉にして返す。
●大人の行動や気持ちを言葉で表す。	○手を洗うとき、黙って洗わずに保育者が「ああ手を洗うと気持ち良いな」と言葉にしながら手を洗うようにする。
●子どもの言い誤りを正しく言い直す。	○戸外へ出るとき、靴を「クチュー」と言ったときには「そうね、靴ね」と優しく語りかけながら、ひとりで履こうとするようすを見守る。
●子どもの言葉を意味的、文法的に広げて返す。	○散歩のとき、車を指さして「ブーブー」と言うと「車だね、速いね」と子どもの思いを認める。

指導計画の基本

気になるこんなQ&A

Q 介助と援助と指導の違いは？

A かかわり方に違いがあります。

介助は子どもがひとりでできずに手助けを必要とするときに直接助けて解決すること。援助は子どもが環境にかかわって行なっている活動の過程で、必要に応じて働きかけていくことです。指導はより広い意味を持ちます。つまり子どもが発達に必要な体験を得ることを促すために、適切に行なう保育者の営みすべてを指します。

書き方のヒント！　援助の手だて9つと文末表現のヒント

	援助の具体的な手だて	子どもの心に育つもの	文章表現のヒント
受容	● 大人の考えで評価せず、子どもの価値を丸ごと受け入れる ● 子どもの小さなつぶやきも、聞き逃すことなく聞き取る ● 子どもが「何をしたいのか」「何をしようとしているのか」ということを探る ● 子どもを信じて、温かいまなざしで見守る ● 子どもの関心、好奇心を見守り受け止めていく ● ひとりひとりの発達のようすを把握し、子どもの内面を理解し受け止める ● 気後れしている子に対しては、そっとひざに抱いたりして、優しく受容する	● 子どもの心が開放される ● 自分を見てくれているという安心感、愛情を感じる ● 子どもの感情や生活を豊かにしていく	例 ● ～見守る ● ～受け止める　など
共有	● 行動の共有 ● 視線の共有 ● 指さしの共有 ● 音声の共有 ● 感情の共有	● 子どもの心が安定して信頼関係が生まれる ● コミュニケーションが図れる ● 子ども自身が自分の存在感を感じることができる	例 ● 子どもと同じ動きをする ● 子どもと同じほうを見る ● 子どもと同じほうを指さす ● 子どもと同じ言葉を言う　など
共感	● 感情を共にする ● 子どもと同じ目線に立ち、子どもの感じていることをそのまま感じ取る	● 心を通わせ、信頼関係が生まれる ● 大人との共感関係で自信を持つようになり、心豊かになる ● 同じイメージを持って遊ぶことで、遊びが持続し発展していく	例 ● 子どもがびっくりしたとき、「びっくりしたねえ」と言いながら共感する　など
承認・認める	● 「○○のところがいい」と具体的に褒める	● 「これでいいんだ」と自信が持てる	例 ● 子どもがちょっとした段差を跳べたら「○○ちゃん、跳べたね。すごいね」と褒める　など
支援	● 目的を持ち、子どもにとって有益な支持をする ● しゃべりすぎない	● 子ども自身の行動目的がはっきりする	例 ● 子どもと視線を合わせてうなずく　など
誘導・提案	● 子どもに考える余地を残して働きかける ● 子どもが言葉で返せるように引き出していく ● 子どもが迷ったり、つまずいたりしているときは、子どもみずから、答えが出せるようにかかわる ● 遊びに取り組んでいる過程を大切にし、子ども自身が考えて遊べるように誘導しすぎないようにする。結果を気にしない	● 子どもに気づかせることができ、遊びが発展する ● 自分で考えて行動できるようになる	例 ● 「○○くんは、どうしたいかな？」と問いかける　など
質問・疑問	● 保育者はわかっていても考えるチャンスを与える ● 年齢に応じて、単純でわかりやすい言葉にする ● 年長児には、子どもの中に疑問を投げかける。反論することが効果的	● 考えるきっかけをつくり、創意工夫が生まれる	例 ● 「これって、どうするんだっけ、教えて！」と投げかける　など
物的補充	● 活動している過程で、子どもが必要としているものをタイミングよく補充していく	● 必要な物を補充していくことで遊びが発展する	例 ● 欲しそうにしている色の折り紙をそっと見える場所に置く　など
成就感・達成感	● 困難にぶつかっているとき、思いを受け止め、解決の糸口を与える	● やった！　できた！　という思いを味わう	例 ● おイモの色がない…と困っている子どもといっしょに、絵の具を混色して納得できるまでつき合う　など

© 川原佐公

第1章 項目別！立案のポイント

評価・反省・課題について書く！

立案のポイント：ねらいと、子どもの育ちとみずからの保育の振り返り

たてた計画に対して、ねらいを達成できたか、そして子どもがどのように育ったか、みずからの保育はどうであったか、という視点から振り返ります。

書き方のヒント！ ポイントをしぼって振り返ろう！

- **ねらいに照らして反省する**
  みずからたてたねらいが子どもの発達に合っていたか、その時期に適切なものであったかを振り返ります。

- **子どもの育ちとみずからの保育を振り返る**
  子どもが1か月でどのように育ったか、また立案した環境や援助に基づいてどのように保育を進められたか振り返ります。

例
- ●ねらい
  ○友達や保育者とふれあって遊ぶことを楽しむ。
- ●評価・反省・課題
  ○隣で同じ遊びをしている子どもに「○○ちゃんも遊んでるよ」と仲立ちをしたことで、友達とかかわって遊ぶ姿が見られるようになってきた。これからも、子どものようすを見ながら、友達関係が発展していくように仲立ちやことばがけをしていきたい。

質の向上のスパイラル

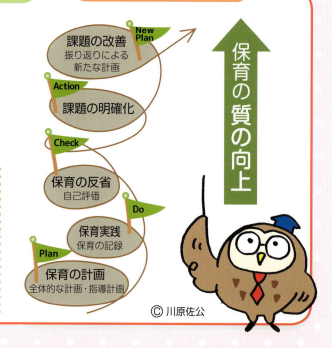

保育の質の向上

- New Plan：課題の改善（振り返りによる新たな計画）
- Action：課題の明確化
- Check：保育の反省（自己評価）
- Do：保育実践（保育の記録）
- Plan：保育の計画（全体的な計画・指導計画）

©川原佐公

指導計画の基本

健康・食育・安全　毎月の保育の中で大切にしたいことを具体的に

これらの項目は、別に計画をたてることもありますが、毎月の保育の中で特に大切にしたいことを記入していきます。季節ごとにふれておきたい事柄や、クラス全体で留意していきたい事柄にふれます。

例
- 朝夕の気温が低くなったこともあり、頻尿の子どもがいるので、室温・湿度を調節する。また、くしゃみや鼻水の出る子に注意し、適切なタイミングで排尿を促すようにする。

保育者間の連携　役割の確認や個別の配慮事項の確認から

複数担任制を敷く乳児保育では特に連携が求められます。それぞれの人員の役割の把握や、共通認識するべき事柄について記入します。

例
- 保育者間で、子どもたちの排尿のサインについて共通理解をしておき、同じかかわりができるようにする。

家庭・地域との連携　保護者や地域との共育ての思いで

保護者との信頼関係を築き、保護者への支援と、保育への理解を深めてもらうとともに、※エンパワメントを支援していくことが目的です。

例
- 排せつの自立について保護者にも伝えながら、家庭と連携して支援をしていく。

※エンパワメントとは、保護者が就労などみずからの生活を創りあげていけるようなしくみを指します。

第1章 項目別！立案のポイント

書き方のコツ

指導計画を書くうえで、押さえておきたい実践的な書き方のルールから、より書きやすくなるためのヒントまで、全体にわたって活用できる8つの項目をご紹介します。

---

1 子ども主体で書く

「させる」という表現を使うと、保育者主導の従わせる保育のニュアンスが強まってしまいます。子どもがみずから環境にかかわって保育するためにも、子ども目線の文章を心がけましょう。

ねらい ✗ 夏の自然に触れさせ、興味や関心を持たせる ➡ ○夏の自然に触れ、興味や関心を持つ。

2 現在形で書く

指導計画はその月のその時期の子どもの姿をイメージして書くものです。ですが、すべて現在形で書くようにします。

内容 ✗ パスでのびのびとなぐり描きをするだろう ➡ ○パスでのびのびとなぐり描きをする。

3 子どもを肯定的にとらえる

子どもの姿をとらえるとき、「〜できない」とばかり書くのではなく、「〜はできるようになってきた」など、プラス視点でとらえることを心がけましょう。子どもがどこまでできるようになってきたかを見る目も養えます。

子どもの姿 ✗ ズボンをひとりではくことができない ➡ ○ズボンに足を入れるようになっているが、おしりまで引き上げるのは保育者に手伝ってもらいながらしている。

4 目に浮かぶように書く

保育を進めるためにはある程度の具体性が必要です。子どもの姿を見極めてもう少し詳しく書くことで、子どもの姿を書きやすく、ねらいをたてやすく、援助を考えやすくなります。

子どもの姿 ✗ 積み木で遊んでいる ➡ ○積み木を高く積み、「ア〜」と言ってうれしそうにしている。

指導計画の基本

5 前の月の計画を参照する

前の月の計画は子どもの育ちを知るための重要な手がかりです。発達の連続性を踏まえて、子どもの育ちにつなげましょう。

6 より大きな計画を参照する

全体的な計画や年の計画など、より長期で子どもの姿をとらえた計画を参照し、月の計画に下ろしていくことが大切です。

7 子どもの24時間の生活を考慮する

当然ながら家庭での生活と園での生活は不可分のものです。例えば家庭で寝ている時間が短い子には園では午睡の時間を長く取るよう配慮するなど、24時間を見通していくことが求められます。

8 ひとりひとりの体調、性格、成長・発達のテンポをとらえる

ひとりひとりに合わせた計画を立案するためには、個別の特徴をしっかり把握しておくことが欠かせません。時には前年の担任保育者にも確認することも必要です。

第1章 よくわかる！指導計画の全体

指導計画作成の流れ

子どもたちの実態を把握し、発達と保育内容を見通して、指針、教育・保育要領に寄り添いながらそれぞれに計画を立案します。

指針、教育・保育要領をもとに

0歳児　1歳児　2歳児　3歳児　4歳児　5歳児

全体的な計画 （0～5歳児）

入園から卒園までを見通して、保育の目標に向けてどのような道筋で保育を進めていけばよいか、園全体で考えます。いちばん長期的な視点を持った計画だね。

年間計画 （4月～3月）　　　月案 （月初～月末）

1年間の発達を見通しながら、年齢別に作成します。1年をいくつかの期に分けて、ゆるやかに全体的な計画でたてた内容の達成を目ざします。

いちばん実践に近い具体的な計画です。その月の子どもの生活の流れを見通して作ります！日々の保育をイメージしながら具体的にねらいや内容を考えていきます。

右ページの基本のきを見ると、全体がもっとよくわかるよ！

指導計画の基本

指導計画基本の き

全体的な計画が、園の指導計画とどのような関係性になっているか図解で説明します。

※認定こども園の場合は、教育・保育要領を参考にしながら全体的な計画を立案していきます。

© 川原佐公

第1章 よくわかる！指導計画の全体

全体的な計画
P.40～45 参照

立案のポイント：園生活でどのように育つかを示す

入園から卒園までの保育期間に、在園する子どもの成長の見通しを持ち、目標に向かってどのような道筋で保育を進めていくかを示した全体計画です。

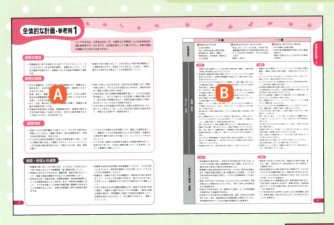

A 保育理念、目標、方針

児童福祉施設としての保育所の社会的機能や役割を押さえ、どのような姿を目ざすか目標を明確にし、どのような方法で運営するか保育の基盤となる考えや姿勢を記入していきます。

B ねらい・内容

保育理念を念頭に、また発達過程を踏まえたうえで、保育者の願いとしてねらいを設定します。保育の養護のねらいと教育の3つの視点・5領域のねらいは分けずに、相互に関係しながら展開できるようにします。

● 認定こども園では

3歳以上児の教育課程に係る時間、保育を必要とする子どものための計画や、一時預かり事業など子育て支援の内容も含めた、教育及び保育の内容並びに子育て支援等に関する全体的な計画を作成します。これらは、個別に作成するのではなく、一体的に作成します。

※本書では保育所における全体的な計画の根幹となる部分を掲載しています。

指導計画の基本

年の計画

P.46〜47 参照

立案のポイント **1年間で子どもの育ちをとらえる**

1年間の発達を見通して、それぞれの発達の時期にどのような保育内容にしていくかを、書きます。月案作成のよりどころになります。

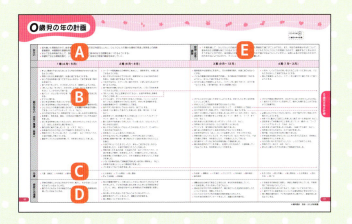

A ねらい

入園から修了までの発達を見通したうえで、その年齢の中で1年の間に育てたい目標を記入します。

B 期のねらい・内容

この時期に育てたいことを、全体的な計画を念頭に置き、子どもの前の時期の姿と次の時期の姿とを見通したうえで設定します。

C 行事

その時期ならではの留意する点を記入します。

D 家庭との連携

時期ごとの保育内容に応じて、地域や家庭と連携していく事柄を記入します。年間を通して共育てを目ざします。

E 評価・反省・課題

実践したうえで、1年間の子どもの育ちや、保育者がたてたねらいが適切であったかを振り返ります。翌年の子どもの育ちや、指導計画の改善に生かします。

A のねらいと、B の期のねらい・内容は、B のほうをより具体的に書きます。

第1章 よくわかる！指導計画の全体

週案的要素を含む 月の計画

4月は P.50～53 参照
（4月～3月の各ページに掲載）

立案のポイント：月の中で具体的に子どもの育ちを考える

その月における子どもの生活の流れを見通して作成します。子どもが充実した生活を送ることができるよう、具体的なねらいや内容、環境の構成、援助を考えていきます。特にひとりひとりの発達に大きな差のある低年齢児保育については、個別に指導計画を立案することが求められます。

月案

クラス全体として留意したい点も含めてまとめています。

A 今月のねらい（クラス）

クラス全体での今月のねらいは、クラス全体でどのようになってほしいか、方向性を記入します。

B 前月の子どもの姿（今月初めの子どもの姿）

前月末の子どもの生活する姿の記録を読み返し、これまでには見られない今の時期に特に現れてきた姿をとらえて記入します。ひとりひとりの姿をつぶさにとらえることがよりよいねらい・内容の立案につながります。

C ねらい（個別）

前月末の子どもの姿から見えてくる子どもの育とうとしていることに、保育者の願いを込めてねらいをたてます。上記 A ともつながっていきます。

D 内容

ねらいを達成するために、保育者が適切に指導する事項と、子どもが環境にかかわる中で経験したい事柄を記入します。

E 環境づくり

ねらいや内容を実際に経験できるように、子ども自身がかかわりたくなるような場や空間、人や物、自然事象をとらえて環境を構成します。月の半ばでも、子どもの気づきを取り入れて、再構成していくことも求められます。

F 保育者の援助

子どもがみずから主体的に活動できるように、保育者の具体的なかかわりを書きます。

指導計画の基本

●認定こども園の2歳児クラスでは

満3歳以上では、保育時間によって1号認定子どもと2号認定子どもに分かれます。多様な子どもの姿が生まれますが、そういった際に無理なく保育を進められるように各担当者間で話し合っておきましょう。

個人案

より多様な個別の指導計画の例としてさらにページを設け、計15人の計画を掲載しています。

G 子どもの発達と評価・反省・課題

ひと月の保育を終えて、子どもがどのように育ったか、またねらいに対してみずからの保育がどうであったかを評価・反省し、翌月以降の計画に生かします。

H 健康・食育・安全

心身の発達がまだ十分でない0・1・2歳児にとっては、健康・安全への配慮の記載が重要です。また、食育についても、その月に特に留意したい点を記入します。

I 保育者間の連携

複数担任で行なう0・1・2歳児保育では、特に保育者間の連携が欠かせません。また、調理担当者など園職員との協働にも留意します。

J 家庭・地域との連携

保護者との「共育て」が求められる乳児保育では、保護者への支援や家庭と連携してよりよい保育を進めていくための内容を記入します。

週案的要素を含む

K 生活と遊び

ひと月を4週に割り、月の計画と合わせて週案的な要素も持ちながら、保育を具体的に見通していきます。

週案的要素を含む

L 行事・生活・遊びの計画

その月の保育でどのようなことをするかイメージし、またねらいを達成するためにどのような遊具などが必要か、保育資料としても活用します。

第1章 よくわかる！指導計画の全体

日の記録

4月はP.55 参照
（4月～3月の各ページに掲載）

立案のポイント 保育と指導計画の質の向上のために

指導計画ではありませんが、毎日の保育を記録することは毎月の指導計画の改善につながります。

A 健康状態のチェック

朝の体温や与薬がある場合は忘れずに記載をします。

B 食事・排せつ・睡眠

食事、排尿・排便、どの時間まで寝ていたかなど、記録します。

C SIDSチェック

園としてSIDS（乳幼児突然死症候群）防止への対応が必要です。睡眠中には0歳児は5分に1回、1歳児は10分に1回、2歳児は15分に1回チェックしましょう。

D 子どものようす

登園時間や降園時間、またどのような遊びをしていたか、特に気になる姿はあったかどうか記入します。

E 生活と遊び

その日に、どのように保育を進めていくか月のねらいに沿ってイメージします。

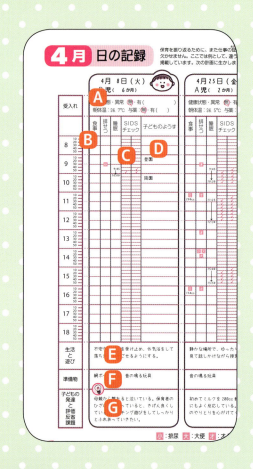

F 準備物

生活と遊びである程度思い描いた保育の内容を行なうために必要な準備物を書きます。

G 子どもの発達と評価・反省・課題

その日の保育の記録を取り、翌日以降の保育、また次月の指導計画へ生かします。

指導計画の基本

その他の保育にかかわるさまざまな計画
P.167～参照

立案のポイント 園生活全体をとらえて

全職員で共通理解を持ったり、家庭や地域と協力したりしながら立案します。

施設の安全管理

保育中の事故防止を目的に、保育室内外の安全点検が求められます。全職員で共通理解を持つためにも、特に気をつけておきたい項目について、チェックリストを作成しておくことは有効です。

健康支援

ひとりひとりの子どもの健康の保持及び増進に努めるために、日々の健康観察や、家庭・嘱託医と連携して行なう内容についても、把握しておくようにしましょう。

避難訓練

火災や地震などの災害発生に備えて、園全体で避難訓練を実施したり、職員の役割分担について把握したりすることが重要になります。日常の防災教育では、子どもが自分で「災害時に取るべき行動を知り、身につける」ことをねらいに進めましょう。

食育

乳児期にふさわしい食生活を展開できるように、食育の年間計画に加え、調乳やアレルギーへの対処など、食事の提供も含めて計画するようにします。

子育て支援

保育所に通所する子どもの保護者に対する支援も必要ですが、地域での子育て支援の拠点としても、保育所の役割があります。そしてどのようなことを実施するか、計画をたてます。

25

第1章 指導計画 作成のヒント！

0〜3歳の発達を学ぼう 〜生活編〜

0・1・2歳児の場合、特に生活面での発達の理解が大切です。この見開きでは、いわゆる5大生活習慣といわれる5つの面から、3歳ごろまでの成長・発達の主な特徴を挙げています。

		おおむね6か月		おおむね1歳
排せつ	●膀胱に尿が一定量たまると、しぜんに排尿が起こる（7か月ごろまで） ●お乳を飲むたびに排せつする ●オムツがぬれると泣き、替えてもらうと泣きやむ ●1日の尿回数が減り、1回の量が増す 　小便 1日 約10〜20回 　大便 1日 約1〜4回	●食事と排せつの間にはっきり間隔が生じる ●排尿の時刻が一定化していく ●投げ座りができるようになり、オマルに座っても安定する	●排せつの間隔が定まってくる（1日に10回程度） ●オムツを取ると喜ぶ	
食事	●2〜3時間ごとに1日7〜8回の授乳（1回の哺乳量は約120〜150cc） ●スープ状のものが食べられる（ゴックン期） →おかゆ、野菜の裏ごしが食べられる 	●舌でつぶして食べる（モグモグ期） 	●下から歯が生えてきて歯と歯茎で食べる（カミカミ期） ●離乳食が完了してくる	●好き嫌いや味の好み、食べ方がはっきりしてくる ●スプーンは持っているものの手づかみで食べることが多い
睡眠	●1日に20〜22時間寝る ●日中3〜4回の睡眠を取る。睡眠リズムはひとりひとり異なる ●昼夜の区別がつくようになり、ぐずらないでぐっすり眠れるようになる	●全体の睡眠時間が13〜15時間くらいになる ●寝返りができるようになる 	●眠たくなるとぐずったり、しぐさで知らせたりするようになる 	●夜間の睡眠時間が9時間30分、全体の睡眠時間は12時間くらいになる ●耳をかいたり、目をこすったりと、眠くなる前にその子なりの決まった動作をする
衣服の着脱	●ぬれたオムツが冷えると、不快に感じて泣く 	●肌着やオムツを替えてもらいながら、大人とスキンシップすることを喜ぶ ●脱ぐことのおもしろさを知る 	●自分からそでに腕を通したり、パンツに足を通したりする ●脱いだ衣服を、自分のロッカーやカゴの中に入れる ●パンツをひとりではこうとする	
清潔	●いやがらずに顔をふいてもらう ●新陳代謝が激しく、発汗が目だつ 	●母体免疫が薄れて、病気にかかりやすくなってくる ●皮膚がカサカサしたり、発疹が出やすかったりする 	●目の前の物をパッとつかみ、口に持って行く ●何でも口に入れる ●おしぼりを渡すと口や顔に持って行き、ふこうとする	●自分の歯ブラシがわかり、口の中に入れて動かす

指導計画の基本

※あくまでもめやすです。発達には個人差があります。

おおむね1歳6か月

- オムツが外れている子どももいる
  - トイレに興味を持ち、他児のしているようすを見る
  - 漏らすと「シーシ」「タ、タ」と伝えにくる

- 口の中で食べ物を舌で動かしながら、奥のほうへ持って行く
- 器に残っている食べ物をスプーンで寄せ集めて、ひとりで食べ終える子もいる

- 2回寝から1回寝になる

- 帽子をかぶったり、ミトンの手袋をはめたりする

- 衣服が砂や泥などで汚れたら払おうとする

おおむね2歳

- 大人が付き添えば、ひとりで排せつできる

- 食べさせようとすると「ジブンデ」と言う
- スプーンやフォークをじょうずに使えるようになる
- はしを持って食べられるようになる

- 昼寝の途中で目覚めても、続いて眠ることがある
- 一般的な睡眠時間のめやすは、1日11〜12時間、うち午睡は1〜2時間になる
- 「おやすみ」とあいさつをして寝る

- 脱ぐことをおもしろがる
- 自分で時間をかけてでも着ようとする
- 衣服の前後、表裏がわかってくる
- 脱いだ物を、自分できちんと畳んで、決められた場所にしまう

- 手が汚れるとふいてもらいたがる
- 不潔、清潔の違いがわかる
- ブクブクうがいをする

おおむね3歳

- 大便はほとんど漏らさなくなる
- 遊んでいて、尿を漏らしてしまうことがある
- 排便後、便器に水を流し、手を洗い、ふく
- 「トイレまでがまんしてね」と言われ、しばらくがまんできる

- 食前・食後のあいさつをして食べる。
- 食事前のテーブルをふいたり、食器を運ぶなどの手伝いを喜んでしたりする

- ひとりで眠ることができるようになる
- ひと晩中、ずっと眠るようになる
- 友達と寝ることを喜ぶ

- 大きなボタンを留め外しする
- 鏡の前に立って、声をかけられると身だしなみを整える
- 服の好みがはっきりとしてくる
- 裏返った衣服を表に返す

- 短いガラガラうがいをする
- せっけんを使ってきれいに手を洗う
- 手の指をくっつけて水をすくい、顔を洗う

※弊社刊『発達がわかれば保育ができる！』（川原佐公・著）より変更を加えつつ掲載

第1章 指導計画 作成のヒント！

0〜3歳の発達を学ぼう 遊び編

生活にももちろんかかわってくるところでもありますが、この見開きでは遊びなどを考えるときに参考になる5つの面について0〜3歳の成長・発達の主な特徴を挙げています。

		おおむね6か月	おおむね1歳

運動機能
- 動く物に反応して顔を向ける
- 腹ばいで頭を持ち上げる
- 把握反射（手に触れた物をつかむ）を行なう

- 足を投げ出し、投げ座りをする
- 玩具を一方の手から他方の手へ持ち替える
- ハイハイをする

- 伝い歩きを始める
- きちんと1本の指を立てて指さしをする
- ひとり歩きを始める
- くぐる、またぐ、段を上る、下りる、などの簡単な運動をする

表現活動
（造）は特に造形に関するもの
（音）は特に音楽に関するものです

- 身の回りのさまざまな物に触れたり、口に入れたりして感触を楽しむ
- 玩具を握った手を振ると、もう一方の手も振る

- 物を引っ張ったり、つまんだりする

- 両手に持っている物を打ち合わせる（音）
- 楽しいテンポの曲を聴くと体を揺する（音）

- 紙を破って遊ぶ（造）
- シールはりを楽しむ

人とのかかわり
- 身大人の顔を見るとほほ笑み、なくなると泣く
- 「いないいないばあ」を喜ぶ

- 不快が、怒り・嫌悪・恐れに分化する
- 人見知りが始まる

- 愛情が大人に対して表れ始める
- 「いや」という言葉を使うようになる

言葉の獲得
- 泣き声が自分の快・不快の気持ちを訴えるような発声になる
- 音節を連ね、強弱、高低をつけて喃語をしゃべる

- 多音節、母音が出る（アバアバ、アウアウ）
- 喃語で大人とやりとりをする

- 「ブーブー」「マンマ」など、一語文で話す
- 片言で話そうとする
- 名前を呼ばれると返事をする

概念形成
- 動く人や物を目で追う
- 人の声や音のする方向に首を回す

- 目と手が協応するようになり、目についた物を取ろうとする。手に持つとよく遊ぶ
- 大人が指さしたほうを見る

- 見慣れた玩具がなくなると気づく
- 指さしが増える
- 自分のマークがわかる

指導計画の基本

※あくまでもめやすです。発達には個人差があります。

おおむね1歳6か月 / おおむね2歳 / おおむね3歳

おおむね1歳6か月	おおむね2歳	おおむね3歳
●コップの水を違うコップに移す ●でこぼこ道を転ばずに歩く	●段（低め）から飛び降りる ●容器のふたを開ける	●転ばずにバランスを取って走る ●ひもに大きめのビーズを通す ●片足で着地（ケン）をし、両足を開いて着地（パー）を1回する	●土踏まずができてくる ●鉄棒のぶら下がりを少しの間する ●三輪車をこぐ（ペダルを踏む）

●フェルトペンやパスなどを使い、腕全体を動かして線を描く（造）	●立方体5〜6個を積む（造） ●ハサミで1回切りをして喜ぶ（造） ●のりを使って大きい紙に小さい紙などをはる（造）	●水平の線、十字形、丸を描く（造）	●経験したことや想像したことを描く（造） ●"頭足人"を描く（造） ●フィンガーペインティングを楽しむ（造） ●簡単な童謡を最後まで歌う（音）

●人形やぬいぐるみを抱き締めて愛情を示す	●何かを見せようとして人を引っ張る	●「みててね」の言葉が多くなる ●自己主張が始まる ●生活の中の簡単な決まりを守ろうとする	●けんかを通して譲り合いや思いやり、自己抑制力などを身につけていく ●喜怒哀楽のほとんどの感情が出そろう ●気の合う友達ができる ●「なんで」と質問が多くなる

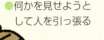

●知っている物の名前を指さしたり、言葉で言ったりする ●「マンマちょうだい」など二語文で話す ●絵本などに出てくる簡単な繰り返しのせりふを模倣する	●盛んに「なに？」と質問をする	●三語文が出始める（「パパ　かいしゃ　いったね」） ●日常の簡単なあいさつをしようとする	●「ぼく」「わたし」の一人称や「あなた」の二人称を理解し使えるようになる ●保育者や友達の話を、興味を持って最後まで聞く ●ごっこ遊びの中で、日常会話を楽しむ

●色に興味を持ち、同じ色の物を集めて遊ぶ ●冷たさや熱さがわかる	●大人の喜怒哀楽の表情がわかる ●物の大小、量の多少がわかる ●3原色（赤、青、黄）の名前がわかり、正しい色を示す		●丸、三角、四角などの名前がわかる ●10くらいまで数唱できるが、計数は5くらいから乱れる ●上下前後の空間把握ができる ●長い・短い、大きい・小さい、強い・弱いという対立関係の概念ができる

※弊社刊『発達がわかれば保育ができる！』（川原佐公・著）より変更を加えつつ掲載

第1章 指導計画 作成のヒント！

指針、教育・保育要領から ねらい・内容をチェック！

保育所保育指針と、幼保連携型認定こども園教育・保育要領では、乳児と、1歳以上3歳未満児のねらいがほぼ共通の表現です。じっくり読んで、指導計画に生かしましょう。

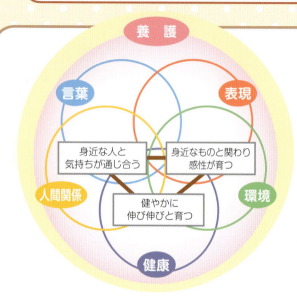

0歳児

ア 健やかに伸び伸びと育つ
健康な心と体を育て、自ら健康で安全な生活をつくり出す力の基盤を培う。
（ア）ねらい
① 身体感覚が育ち、快適な環境に心地よさを感じる。
② 伸び伸びと体を動かし、はう、歩くなどの運動をしようとする。
③ 食事、睡眠等の生活のリズムの感覚が芽生える。
（イ）内容
① 保育士（保育教諭）等の愛情豊かな受容の下で、生理的・心理的欲求を満たし、心地よく生活をする。
② 一人一人の発育に応じて、はう、立つ、歩くなど、十分に体を動かす。
③ 個人差に応じて授乳を行い、離乳を進めていく中で、様々な食品に少しずつ慣れ、食べることを楽しむ。
④ 一人一人の生活のリズムに応じて、安全な環境の下で十分に午睡をする。
⑤ おむつ交換や衣服の着脱などを通じて、清潔になることの心地よさを感じる。

イ 身近な人と気持ちが通じ合う
受容的・応答的な関わりの下で、何かを伝えようとする意欲や身近な大人との信頼関係を育て、人と関わる力の基盤を培う。
（ア）ねらい
① 安心できる関係の下で、身近な人と共に過ごす喜びを感じる。
② 体の動きや表情、発声等により、保育士（保育教諭）等と気持ちを通わせようとする。
③ 身近な人と親しみ、関わりを深め、愛情や信頼感が芽生える。
（イ）内容
① 子ども（園児）からの働きかけを踏まえた、応答的な触れ合いや言葉がけによって、欲求が満たされ、安定感をもって過ごす。
② 体の動きや表情、発声、喃語等を優しく受け止めてもらい、保育士（保育教諭）等とのやり取りを楽しむ。
③ 生活や遊びの中で、自分の身近な人の存在に気付き、親しみの気持ちを表す。
④ 保育士（保育教諭）等による語りかけや歌いかけ、発声や喃語等への応答を通じて、言葉の理解や発語の意欲が育つ。
⑤ 温かく、受容的な関わりを通じて、自分を肯定する気持ちが芽生える。

ウ 身近なものと関わり感性が育つ
身近な環境に興味や好奇心をもって関わり、感じたことや考えたことを表現する力の基盤を培う。
（ア）ねらい
① 身の回りのものに親しみ、様々なものに興味や関心をもつ。
② 見る、触れる、探索するなど、身近な環境に自分から関わろうとする。
③ 身体の諸感覚による認識が豊かになり、表情や手足、体の動き等で表現する。
（イ）内容
① 身近な生活用具、玩具や絵本などが用意された中で、身の回りのものに対する興味や好奇心をもつ。
② 生活や遊びの中で様々なものに触れ、音、形、色、手触りなどに気付き、感覚の働きを豊かにする。
③ 保育士（保育教諭）等と一緒に様々な色彩や形のものや絵本などを見る。
④ 玩具や身の回りのものを、つまむ、つかむ、たたく、引っ張るなど、手や指を使って遊ぶ。
⑤ 保育士（保育教諭）等のあやし遊びに機嫌よく応じたり、歌やリズムに合わせて手足や体を動かして楽しんだりする。

（満）1歳以上3歳未満児

ア 健康
健康な心と体を育て、自ら健康で安全な生活をつくり出す力を養う。
（ア）ねらい
① 明るく伸び伸びと生活し、自分から体を動かすことを楽しむ。
② 自分の体を十分に動かし、様々な動きをしようとする。
③ 健康、安全な生活に必要な習慣に気付き、自分でしてみようとする気持ちが育つ。
（イ）内容
① 保育士（保育教諭）等の愛情豊かな受容の下で、安定感をもって生活をする。

指導計画の基本

② 食事や午睡、遊びと休息など、保育所（幼保連携型認定こども園）における生活のリズムが形成される。
③ 走る、跳ぶ、登る、押す、引っ張るなど全身を使う遊びを楽しむ。
④ 様々な食品や調理形態に慣れ、ゆったりとした雰囲気の中で食事や間食を楽しむ。
⑤ 身の回りを清潔に保つ心地よさを感じ、その習慣が少しずつ身に付く。
⑥ 保育士（保育教諭）等の助けを借りながら、衣類の着脱を自分でしようとする。
⑦ 便器での排泄に慣れ、自分で排泄ができるようになる。

イ 人間関係
他の人々と親しみ、支え合って生活するために、自立心を育て、人と関わる力を養う。
（ア）ねらい
① 保育所（幼保連携型認定こども園）での生活を楽しみ、身近な人と関わる心地よさを感じる。
② 周囲の子ども（園児）等への興味や関心が高まり、関わりをもとうとする。
③ 保育所（幼保連携型認定こども園）の生活の仕方に慣れ、きまりの大切さに気付く。
（イ）内容
① 保育士（保育教諭）等や周囲の子ども（園児）等との安定した関係の中で、共に過ごす心地よさを感じる。
② 保育士（保育教諭）等の受容的・応答的な関わりの中で、欲求を適切に満たし、安定感をもって過ごす。
③ 身の回りに様々な人がいることに気付き、徐々に他の子どもと関わりをもって遊ぶ。
④ 保育士（保育教諭）等の仲立ちにより、他の子ども（園児）との関わり方を少しずつ身につける。
⑤ 保育所（幼保連携型認定こども園）の生活の仕方に慣れ、きまりがあることや、その大切さに気付く。
⑥ 生活や遊びの中で、年長児や保育士（保育教諭）等の真似をしたり、ごっこ遊びを楽しんだりする。

ウ 環境
周囲の様々な環境に好奇心や探究心をもって関わり、それらを生活に取り入れていこうとする力を養う。
（ア）ねらい
① 身近な環境に親しみ、触れ合う中で、様々なものに興味や関心をもつ。
② 様々なものに関わる中で、発見を楽しんだり、考えたりしようとする。
③ 見る、聞く、触るなどの経験を通して、感覚の働きを豊かにする。
（イ）内容
① 安全で活動しやすい環境での探索活動等を通して、見る、聞く、触れる、嗅ぐ、味わうなどの感覚の働きを豊かにする。
② 玩具、絵本、遊具などに興味をもち、それらを使った遊びを楽しむ。
③ 身の回りの物に触れる中で、形、色、大きさ、量などの物の性質や仕組みに気付く。
④ 自分の物と人の物の区別や、場所的感覚など、環境を捉える感覚が育つ。
⑤ 身近な生き物に気付き、親しみをもつ。
⑥ 近隣の生活や季節の行事などに興味や関心をもつ。

エ 言葉
経験したことや考えたことなどを自分なりの言葉で表現し、相手の話す言葉を聞こうとする意欲や態度を育て、言葉に対する感覚や言葉で表現する力を養う。
（ア）ねらい
① 言葉遊びや言葉で表現する楽しさを感じる。
② 人の言葉や話などを聞き、自分でも思ったことを伝えようとする。
③ 絵本や物語等に親しむとともに、言葉のやり取りを通じて身近な人と気持ちを通わせる。
（イ）内容
① 保育士（保育教諭）等の応答的な関わりや話しかけにより、自ら言葉を使おうとする。
② 生活に必要な簡単な言葉に気付き、聞き分ける。
③ 親しみをもって日常の挨拶に応じる。
④ 絵本や紙芝居を楽しみ、簡単な言葉を繰り返したり、模倣をしたりして遊ぶ。
⑤ 保育士（保育教諭）等とごっこ遊びをする中で、言葉のやり取りを楽しむ。
⑥ 保育士（保育教諭）等を仲立ちとして、生活や遊びの中で友達との言葉のやり取りを楽しむ。
⑦ 保育士（保育教諭）等や友達の言葉や話に興味や関心をもって、聞いたり、話したりする。

オ 表現
感じたことや考えたことを自分なりに表現することを通して、豊かな感性や表現する力を養い、創造性を豊かにする。
（ア）ねらい
① 身体の諸感覚の経験を豊かにし、様々な感覚を味わう。
② 感じたことや考えたことなどを自分なりに表現しようとする。
③ 生活や遊びの様々な体験を通して、イメージや感性が豊かになる。
（イ）内容
① 水、砂、土、紙、粘土など様々な素材に触れて楽しむ。
② 音楽、リズムやそれに合わせた体の動きを楽しむ。
③ 生活の中で様々な音、形、色、手触り、動き、味、香りなどに気付いたり、感じたりして楽しむ。
④ 歌を歌ったり、簡単な手遊びや全身を使う遊びを楽しんだりする。
⑤ 保育士（保育教諭）等からの話や、生活や遊びの中での出来事を通して、イメージを豊かにする。
⑥ 生活や遊びの中で、興味のあることや経験したことなどを自分なりに表現する。

これなら書ける！ 0歳児の指導計画

CONTENTS

はじめに ……………………………… 2
本書の特長 …………………………… 4

第1章　指導計画の基本　⑤

● ふくろう先生といっしょに！
　楽しく学ぶ！ 指導計画 …………… 5

項目別！　立案のポイント ……… 6

子どもの姿 について書く！ ………………… 6
ねらい について書く！ ……………………… 8
内容 について書く！ ………………………… 9
環境づくり について書く！ ………………… 10
保育者の援助 について書く！ ……………… 12
評価・反省・課題 について書く！ ………… 14
書き方のコツ ………………………… 16

よくわかる！　指導計画の全体 … 18

指導計画作成の流れ ………………… 18
指導計画基本のき …………………… 19
全体的な計画 ………………………… 20
年の計画 ……………………………… 21
月の計画 ……………………………… 22
日の記録 ……………………………… 24
その他の保育にかかわるさまざまな計画 … 25

指導計画　作成のヒント！ ……… 26

0〜3歳の発達を学ぼう　生活編 ……… 26
0〜3歳の発達を学ぼう　遊び編 ……… 28
指針、教育・保育要領から
ねらい・内容をチェック！ …………… 30

● 15人の子どもの特徴早わかり表 …… 36
● お悩み解決！ Q&A ………………… 38

本書では、15名の子どもたちの発達を見通した指導計画の例を紹介しています。

各月の子どもたちの特徴は、P.36～37の 15人の子どもの ★特徴早わかり表★ をご参照ください。

第2章　子どもに合わせて計画をたてよう　39

- 全体的な計画・参考例1 ……… 40
- 全体的な計画・参考例2 ……… 44
- 0歳児の年の計画 ……… 46
- この本で！指導計画が書きやすくなる理由(ワケ)！ … 48

4月 ……… 49

月案（A～C児） ……… 50

個人案（D～I児） ……… 52

これも！ おさえておきたい
　4月の計画のポイントと文例 ……… 54

日の記録 ……… 55

4月のふりかえりから5月の保育へ ……… 56

5月 ……… 57

月案（A～C児） ……… 58

個人案（D～I児） ……… 60

個人案（J～N児） ……… 62

これも！ おさえておきたい
　5月の計画のポイントと文例 ……… 64

日の記録 ……… 65

5月のふりかえりから6月の保育へ ……… 66

6月 ……… 67

月案（A～C児） ……… 68

個人案（D～I児） ……… 70

個人案（J～N児） ……… 72

これも！ おさえておきたい
　6月の計画のポイントと文例 ……… 74

日の記録 ……… 75

6月のふりかえりから7月の保育へ ……… 76

CONTENTS

第2章　子どもに合わせて計画をたてよう　39

7月　77
- 月案（A～C児）　78
- 個人案（D～I児）　80
- 個人案（J～O児）　82
- これも！　おさえておきたい
  7月の計画のポイントと文例　84
- 日の記録　85
- 7月のふりかえりから8月の保育へ　86

8月　87
- 月案（A～C児）　88
- 個人案（D～I児）　90
- 個人案（J～O児）　92
- これも！　おさえておきたい
  8月の計画のポイントと文例　94
- 日の記録　95
- 8月のふりかえりから9月の保育へ　96

9月　97
- 月案（A～C児）　98
- 個人案（D～I児）　100
- 個人案（J～O児）　102
- これも！　おさえておきたい
  9月の計画のポイントと文例　104
- 日の記録　105
- 9月のふりかえりから10月の保育へ　106

10月　107
- 月案（A～C児）　108
- 個人案（D～I児）　110
- 個人案（J～O児）　112
- これも！　おさえておきたい
  10月の計画のポイントと文例　114
- 日の記録　115
- 10月のふりかえりから11月の保育へ　116

11月　117
- 月案（A～C児）　118
- 個人案（D～I児）　120
- 個人案（J～O児）　122
- これも！　おさえておきたい
  11月の計画のポイントと文例　124
- 日の記録　125
- 11月のふりかえりから12月の保育へ　126

12月　127
- 月案（A～C児）　128
- 個人案（D～I児）　130
- 個人案（J～O児）　132
- これも！　おさえておきたい
  12月の計画のポイントと文例　134
- 日の記録　135
- 12月のふりかえりから1月の保育へ　136

1月 ················ 137

- 月案（A〜C児）················ 138
- 個人案（D〜I児）················ 140
- 個人案（J〜O児）················ 142
- これも！ おさえておきたい
  1月の計画のポイントと文例 ········ 144
- 日の記録 ······················ 145
- 1月のふりかえりから2月の保育へ ··· 146

2月 ················ 147

- 月案（A〜C児）················ 148
- 個人案（D〜I児）················ 150
- 個人案（J〜O児）················ 152
- これも！ おさえておきたい
  2月の計画のポイントと文例 ········ 154
- 日の記録 ······················ 155
- 2月のふりかえりから3月の保育へ ··· 156

3月 ················ 157

- 月案（A〜C児）················ 158
- 個人案（D〜I児）················ 160
- 個人案（J〜O児）················ 162
- これも！ おさえておきたい
  3月の計画のポイントと文例 ········ 164
- 日の記録 ······················ 165
- 3月のふりかえりから次年度の保育へ ··· 166

第3章 計画サポート集 167

● 施設の安全管理 ················ 168
- 施設の安全管理チェックリスト ······ 168

● 健康支援 ······················ 170
- 健康支援のポイント ·············· 170
- 健康観察チェックポイント ········· 170
- 健康支援年間計画表 ·············· 171

● 避難訓練 ······················ 172
- 避難訓練のポイント ·············· 172
- 3歳未満児の防災って？ ··········· 172
- 避難訓練年間計画表 ·············· 173

● 食育 ·························· 174
- 0歳児の立案のポイント ··········· 174
- 食育ってなに？ ·················· 174
- 0歳児の食育計画 ················ 175
- 月齢別調乳基準表 ················ 176
- 授乳のポイント ·················· 176
- 離乳食実施予定表 ················ 177
- 園における食物アレルギー対応10原則 ··· 177

● 子育て支援 ···················· 178
- 子育て支援年間計画表 ············ 178
- 1日の流れを表した例 ············ 178

CD-ROMの使い方 ················ 181

15人の子どもの 特徴早わかり表

	A児	B児	C児	D児	E児	F児	G児
4月 P.49〜	2か月 泣き声が小さい	6か月 不安が強くすぐ泣く	10か月 離乳食をカミカミして食べている	3か月 哺乳力が強く活発である	4か月 母乳を飲んでいる	5か月 手足口病にかかり予後で入所	7か月 家庭で離乳食を食べていない
5月 P.57〜	3か月 短い時間頻繁に寝る	7か月 離乳食をよく食べる	11か月 手づかみで離乳食を食べる	4か月 喃語がよく出る	5か月 哺乳瓶での授乳に慣れる時期	6か月 寝返りをして手足をバタバタ	8か月 握って落としてを楽しんでいる
6月 P.67〜	4か月 生理的欲求を泣いて知らせる	8か月 腹ばいをいやがる	12か月 友達とかかわりたい	5か月 スプーンでスープを飲む	6か月 離乳食をいやがる	7か月 短い間隔で目を覚ます	9か月 食器の中に手を突っ込む
7月 P.77〜	5か月 音に反応する	9か月 カミカミ期に移行した	13か月 睡眠時間が定まらない	6か月 排便を泣いて知らせる	7か月 鼻がよく詰まる	8か月 うつぶせで後ろへ下がる	10か月 手づかみで食事を楽しむ
8月 P.87〜	6か月 他児のようすが気になる	10か月 カミカミ期の食事をとる	14か月 伝い歩きを楽しんでいる	7か月 水遊びに慣れてきた	8か月 投げ座りで遊ぶ	9か月 汚れたことがわかる	11か月 オマルで排せつしようとする
9月 P.97〜	7か月 投げ座りをし始めた	11か月 食事の量が増えてきた	15か月 自分で飲み食べしたい	8か月 オマルに座るのが苦手	9か月 自分でコップを持って飲む	10か月 保育者を後追いする	12か月 立ち上がることがうれしい
10月 P.107〜	8か月 口に残った粒を吹き出す	12か月 眠くなると目をこする	16か月 きれいになるのが気持ち良い	9か月 大型積み木にはい上がる	10か月 食べ物を手で握る	11か月 意味ある一語文を話す	13か月 ひとり歩きを始めた
11月 P.117〜	9か月 ゆっくりカミカミする	13か月 食事中に眠くなる	17か月 玩具で繰り返し遊ぶ	10か月 一瞬つかまり立ちをする	11か月 伝い歩きを始めた	12か月 自分で飲めるようになった	14か月 オマルで排尿ができた
12月 P.127〜	10か月 ハイハイで起伏を楽しむ	14か月 指先を使って遊ぶ	18か月 鼻水、下痢でよく休む	11か月 固形食を食べている	12か月 スプーンに興味がある	13か月 リズムに乗って遊ぶ	15か月 顔をふいてもらって気持ち良い
1月 P.137〜	11か月 食べ物の感触を楽しむ	15か月 かぜぎみである	19か月 パンツをはこうとする	12か月 あいさつをしぐさでする	13か月 おやつを楽しみにする	14か月 肌荒れが目立つ	16か月 着せ替え人形に興味津々
2月 P.147〜	12か月 指先でつまんで食べる	16か月 おしぼりできれいにする	20か月 いっしょがうれしい	13か月 保育者のまねをする	14か月 友達といっしょに楽しく食べる	15か月 デザートの果物が好き	17か月 嫌いな食べ物に口を付けない
3月 P.157〜	13か月 お茶を入れすぎてむせる	17か月 自己主張が強くなってきた	21か月 玩具を取られて泣く	14か月 スプーンで食べたがる	15か月 ひとり歩きが始まった	16か月 食べにくい物を吐き出す	18か月 名前を呼ばれて返事する

個別の指導計画をたてる際には、ひとりひとりの子どもの姿をとらえることが大切です。本書で紹介する15名の子どもたちの各月の特徴的な姿を一覧表にしました。立案時の参考にしてください。

QUICK LIST

H児	I児	J児	K児	L児	M児	N児	O児
8か月 腹ばいを始めかけている	9か月 食物アレルギーがある	5月から途中入所(園)→	5月から途中入所(園)→	5月から途中入所(園)→	5月から途中入所(園)→	5月から途中入所(園)→	
9か月 離乳食をモグモグして食べる	10か月 卵アレルギーがある	6か月 情緒的には落ち着いている	7か月 離乳食は順調に進んでいる	9か月 母子分離不安がある	10か月 時々不安になって泣く	11か月 不安になって泣くことがある	
10か月 ハイハイで探索中	11か月 卵アレルギー体質である	7か月 ひとり座りをする	8か月 ハイハイで移動する	10か月 つかまり立ちをする	11か月 伝い歩きをする	12か月 つかまり立ちを始める	7月から途中入所(園)→
11か月 つかまり立ちを喜んでいる	12か月 ゆったりとした発達である	8か月 食べ物を手で握る	9か月 嫌いな食べ物を舌で押し出す	11か月 保育者とのやりとりを楽しむ	12か月 名前を呼ばれて返事をする	13か月 感触遊びがお気に入り	11か月 途中入所(園)児
12か月 パクパク期に移行した	13か月 手づかみで食べようとする	9か月 水が顔にかかると泣く	10か月 沐浴で気持ち良さそうにする	12か月 水遊びを楽しんでいる	13か月 音楽に合わせて体を揺らす	14か月 オマルで排せつすることも	12か月 引っ張る玩具で遊ぶ
13か月 コップを持って飲もうとする	14か月 つかまって屈伸する	10か月 一語文やしぐさで伝えようとする	11か月 引っ張る玩具がお気に入り	13か月 かかわろうとして友達をたたく	14か月 音楽を体全体で楽しむ	15か月 絵本が大好き	13か月 やりとり遊びを楽しむ
14か月 自分のペースがある	15か月 しりもちをつく	11か月 指さしをよくする	12か月 保育者とのやりとりが楽しい	14か月 友達をよしよししている	15か月 言葉のやりとりを楽しむ	16か月 シールはりが大好きな	14か月 好き嫌いがある
15か月 戸外でよく遊ぶ	16か月 自分で食べたい	12か月 苦手なものがある	13か月 探索を楽しんでいる	15か月 オマルで排せつをする	16か月 やりとりを楽しむ	17か月 自分で食べたい	15か月 よく体を動かす
16か月 好きな絵本を自分でめくる	17か月 遊びの途中で眠る	13か月 やりとりを楽しむ	14か月 眠りが浅い	16か月 なぐり描きをする	17か月 絵本や歌を楽しむ	18か月 やりとりを楽しんでいる	16か月 友達と遊ぶ
17か月 ゾウのまねをする	18か月 思いをしぐさで表す	14か月 のびのび体を動かす	15か月 着脱に興味を持ち始めた	17か月 友達に関心を持つ	18か月 いろいろな食材を食べる	19か月 自分でしようとしている	17か月 自分の気持ちを伝える
18か月 絵本を読んでほしい	19か月 シールはりを楽しむ	15か月 体を動かすのが好きな	16か月 清潔にしようとしている	18か月 表現を楽しむ	19か月 音楽が好き	20か月 意欲的に生活する	18か月 着衣をしようとする
19か月 紙破りを楽しむ	20か月 嫌いなものを口から出す	16か月 自分で食べようとする	17か月 まねっこを楽しむ	19か月 ハイハイを十分にする	20か月 意欲的に食べる	21か月 指さしする	19か月 手遊びを楽しむ

お悩み解決！Q&A

指導計画をつくるとき よくある悩み、困り事に おこたえします。

Q 文章を作るのが苦手です。考えを整理して、うまく文章にするには、どうしたらいいですか？

A 書きたいものを箇条書きにしてみましょう！

文章を書くには、何を書くのか目的を明確にすることが第一です。例えば、子どもの姿が目に見えるように客観的に描写するのか、自分の主観的な主張を的確に述べたいのか、まず箇条書きにして主なものを書き始めます。イメージを明確に文章化する訓練をしましょう。

Q ひとりひとりの個人差があって、クラス全体としてのねらいや配慮事項をつくるのが難しいです。

A 個人差を考慮し、平均的な段階をねらおう！

子どもの成長・発達に個人差があるのはあたりまえのことです。クラス全体のねらいは、月の季節感、発達の節の課題、集団の成長過程などを踏まえて、発達の早い遅いを考慮しながら、平均的な段階をねらいます。配慮は全体を目配りしてから考えていきましょう。

Q クラス全体のねらいから、個別に考えていくのに苦戦してます。

A 月の行事などから考えてOK！

個別の指導計画は、あくまでもその子どもの前月の発達の姿を押さえて、もう少しで到達する発達段階へ押し上げていくめやすを書くものです。しかし、その月の行事などがあれば、個人の現在の姿に下ろして参加のありようを、取り入れていくことは大切です。例えば、6か月未満児の運動会などの場合は、〈保護者に抱かれて、赤ちゃん体操に参加する〉という「内容」にします。

Q 見通しを持って計画をたてるにはどうしたらいいですか？

A 全体的な計画、年の計画などを参考に！

各園にある「全体的な計画」には、園の運営目標、方針など目ざすべきものが書かれていて、それを基盤に年の計画へ具体化され、さらに月の計画に展開されます。これらの計画には子どもの成長・発達の見通しが踏まえられていますので、絶えず参考にしましょう。

Q 個人案を書き分けるコツを教えてください。

A 個別の性格に注目しよう！

発達が近いと、発達しつつある運動機能や、興味・関心も近くなり、ねらいや内容が同じようになってしまいますが、個別の性格があります。引っ込み思案な子ども、大胆な子どもなど、それぞれの子どもへの適した環境、取り組む際の援助・配慮に個別性を持たせて書きましょう。

第2章

立案のおおもとになる全体的な計画から、年間、各月の計画例を掲載しています。「15人の子どもたちの成長を追える」「各月の振り返りを次月に生かせる」など、立案に役だつ内容がたっぷりです！ 子どもに寄り添い、見通しを持った計画をたてましょう。

子どもに合わせて計画をたてよう

全体的な計画	P.40	9月	P.97
年の計画	P.46	10月	P.107
この本で！ 指導計画が書きやすくなる理由（ワケ）！	P.48	11月	P.117
4月	P.49	12月	P.127
5月	P.57	1月	P.137
6月	P.67	2月	P.147
7月	P.77	3月	P.157
8月	P.87		

全体的な計画・参考例1

ここで示すのは、川原佐公先生（元・大阪府立大学教授）による全体的な計画の参考例です。あくまでも、全体像の例としてご覧ください。本書の指導計画例とのつながりはありません。

保育の理念

- 児童福祉法に基づき保育に欠けるすべての子どもにとって、もっともふさわしい生活の場を保障し、愛護するとともに、子どもの最善の利益を守り、保護者と共にその福祉を積極的に増進する。
- 地域の子育て家庭に対して、さまざまな人や場や専門機関などと連携を図りながら、保育のスキルを生かして応答し、地域に開かれた育児文化の拠点としての役割を果たしていく。

保育の目標

- 安全で保健的な、文化的で豊かな保育環境の中で、健康な体と感性を育て、生命の保持と情緒の安定を図り、意欲的に生活できるようにする。
- 食事、排せつ、睡眠、着脱、清潔、安全などの、生活に必要な基本的な習慣態度を養い、主体的に見通しを持って生活できる自律と、生きる力の基礎を培う。
- 歩く、走る、跳ぶなどの基礎的な運動能力を養い、積極的に運動する態度を身につける。
- 保護者や保育者等との愛着・信頼関係を基に、積極的に園での生活や遊びを通して友達とふれあい、相手の人権を尊重することや思いやりの心、社会性を育てる。
- 地球上のありとあらゆる生命、自然や社会の事象にふれて興味や関心を育て、それらに対する豊かな心や科学心、創造的な思考、環境への関心の芽生えを培う。
- 日常の保育における経験や感動体験を通して、子どもの内面世界を豊かにし、話したり聴いたりする言葉への興味や関心を育て、相手の思いを理解するなど、言葉の知識や技能などを養い、自分をコントロールする力や表現力を培う。
- さまざまな生活や虚構の世界を楽しみ豊かな感性を身につけ、感じたこと考えたことを、いろいろな手段で表現する意欲を育て、仲間に伝える喜びや、創造性を培う。

保育方針

- 保育にかかわる専門職同士が協力したり、それぞれの専門性を発揮したりしながら、養護と教育の一体的な展開を図り、保育の内容の質を高め、充実させる。
- 子どもの主体的な発達要求に応答する環境を豊かに整え、みずから興味や関心を持って環境にかかわり、チャレンジしたことへの充実感や満足感を味わわせ、年齢なりの心情、意欲、態度を養う。
- 子どもの24時間の生活を視野に入れて、家庭との連携を密にして、積極的に子どもの発達過程に応じた育ちを築き、保護者の共感を得て養育力の向上を支援しつつ、エンパワメントを引き出していく。
- 子どもが育つ道筋や生涯教育を見据えた長期的視野を持って、後伸びの力をつけ、小学校と情報交換したり、交流を密にしたりして積極的に連携していく。

家庭・地域との連携

- 保護者の思いをしっかり受け止め、子どものようすを伝え合い、子育てを話し合うことで信頼関係、協力関係を築いていく。
- 保育所における子どもの生活、健康状態、事故の発生などについて、家庭と密接な連絡ができるように体制を整えておく。
- 保育所は日常、地域の医療・保健関係機関、福祉関係機関などと十分な連携を取るように努める。また、保育者は保護者に対して、子どもを対象とした地域の保健活動に積極的に参加することを指導するとともに、地域の保健福祉に関する情報の提供をする。
- 保護者の余裕のある時間に保育参観をしてもらい、子どもの思いに気づいたり、保育者の援助のしかたを知ったりして子どもとかかわる経験をしてもらう。
- 保護者や、地域の子育て中の保護者が、保育所の行事に参加することで、子どもに対する関心が芽生え、親子でふれあう楽しさを知ったり、保護者同士のつながりが深まるように援助していく。
- 子育ての悩みや生活の困難な問題などを、相談できる窓口を常に開放し、遠慮なく相談できるシステムを設置し、適切に必要な情報の提供や、専門機関への紹介や具体的な援助をしたり、保護者自身の力を引き出して、自己解決できるよう、援助したりしていく。

		～0歳		～1歳
発達過程		❶ おおむね6か月未満 ・心身の未熟性 ・著しい身体的成長と感覚の発達 ・首が据わる・寝返り・腹ばい ・表情の変化、体の動き、喃語などによる表現	❷ おおむね6か月から1歳3か月未満 ・座る、はう、立つ、伝い歩き、手を使う等、運動機能の発達により探索活動が活発になる ・大人とのかかわりが深まり、やりとりが盛んになる ・愛着と人見知り	❸ おおむね1歳3か月から2歳未満 ・歩行の開始と言葉の習得 ・さまざまな運動機能の発達による行動範囲の拡大 ・周囲への関心や大人とのかかわりの意欲の高まり
ねらい・内容	養護・教育	**0歳児** ◎保健的で安全な環境をつくり、常に身体の状態を細かく観察し、疾病や異状の発見に努め快適に生活できるようにする。 ●身体発育や健康状態を的確に把握しながら、ひとりひとりの子どもの生理的欲求を十分に満たし、保育者の愛情豊かな受容により、清潔で気持ちの良い生活ができるようにする。 ●ひとりひとりの子どもの生活のリズムを重視して、食欲、睡眠、排せつなどの生理的欲求を満たし、生命の保持と生活の安定を図り、甘えなどの依存的欲求を満たし、情緒の安定を図る。 ●オムツが汚れたら、優しく言葉をかけながらこまめに取り替え、きれいになった心地よさを感じることができるようにする。また、ひとりひとりの排尿間隔を把握し、徐々にオマルなどの排せつにも興味が持てるようにする。 ◎安全で活動しやすい環境を整え、姿勢を整えたり、移動したりして、いろいろな身体活動を十分に行なう。 ●寝返り、ハイハイ、お座り、伝い歩き、立つ、歩くなどそれぞれの状態に合った活動を十分に行なうとともに、つまむ、たたく、引っ張るなどの手や指を使っての遊びをする。 ◎個人差に応じて授乳や離乳を進め、いろいろな食品に慣れさせ幼児食への移行を図る。 ●楽しい雰囲気の中で、ゆったりした気持ちで個人差に応じて授乳を行ない、ひとりひとりに合わせてミルク以外の味やスプーンから飲むことに慣れるようにし、離乳を進めて、次第に幼児食に移行する。 ◎優しく語りかけたり、発声や喃語に応答したりして、発語の意欲を育てる。 ●喃語や片言を優しく受け止めてもらい、発語や保育者とのやりとりをする。 ●聞く、見る、触るなどの経験を通して、感覚器官や手指の機能の働きを促す。 ●保育者の歌を楽しんで聞いたり、歌やリズムに合わせて手足や体を動かして遊ぶ。 ◎安心できる人的物的環境の下で絵本や玩具、身近な生活用具などを、見たり、触ったりする機会を通して、身の回りのものに対する興味や好奇心の芽生えを促していくようにする。 ●保育者に見守られて、玩具や身の回りの物でひとり遊びを十分にする。		**1歳児** ◎健康的で安全な環境づくり、ひとりひとりの子どもの身体の状態を観察し、睡眠など適切な休息を用意し、快適な生活ができるようにする。 ●ひとりひとりの子どもの生活リズムを大切にしながら、安心して午睡などができ、適切な休息ができるようにする。 ◎ひとりひとりの子どもの生理的欲求や甘えなどの依存的欲求を満たし、生命の保持と情緒の安定を図る。 ●身体発達や健康状態を的確に把握しながら、ひとりひとりの子どもの生理的欲求を十分に満たし、保育者の愛情豊かな受容により、清潔で気持ちの良い生活ができるようにする。 ◎安心できる保育者との関係の下で、食事、排せつなどの活動を通して、自分でしようとする気持ちの芽生えを促す。 ●楽しい雰囲気の中で、スプーンやフォークを使って、ひとりで食事をしたり間食を食べるようにする。 ●ひとりひとりの子どもの排尿間隔を知り、オムツが汚れていないときは、便器に誘い、便器での排せつに慣れるようにする。 ◎さまざまな生活、遊びを通して、自由な活動を十分に行ない、体を動かすことを楽しむ。 ●登る、降りる、跳ぶ、くぐる、押す、引っ張るなどの運動を取り入れた遊びや、いじる、たたく、つまむ、転がすなどの手や指を使う遊びをする。 ◎身の回りのさまざまなものを自由にいじって遊び、外界に対する好奇心や関心を持つ。 ●保育者に見守られ、戸外遊び、ひとり遊びを十分に楽しみ、好きな玩具や遊具、自然物に自分からかかわり十分に遊ぶ。 ◎絵本、玩具などに興味を持って、それらを使った遊びを楽しみ、子ども同士のかかわりを持つ。 ●保育者の話しかけを喜んだり、自分から片言でしゃべったりする。身近な音楽に親しんだり、体の動きを楽しんだりする。 ●保育者といっしょに歌ったり簡単な手遊びをしたり、絵本を見たり、また、身体を動かしたりして遊ぶ。
保育者の援助・配慮		**0歳児** ●身体機能の未熟性が強く、病気や生命の危険に陥りやすいため、ひとりひとりの体質、発達、家庭環境などをよく理解し、それに応じて、適切に対応できるよう個別に保育を進めていく。 ●愛情豊かで適切な保育者のかかわりが、子どもの人間形成の基盤となり、情緒や言葉の発達に大きく影響することを認識し、子どものさまざまな欲求を適切に満たし、子どもとの信頼関係を十分に築くようにする。 ●食事、排せつなどへの対応は、ひとりひとりの子どもの発育、発達状態に応じて無理のないように行ない、うまくできたときは褒めるなどの配慮をする。 ●玩具などの色彩や音色、形、感触などに留意し、目、耳の感覚機能が発達するような働きかけをする。 ●保育者や子どもの身の回りの環境や衣類、寝具、玩具などの点検を常に行ない、また、温度湿度などの環境保健に注意を払うとともに、室内環境の色彩やベッドなどの備品の配置などにも配慮する。		**1歳児** ●感染症にかかることが多いので、発熱などの身体の状態、きげん、食欲、元気さなどの一般的状態にも十分に注意を払って観察を行なう。 ●食欲や食事の好みに偏りが現れやすい時期なので、ひとりひとりの子どもの健康状態に応じ、無理に食べさせないようにし、いっしょにかむなどのまねをして見せ、かむことの大切さが身につくように配慮する。 ●歩行の発達に伴い行動範囲が広がり、探索活動が活発になり、予測できない行動も多くなるので、環境の安全性、多様な環境づくり、子どもの活動の状態、相互のかかわりなどには、十分に注意をする。 ●子どもの相互のけんかが多くなるが、自己主張を尊重しながら、保育者の優しい語りかけなどにより、互いの存在に気づくように配慮する。

全体的な計画・1

全体的な計画・参考例1 続き

	～2歳	～3歳
発達過程	❹ おおむね2歳 ● 基本的な運動機能の伸長や指先の機能の発達 ● 食事・衣類の着脱・排せつなど、自分でしようとする ● 語彙の増加、自己主張の高まり、自我の育ち ● 模倣やごっこ遊びが始まる	❺ おおむね3歳 ● 基本的生活習慣の形成 ● 話し言葉の基礎の形成、知的興味・関心の高まり ● 予想や意図、期待を持った行動
ねらい・内容 養護・教育	**2歳児** ◎ ひとりひとりの子どもの欲求を十分に満たし、生命の保持と情緒の安定を図るとともに、適切に休息の機会をつくり、集団生活による緊張の緩和を図る。 ● 生活環境を清潔な状態に保つとともに、身の回りの清潔や安全の習慣が少しずつ身につくようにする。 ◎ 楽しんで食事、間食をとることができるようにする。 ● 楽しい雰囲気の中で、自分で食事をしようとする気持ちを持たせ、嫌いなものでも少しずつ食べられるようにする。 ◎ 安心できる保育者との関係の下で、簡単な身の回りの活動を自分でしようとする意欲を持たせる。 ● 落ち着いた雰囲気の中で、気持ち良く午睡をする。 ● 簡単な衣服は、ひとりで脱ぐことができるようになり、手伝ってもらいながらひとりで着るようにする。 ● 保育者といっしょに全身や手指を使う遊びを楽しむ。 ● 戸外遊びや道具で遊ぶ機会を多くして、基礎的な運動機能の発達を図る。 ● 身の回りのものや、親しみの持てる小動物や植物を見たり、触れたり、保育者から話を聞いたりして、興味や関心を広げる。 ● 身近な小動物、植物、事物などに触れ、それらに興味、好奇心を持ち、探索や模倣などをして親しむ。 ● 保育者を仲立ちとして、生活や遊びの中で、ごっこ遊びや言葉のやりとりを楽しむ。 ● 保育者が仲立ちとなり、生活や遊びの中で、言葉のやりとりをする。 ◎ 興味のあることや経験したいことなどを生活や遊びの中で、保育者と共に好きなように表現する。 ● 保育者といっしょに、水、砂、土、紙などの素材に触れて遊ぶ。	**3歳児** ◎ ひとりひとりの子どもの欲求を十分に満たし、生命の保持と情緒の安定を図る。 ● 保育者にさまざまな欲求を受け止めてもらい、保育者に親しみを持ち、安心感を持って生活する。 ● 食事・排せつ・睡眠・衣服の着脱等の身の回りの生活の始末のしかたや生活のしかたを身につける。 ● 食事、排せつ、睡眠、休息など生理的欲求が適切に満たされ、快適な生活や遊びをする。 ● 戸外遊びを十分にするなど遊びの中で身体を動かす楽しさを味わう。 ● 戸外で十分に体を動かしたり、さまざまな遊具や用具などを使った運動や遊びをする。 ● 身近な人とのかかわり、友達と喜んで遊ぶ。 ● 身近な人々の生活を取り入れたごっこ遊びをする。 ● 身近な環境に興味を持ち、自分からかかわり、生活を広げていく。 ● 身近な動植物や自然事象をよく見たり、触れたりなどして、親しみや愛情を持つ。 ● 生活に必要な言葉がある程度わかり、したいこと、してほしいことを言葉で表す。 ● 自分の思ったことや感じたことを言葉に表し、保育者や友達と言葉のやりとりをして遊ぶ。 ● さまざまなものを見たり、触れたりして、おもしろさ、美しさなどに気づき感性を豊かに持つ。 ● さまざまな素材や用具を使って、描いたり、もてあそんだり、好きなように造形遊びをする。 ● 感じたことや思ったことを描いたり、歌ったり、身体を動かしたりして、自由に表現しようとする。 ● 動物や乗り物などの動きをまねて身体で表現する。
保育者の援助・配慮	**2歳児** ● 生活に必要な基礎的生活習慣については、ひとりひとりの子どもの発育・発達状態、健康状態に応じ、十分に落ち着いた雰囲気の中で行なうことができるようにし、その習慣形成に当たっては、自分でしようとする気持ちを損なわないように配慮する。 ● 戸外遊びや道具で遊ぶ機会を多くし、自主性に応じて遊べるように工夫する。 ● 衝動的な動作が多くなるので、安全に十分に注意し、保育者がすぐ介助できる位置で見守りながら、冒険的な活動に挑戦させ、満足感を味わわせる。 ● 子ども同士のぶつかり合いが多くなるので、保育者は互いの気持ちを受容し、わかりやすく仲立ちをして、根気よくほかの子どもとのかかわりを知らせていく。 ● 子どもの話は優しく受け止め、自分から保育者に話しかけたいという気持ちを大切にし、楽しんで言葉を使うことができるようにする。 ● 話したい気持ちが高まっても十分に言葉で表現できないときは、子どもの気持ちを受け止めながら、言いたいことを言葉で代弁し、表現ができた満足感を味わわせる。	**3歳児** ● 子どもの気持ちを温かく受容し、優しく応答し、保育者といっしょにいることで安心できるような関係をつくる。 ● 身の回りのことは、一応自分でできるようになるが、自分でしようとする気持ちを大切にしながら、必要に即して援助する。 ● 食事は摂取量に個人差が生じたり偏食がでたりしやすいので、ひとりひとりの心身の状況を把握し、食事は楽しい雰囲気の中でとれるよう配慮する。 ● 友達との関係については、保育者や遊具そのほかのものを仲立ちとして、その関係が持てるように配慮する。 ● 思ったことや感じたことを言葉で表現できるよう保育者が落ち着いて聞き取り、表現したい気持ちを受け止める。 ● 身近なものに直接触れたり、扱ったり、新しいものに驚く、不思議に思うなどの感動をする経験が広がるように環境を整え、感動などを共感していく。

～4歳	～5歳	～6歳
❻ おおむね4歳 ● 全身のバランス力、体の動きが巧みになる ● 自然など身近な環境へのかかわり方や遊び方を体得 ● 自意識の高まりと葛藤の経験、けんかが増える	❼ おおむね5歳 ● 基本的生活習慣の確立 ● 運動遊びをしたり、全身を動かしたりして活発に遊ぶ ● 仲間と共に遊ぶ中で規範意識や社会性を体得 ● 判断力・認識力の高まりと自主性・自律性の形成	❽ おおむね6歳 ● 滑らかで巧みな全身運動、意欲旺盛で快活 ● 仲間の意思の尊重、役割分担や協同遊びの展開 ● 思考力や認識力の高まり、自然・社会事象などへの興味・関心の深まり

【4歳児】
- ◎ ひとりひとりの子どもの欲求を十分に満たし、生命の保持と情緒の安定を図る。
- ● 自分の気持ちや考えを安心して表すことができるなど、情緒の安定した生活ができる。
- ◎ 自分でできることに喜びを持ちながら、健康、安全など生活に必要な基本的な習慣を次第に身につける。
- ◎ 保育者や友達とのつながりを広げ、集団で活動することを楽しむ。
- ● 年下の子どもに親しみ思いやりの気持ちを持ったり、地域の高齢者など身近な人に、いたわりの気持ちを持つ。
- ● 友達と楽しく生活する中で、決まりの大切さに気づき、守ろうとする。
- ◎ 身近な環境に興味を持ち、自分からかかわり、身の回りの事物や数、量、形などに関心を持つ。
- ● 自然や身近な事物、事象にふれ、驚いたり、感動したりして興味や関心を深める。
- ● 具体的な物を通して、数や量などに関心を持ち、簡単な数の範囲で数えたり、比べたりする。
- ◎ 人の話を聞いたり、自分の経験したことや思っていることを話したりして言葉で伝える楽しさを味わう。
- ● 日常生活に必要なあいさつをし、友達と会話をする。
- ◎ 感じたことや思ったこと、想像したことなどさまざまな方法で自由に表現する。
- ● 童話、絵本、視聴覚教材などを見たり、聞いたりしてイメージを広げ描いたり、作ったり、さまざまに表現して遊ぶ。
- ● 身近な生活経験をごっこ遊びに取り入れて、遊ぶ楽しさを味わう。

【5歳児】
- ◎ 健康、安全に必要な基本的な習慣や自主強調の態度を身につけ、理解して行動できるようにする。
- ● 健康、安全など生活に必要な基本的な習慣や態度が身につき、自分の体を大切にしようとする気持ちが育ち、自主的に行動することができるようにする。
- ● 保育者との信頼関係の中で、自分の気持ちや考えを安心して表すことができるなど、情緒の安定した生活をする。
- ● 食事のしかたやマナーが身につき、体と食物の関係に関心を持つ。
- ◎ さまざまな遊具、用具を使い集団遊びや、やや複雑な行動を行なうなどさまざまな遊びを楽しむ。
- ● 身近な環境や自然などにみずからかかわり、さまざまな事物や事象と自分たちの生活との関係に気づき、それらを生活や遊びに取り入れ、生活の経験を広げる。
- ● 近隣の生活に興味や関心を持ち、人々がさまざまな営みをしていることに気づく。
- ● 異年齢の子どもとのかかわりを深め愛情を持ったり、地域の高齢者など身近な人に感謝の気持ちを持つ。
- ◎ 絵本や童話、視聴覚教材などを見たり、聞いたりして、さまざまなイメージを広げるとともに言葉に対する感性が豊かになる。
- ● 人の話を注意して聞き、相手にもわかるように話す。
- ● 日常生活に必要な標識や身近にある文字などに興味や関心を持つ。
- ◎ 感じたことや思ったこと、想像したことなど工夫して、目標を持っていろいろな方法で表現する。
- ● 感じたこと、想像したことを言葉や体、音楽、造形などで自由に表現したり、演じたりするなど、さまざまな表現をする。

【4歳児】
- ● 健康、安全などの生活に必要な習慣は、ひとりひとりの子どもと、保育者の信頼関係に基づいて、日常生活の直接的な実体験の中で身につくようにする。
- ● ひとりひとりの子どもの冒険心を大切にし、新しい運動に対する不安や恐れを、保育者がいっしょにしたり、介助したりなどして取り除くようにして、生き生きとした活動が展開できるように配慮する。
- ● 友達とのぶつかり合いを経験しながら、必要なルールをつくっていき、集団で活動することの楽しさを味わうことができるようにする。
- ● 数、量、形などについては、生活や遊びの中で子ども自身の必要に応じて、具体的に体験できるようにして数量的な感覚を育てるようにする。
- ● 子どものイメージがわきでるような素材、玩具、用具、生活用品などを用意して、のびのびと表現して遊ぶことができるように配慮する。

【5歳児】
- ● 子どもの気持ちを温かく受容し、個人差を考慮して子どもが安定して活動できるように配慮する。
- ● 身近に住んでいるさまざまな人と交流し、共感し合う経験を通して人とかかわることの楽しさや大切さを味わうことができるような機会を多く持つ。
- ● 動植物とのふれあいや飼育・栽培などを通して、自分たちの生活とのかかわりに気づき感謝の気持ちや生命を尊重する心が育つようにする。
- ● 本を見ることや身近なさまざまな文字を読む喜びを大切にし、言葉の感覚が豊かになるように配慮する。
- ● 自分の伝えたいことがしっかり相手に伝わる喜びを味わうため、人前で話す機会や場面をできるだけ多く用意する。
- ● 表現しようと思うもののイメージがわくような雰囲気をつくり、さまざまな材料や用具を適切に使えるようにしながら表現する喜びを知らせ、創造性が豊かになるように配慮する。

※資料提供　川原佐公

全体的な計画・参考例 2

※ここで示すのは、奈良・ふたば保育園による全体的な計画の根幹となる部分です。これとは別に、子どもの育ちの詳細やその他の計画を関連させながら全体的な計画が構成されます。

保育理念

「生き生きとした子どもを目ざして」
- 児童福祉法第1条に定める児童福祉の理念に基づき運営を行なう。
- 集団生活の中で、ひとりひとりの能力を最大限に発揮させ、豊かな人間性を持った子どもを育成する。
- 子育ての負担感の緩和を図り、安心して子育て・子育ちができる環境を整える。

保育・教育方針

- ひとりひとりの子どもが自己を発揮しながら活動ができ、健康で情緒の安定した生活ができるよう環境を整える。
- 豊かな人間性を持った子どもを育成するために、養護と教育が一体となった教育・保育を行なう。
- 職員は豊かな愛情を持って子どもに接し、専門的な知識の習得と保育・教育技術の向上に努めるとともに、教育・保育内容の評価を行ない、実践の改善に努める。

ねらい

- 保健的で安全な環境の中で、健康・安全など生活に必要な基本的な習慣や態度を身につける。
- 落ち着いた雰囲気の中で情緒の安定を図り、ひとりひとりの豊かな個性の発達と仲間関係の基礎を育てる。
- 友達といっしょに遊んだり協力したりする楽しさを知り、優しく思いやりのある豊かな人間性を身につける。
- いろいろな経験をする中で達成感を味わい、自分への自信と友達への信頼関係を深めていく。
- 身近な事象に主体的にかかわることで、気づいたり考えたり、新しい考えを生み出したりして、保育者や友達など身近な人に自分の思いを伝えることができる。

目指す保育の内容

0歳	1歳	2歳
信頼関係の確立	探索活動の保障	自我の芽生えを受け止める
・生理的欲求を十分に満たし、気持ち良い生活が出来るようにする。 ・保育者の愛情豊かな受容により情緒の安定を図り、心身の成長を援助する。 ・活動しやすい環境を整え、寝返り、ハイハイ、お座り、伝い歩き、立つ、歩くなど、身体機能の発達を促す。 ・安心できる環境の中で離乳食を喜んで食べ、いろいろな食べ物を味わう。 ・歩行の発達を促し、探索活動を十分に楽しめるようにする。 ・つまむ、たたく、引っ張るなど、手や指を使って遊ぶ。 ・保育者に仲立ちしてもらい、友達とのかかわりを楽しむ。 ・自然に親しみ、草花に興味を示す。 ・喃語や片言を優しく受け止めてもらい、発語や保育者とのやりとりを楽しむ。	・自分でしようとする気持ちをくみ取りながら、基本的生活習慣を身につけるようにする。 ・自分で手を洗ったり顔をふいたりして、きれいになることを喜ぶ。 ・安全で活動しやすい環境の中で歩行の完成とともに行動範囲を広げる。 ・生活の流れがわかり、簡単な身の回りのことを手伝ってもらいながらも自分で進んでしようとする。 ・身の回りのいろいろなものに関心を持ち、開けたり閉めたり、押したり引いたり、投げたり追いかけたりと試してみようとする。 ・身近な自然に触れ、興味を持ったことを友達や保育者に言葉で伝える。 ・語彙数が増え、生活や遊びの中で簡単な会話を楽しむ。 ・好きな歌をうたったり、リズム遊びを楽しんだりする。	・保育者に見守られる中で、基本的生活習慣が身につくようにする。 ・身体のバランスが良くなり、坂道やでこぼこ道を喜んで歩く。 ・赤、青、黄など、色の名前を知り、身近な物の色の違いに関心を持つ。 ・地域の人に親しみを持つ。 ・友達とのかかわりを通して、いっしょに行動したり同じ遊びを楽しんだりする。 ・生活や遊びに約束や決まりがあることを知り、守ろうとする。 ・見たり触れたり感じたりしたことを言葉で伝えたり、やりとりを楽しんだりする。 ・感じたこと、考えたことを伝えようとしたり、友達とのかかわりの中で、言葉のやりとりや表現を楽しんだりする。 ・手遊びをしたり、リズムに合わせて身体を動かしたりする。

家庭・地域との連携

- 保護者が、子どもの成長に気づき子育ての喜びが感じられるよう、その思いを受け止める。
- 地域住人の理解のもと、子育てを支援するとともに、子育てへの関心や継承につながるように配慮する。

地域子育て支援

- 地域における総合的な子育て支援を推進する。
- 地域の未就園児親子の交流の場の提供と交流の促進。
- 育児不安について相談指導。
- 子育てサークル・サポーターに対する育成支援。
- 一時預かり保育への対応。

食育の推進

- 栄養バランスを考慮した自園給食の提供。
- 給食試食会の実施。
- 行事食の工夫。
- クッキング活動の計画と実施。
- 菜園作りの実施。

園運営の三本の柱
- 豊かな環境の中での保育・教育の内容の充実
- "子育ては立派な社会参加"という意識啓発と情報発信
- 地域に開かれた子育て支援センターとしての保育園機能の充実

目標とする子どもの姿
- じょうぶで体力のある子ども
- 元気良く友達と遊ぶ子ども
- 自分のことは自分でする子ども
- 仲間の中で自分の主張を言うことができ、皆で力を合わせることを大切にする子ども
- 自然に目を向けられる子ども
- 感動し、驚き、疑問を持ち、考え、表現できる子ども

保育時間等
- 保育標準時間　7:00～18:00
- 保育短時間　　8:30～16:30
- 延長保育　　 18:00～19:00
- 一時預かり　　9:30～15:30

幼児期の終わりまでに育ってほしい10の姿
ア．健康な心と体　イ．自立心
ウ．協同性　エ．道徳性・規範意識の芽生え
オ．社会生活との関わり　カ．思考力の芽生え
キ．自然との関わり・生命尊重
ク．数量や図形、標識や文字などへの関心・感覚
ケ．言葉による伝え合い　コ．豊かな感性と表現

育みたい資質・能力
「知識及び技能の基礎」…豊かな体験を通じて、感じたり、気づいたり、わかるようになったり、できるようになったりする。
「思考力、判断力、表現力等の基礎」…気づいたことや、できるようになったことを使い、考えたり試したり工夫したり表現したりする。
「学びに向かう力、人間性等」…心情・意欲・態度が育つ中で、よりよい生活を営もうとする。

3歳	4歳	5歳　　　　　　　　6歳
自立感を育てる	自発性の育ちを援助する	主体性の確立を見守る
・健康で安心できる環境の中で、生活に必要な習慣や態度が身につくようにする。 ・基礎的運動能力が身につき、走る、跳ぶなどを喜んでする。 ・地域の人や外国の人などとふれあい、親しみを持って遊ぶ。 ・自分が思ったことや感じたことを言葉で表し、保育者や友達との言葉のやりとりを楽しむ。 ・さまざまな身の回りのものに興味を持ち探索活動を楽しむ。 ・身近な動植物や自然事象に関心を持ち、見たり触れたりすることを喜ぶ。 ・自然物や身近な素材で好きなものを作り、それを使って遊ぶことを楽しむ。 ・さまざまに素材や用具を使い、自由に描いたり作ったりすることを楽しむ。 ・リズムに合わせて体を動かすなど、表現遊びを楽しむ。	・健康で安全な生活に必要な習慣が身につき、自分でできることに喜びを持つ。 ・いろいろな用具を使って運動遊びをすることを楽しむ。 ・集団やグループの遊びの中で、思いやりの気持ちを持ち、簡単な約束を守ろうとする。 ・友達と簡単なルールのあるゲームなどをし、友達と協力しあって遊ぶことを喜ぶ。 ・地域の人や外国の人などとふれあい、親しみを持って遊ぶ。 ・身近な動植物に触れ関心を持つ。 ・身近な物の、色や形、数量、性質に関心を持つ。 ・保育者や友達との会話を楽しみ、さまざまな言葉に興味を持つ。 ・友達といっしょに歌ったり楽器演奏したりすることを楽しむ。	・健康で安全な生活に必要な習慣が身につき、自分でできることに喜びを持つ。 ・簡単な運動競技をする中で、安全に必要な態度や習慣を身につける。 ・集団の中で必要な約束事がわかり、相手の立場に立って行動し、自分の気持ちを調整し折り合いをつけながら遊ぶ。 ・地域の人や外国の人などとふれあい、親しみを持って遊ぶ。 ・身近な動植物の飼育や栽培を通して自然物への愛情を持つ。 ・物の性質や数量、文字や記号などに関心を持ち、扱ったり比べたり分けたりする。 ・保育者や友達との会話を楽しみ、さまざまな言葉に興味を持つ。 ・友達といっしょに考えを出し合いながら、共通の目的を持ち、工夫したり協力したりして表現することを喜ぶ。 ・友達といっしょに歌ったり楽器演奏したりすることを楽しむ。

保健・安全管理
- 感染予防対策指針の作成と実施及び保護者との情報を共有する。（症候群サーベイランス参照）
- 熱中症対策。（環境省：WBGT参照）
- 外部業者による点検及び園庭整備・防犯。
- 警察署指導安全教室。
- 防災訓練の徹底。（大和郡山市ハザードマップ参照）

小学校との連携
- 日々の保育が小学校以降の生活や学習の基盤につながるよう、幼児期にふさわしい生活を通じて、創造的な思考や主体的な生活態度などの基礎を培う。
- 小学校との意見交換や研究の機会などを通して、保育所保育と小学校教育との円滑な接続に努める。

自己評価ポイント
- 児童福祉法に基づいた園の運営状況。
- 教育目標等の設定は適当か。
- 保育指針の内容に沿った子どもの発達段階に即した指導の状況。
- 環境を通して行なう教育・保育の実施の状況。
- 遊びを通した総合的な活動の状況など。

※資料提供　奈良・ふたば保育園

0歳児の年の計画

	1期（4月〜5月）	2期（6月〜8月）
ねらい	●落ち着いた雰囲気の中で、欲求を満たしていき、情緒の安定を図るとともに、ひとりひとりの豊かな個性の発達と保育者との信頼・愛着関係、仲間関係の基礎を育てる。 ●安心できる保育者のもとで、食事・睡眠・排せつなど基本的な生活習慣を身につけるようにする。 ●保健的で安全な環境を整え、いろいろな体験を重ねて身体及び感覚の機能を伸ばしていく。	
期のねらい・内容（養護・教育）	●新しい環境で不安にならないように特定の保育者がかかわり過ごせるようにする。 ●季節に合わせた環境を整え、快適に過ごせるようにする。 ●安心できる保育者に食べさせてもらいながら、さまざまな食べ物の味を味わう。 ●食べさせてもったり、手づかみしたりして、食事をしようとする。 ●「おいしいね」「もぐもぐ、かみかみしようね」などと言葉をかけてもらい、しっかりかんで食べる。 ●紙パンツ・オムツをいやがらず、取り替えてもらい、気持ち良さを知る。 ●オマルに慣れる。 ●安心する保育者にそばについてもらいながら安心して眠る。 ●安心する保育者に介助されながら、いやがらずに衣服の着脱をする。 ●ひとりひとりの発達の状態に合わせて、全身運動や探索遊びを喜んでする（ハイハイアスレチック・マット など）。 ●歩行が安定するように、探索遊びを十分にし、楽しみながら探索する。 ●音を聞く、物を見る、握る、つかむなどの動きを十分にできる遊びを楽しむ。 ●安心する保育者に抱いてもらったり、語りかけたりしてもらったりして、安定した気持ちと喜びを味わう。 ●春の自然に触れて楽しむ（花・虫・イチゴ など）。 ●保育者のかかわりや話しかけで喃語や片言を話そうとする。 ●季節のうた（ちっちゃないちご・こいのぼり など）わらべうた、手遊びを喜んで聴こうとする。 ●童謡やリズミカルな音楽を聴いて、体を揺らすなどして楽しむ。	●クーラーや扇風機などの掃除をこまめにし、清潔を保ち、快適に過ごせるようにする。 ●蒸しタオルや沐浴などで汗をふき、清潔を保つとともに気持ち良さを感じ、快適に過ごせるようにする。 ●介助されながら、スプーンを上握りで持ち、こぼしながらも自分で食べようとする。 ●食べ物の好き嫌いが出てくるが促されながらも、いろいろな味を食べてみようとする。 ●「おいしいね」などと言葉をかけてもらい、友達や保育者と食事をすることを楽しむ。 ●オマルに座り、オマルで排せつすることを知る。「シーシー出たかな？」などと言葉をかけてもらいながら、排せつする経験をする。 ●快適な環境の中で一定時間安心して眠る。 ●服やズボンを手助けしてもらいながら、脱ごうとする。 ●身体を十分に動かして遊ぶことを楽しむ（登る・降りる・くぐる など）。 ●遊具を使って、身体を動かすことを楽しむ（ハイハイアスレチック・マット・網ボール・フープ など）。 ●動く玩具や手指を使って押したり、引っ張ったり、たたいたりして楽しみながら遊ぶ。 ●蒸しタオルで体をふいてもらったり沐浴をしたりして、さっぱりした気持ち良さを味わう。 ●保育者といっしょに遊ぶことを楽しむ。 ●砂や水などのいろいろな感触を、いやがらずに味わって遊ぶ。 ●保育者に動物や食べ物・乗り物が出てくる絵本を読んでもらうことを喜ぶ。 ●手遊びやわらべうたをうたったり、まねっこ遊びなどをしながら、言葉を発したり、手遊びや歌をうたうことを楽しむ。 ●季節の歌（かえるの合唱・たなばたさま など）やわらべうた、手遊びを喜んで聴き、体を揺らしたり、手を動かしたりして楽しむ。 ●音楽を聴いて体を動かしたり、手作り楽器などを使ったりして音遊びを楽しむ。 ●いろいろな素材を使って感触遊びを楽しむ（絵の具・片栗粉粘土 など）。 ●保育者や友達といっしょに模倣遊びを楽しむ。 ●パスを使ってなぐり描きを楽しむ。
行事	●入園・進級式　●内科検診　●眼科検診　●歯科検診	●七夕音楽会　●プール開き　●個人懇談 ●ぎょう虫検査　●尿検査
家庭との連携	●荷物の用意のしかたなどをわかりやすく掲示し、わからないことは知らせていけるようにする。 ●園での子どものようすや家庭でのようすを知らせ合い、信頼関係を築いていけるようにする。	●毎日の健康状態チェック表に記入してもらい毎日の子どものようすを共有し合う。子どもの体調に変化があったときには早期受診を促していく。また、感染症がはやり出す時期なので体調管理に留意していく。 ●毎日蒸しタオルを持ってきてもらうように知らせていく。 ●夏季保育のアンケートを出して、通園状況を把握する。 ●個人懇談について知らせていく。

0歳児の年の計画

評価・課題・反省	● 1年間を通して、ひとりひとりの欲求を満たし、落ち着いた雰囲気で過ごすことができた。また、特定の保育者がそばについて、基本的な生活習慣も身につけるようにしていく事ができた。子どもたちひとりひとりの発達に合わせて、援助することを心がけ、そうすることができた。来年度も引き続き、安定した環境の中で過ごせるようにしていきたい。玩具によるけがが見られたので、持ち歩かないよう伝えたり、クッションを付けたりして配慮した。

3期(9月~12月)	4期(1月~3月)
● 暖房器具や加湿器などを使用し、安全な環境を整え、快適に過ごせるようにする。 ● 子どもの健康状態を保育者間で把握し、冬の感染症の早期発見につながるようにし、安心して過ごせるようにする。 ● 自分から進んで食事をしようとし、スプーンを上握りで持って、自分で食べようとする。(高月齢児は、徐々に普通食になる)	● 片言や、しぐさで自分の思いを伝えることを十分に受け止め、子どもたちが安心して表現できるようにする。 ● 喜んで食事をしようとし、スプーンを上握りや下握りで持って食べようとする。
● オマルに自分から座って排せつしようとする。排せつしたときには保育者といっしょに喜ぶ。 ● 排せつしたことを態度や言葉で知らせようとする。 ● 自分の布団がわかり、自分から布団に入って、一定時間安心して眠る。 ● 自分で服やズボンを脱いだり、介助されながら、着ようとする。 ● 体を十分に動かして遊ぶことを楽しむ(追いかけっこ・台の上を歩く など)。 ● 遊具を使って体を動かすことを楽しむ(マット・網ボール・フープ・すべり台 など)。 ● 指先を使った遊びを楽しむ(ポスティングボックス など)。 ● 保育者に見守られながら、ひとり遊びを十分に楽しむ。 ● サツマイモ、落ち葉など秋の自然に触れて楽しむ。 ● 繰り返しの言葉が出てくる絵本を読んでもらうことを喜ぶ。 ● 名前を呼ばれたら「はい」といって返事をしたり、手を上げたりする。 ● 季節の歌(どんぐりころころ・サンタは今ごろ など)やわらべうた、手遊びを喜んで聴き、体を揺らしたり、手を動かしたりして楽しむ。 ● 落ち葉やドングリなど秋の自然物を触って感触を楽しむ。 ● 嘔吐物処理用のバケツを用意し、処理のしかたを改めて、共通認識していけるようにする。各保育室にひとつ用意する。	● オマルや便座に興味を持ち、自らオマルに座って排せつしようとする。 ● 1歳児クラスでのトイレを使用して、場所にも慣れることができるように配慮する。 ● 必要に応じて手伝ってもらいながら、自分で服やズボンを脱いだり着たりしようとする。 ● 体を十分に動かして遊ぶことを楽しむ(跳ぶ・ボールを転がす など)。 ● 遊具を使って体を動かすことを楽しむ(マット・網ボール・フープ・ハイハイアスレチック・巧技台 など)。 ● 指先を使った遊びを楽しむ(ひも通し・洗濯バサミ遊び など)。 ● 保育者に見守られながら、ひとり遊びを楽しむ。 ● 雪や霜、氷などの冬の自然に触れて楽しむ。 ● 好きな絵本を読んでもらいたいことを片言で伝えるなど、保育者との簡単なやりとりを楽しむ。 ● 自分の思いを片言で話そうとしたり、しぐさで表そうとする。 ● 季節のうた(お正月・ゆき など)。 ● 柔らかく暖かい布や毛糸を触って感触遊びを楽しむ。
● 作品展 ● 運動会 ● イモ掘り ● クリスマス ● 内科検診 ● 眼科検診 ● 歯科検診	● もちつき会 ● 節分の集い ● 個人懇談会 ● 生活発表会 ● お別れ会 ● 修了式
● 運動会は自由参加であることを知らせ、参加の有無を確認していく。 ● 引き続き蒸しタオルを持ってきてもらう。 ● 感染症がはやりやすい時期なので、嘔吐物がついた衣服等の処理のしかたについて知らせ、理解してもらう。 ● ひとりひとりの子どもの体調の状態を家庭と共有し合う。 ● 年末年始の保育のアンケートを出して、通園状況を把握する。	● 引き続き冬の感染症に留意し、家庭と情報を共有していき、早期発見につながるようにしていく。 ● 生活発表会を楽しみに持てるよう、内容について知らせておく。 ● 1歳児クラスに進級することについて必要な物などを知らせていく。 ● 個人懇談の場を設け、子どもの成長を共に喜び合い、進級を楽しめるようにする。

※資料提供 奈良・ふたば保育園

この本で！指導計画が 書きやすくなる理由(ワケ)！

本書には、指導計画をより書きやすくするためのヒントや工夫がたっぷり詰まっています！

月案

このクラスとは別の場合のポイントを掲載しています。さまざまな場合の立案の参考にしてください。

週案的要素を持つ生活と遊びの計画や保育資料です。詳しくはP.23をご覧ください。

指導計画中の、よい表現を特に抜き出しています。

個人案

個人案を読み取るために、ひとりひとりの週案的要素と発達をまとめています。

日の記録

子どもの評価から、具体的な保育の進め方についてのアドバイスです。

4月のふりかえりから5月の保育へ

あらためて意識できるように、その月のねらいと評価・反省・課題を掲載しています。

ひとりひとりの保育を振り返っています。子どもの育ちとみずからの保育、そしてたてたねらいを振り返ってクラス全体での振り返りに生かします。

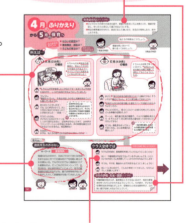

毎月、その月の保育を受けて、大切なキーワードをもとに、学びになる部分を設けています。

ひとりひとりの姿を受けて、クラス全体の振り返りにつなげています。

4月

ねらいより
情緒が安定し、ゆったりと過ごせるように

月案 (A〜C児) ……… P.50

泣き声が小さい
A児 (2か月)

不安が強くすぐ泣く
B児 (6か月)

離乳食をカミカミして食べている
C児 (10か月)

個人案 (G〜I児) ……… P.53

家庭で離乳食を食べていない
G児 (7か月)

腹ばいを始めかけている
H児 (8か月)

食物アレルギーがある
I児 (9か月)

個人案 (D〜F児) ……… P.52

哺乳力が強く活発である
D児 (3か月)

母乳を飲んでいる
E児 (4か月)

手足口病にかかり予後で入所
F児 (5か月)

これも！おさえておきたい
4月の計画のポイントと文例 ……… P.54

日の記録 ……… P.55

4月のふりかえりから5月の保育へ ……… P.56

※ 0歳児クラスでは、4月以降も途中入所（園）児が多くいることを踏まえ、多様な場面でご参考頂けるよう、本書では9人の個人案からスタートし、徐々に人数を増やしています。

4月 月案

CD-ROM　4月 ▶月案

今月のねらい（クラス全体としてのねらいです）

- ひとりひとりのありのままの姿や、家庭での生活リズムを受け入れ、情緒が安定し、ゆったりと安心して過ごせるようにする。
- 特定の保育者がかかわり、欲求に応じて抱いたり、生活の介助をしたり、あやしたりする。

* マークのマーカーが引いてある部分は、ページ下部の解説とリンクしているのでご覧ください。
* 「今月のねらい」「健康・食育・安全」「保育者間の連携」「家庭・地域との連携」については、P.54の内容も、立案の参考にしてください。

	今月初めの子どもの姿○	ねらい★・内容☆
泣き声が小さい A児（2か月）	○1回の授乳量が少なく、時間がかかり（20分～30分）、むせることが多い。 ○おなかがすいたり、便が出たりすると、小さい声で泣くことがある。 ○保育者の呼びかけや、語りかけに、顔を動かして見る。	★特定の保育者にかかわってもらい、情緒的に安定して過ごす。 ★保育者との音声のやりとりを楽しむ。 ☆特定の保育者にゆったりと授乳してもらったり、オムツ交換をしてもらったりして、安心して過ごす。 ☆保育者と繰り返し音声のやりとりをする。
不安が強くすぐ泣く B児（6か月）	○ゴックン期の食事をとる。 ○顔に掛けられた布を、頭を振って取り払う。	★特定の保育者とのかかわりを楽しみ、落ち着いた雰囲気の中で保育所生活に慣れていく。 ☆食べ物を口の中にためずにゴックンと飲み込む。 ☆特定の保育者とのふれあいを楽しむ。
離乳食をカミカミして食べている C児（10か月）	○歯ぐきでつぶせる硬さのものを、あごを動かしカミカミして食べている。 ○おなかを床に着けて、ハイハイで移動している。	★安心できる保育者のそばでかかわり、園生活に慣れる。 ★ハイハイで移動して楽しむ。 ☆ハイハイで好きなところで遊ぶ。 ☆ハイハイで見つけた玩具で繰り返し遊ぶ。

	第1週	第2週
生活と遊び	A児 ゆっくりとミルクを飲む。 B児 離乳食をゴックンと飲み込む。 C児 歯ぐきでカミカミして離乳食を食べる。	A児 不快になると泣いて知らせる。 B児 離乳食をゴックンと飲み込む。 C児 カミカミして離乳食を食べる。
行事・生活・遊びの計画	月 外気浴 火 外気浴 水 外気浴 木 外気浴 金 外気浴 玩具・音の鳴る玩具、パフリング、網ボール 歌・『いないいないばあ』	月 外気浴　ふれあい遊び 火 避難訓練、外気浴、歌遊び 水 外気浴 木 外気浴、ふれあい遊び、手型遊び 金 外気浴、ふれあい遊び、手型遊び 玩具・音の鳴る玩具、パフリング、網ボール 歌・『手をたたきましょう』 絵本・『だるまさんが』

書き方のヒント いい表現から学ぼう！

特定の保育者がかかわり、欲求に応じて抱いたり、生活の介助をしたり、あやしたりする。

理由

欲求に応じる

子どもへの介助にしても、かかわりにしても、保育者が先取りするのではなく、子どもからの主体的な欲求を見抜いて対応していく姿勢が大切であることを示唆しています。

4月 月案

健康・食育・安全
- ひとりひとりの既往症、予防接種の状況を記録し発達状態を把握する。
- ミルクの授乳量や食事摂取量を把握する。
- 室内の湿度、温度、換気に配慮し、除湿器、空気清浄機を置く。

保育者間の連携
- 入園前の子どものようすを把握する。
- ひとりひとりの子どもの24時間を考えた生活を送れるよう見直す。
- 子どものようすや保護者からの事項を把握する。

家庭・地域との連携
- 連絡帳で子どものようすを細かく伝え合い、信頼関係を築いていく。
- 授乳のようすや寝かせ方などを細かく聞き取り家庭と園とでの生活がスムーズにつながるようにする。

環境づくり◆と保育者の援助◇

- ◆落ち着いて個別に対応したり、授乳できる場所を設けたりする。
- ◇特定の保育者が抱き、乳首のサイズや哺乳瓶のキャップの締めぐあいなどを確かめながら、ゆっくりと授乳する。むせたときは背中をさするなどしてようすを見る。
- ◇A児の目の動き、音声に注意し、目を見返したり、音声にタイミングよく応答したりする。
- ◆室温に注意し、静かな環境で離乳食を食べられるようにする。
- ◇特定の保育者が優しくほほ笑みかけながら離乳食を食べさせ、「カミカミゴックンね」など、言葉をかける。
- ◇特定の保育者がタッチング遊びなどをして遊びを共有する。
- ◇特定の保育者が「おいしいね」などと言葉をかけ、よくかんでいるか口もとをよく見ながら、ゆっくり食べさせる。
- ◆床をかたづけ、十分にハイハイできる環境を用意する。
- ◇ハイハイで危ない場所へ行かないように注意する。

子どもの発達◎と評価・反省・課題✴

- ◎生活環境の変化に少しずつ慣れ、ミルクを飲む量が増えてきている。
- ✴泣き声が小さいので、オムツ汚れに気がつかなかったことがあり、反省点である。声の特徴を聞き分けることが課題であると考える。
- ◎食事になると泣いてしまうことがあるが食べ物を少しずつ口に入れてゴックンするようになった。
- ◎月初めは、日中泣いていたが、保育者とのふれあい遊びなどのかかわりの中で笑ったりする表情も見られてきている。
- ◎「アーン」と言い、口を開けてカミカミしながら食事をすることを楽しんでいる。
- ◎保育者とのふれあい遊びを楽しみ、『手をたたきましょう』の歌に合わせて手をたたいたり体を横に揺らしたりしている。

第3週
- A児 保育者との音声のやりとりをする。
- B児 保育者とタッチング遊びをする。
- C児 ハイハイで好きなところへ移動する。

- 月 誕生会、園庭探索
- 火 園庭探索、ふれあい遊び
- 水 園庭探索
- 木 園庭探索、歌遊び
- 金 園庭探索

- 玩具・パフリング、音の鳴る玩具、メッシュトンネル、ちぎり紙
- 歌・『いないいないばあ』『こいのぼり』
- 絵本・『だるまさんが』

第4週
- A児 保育者との音声のやりとりをする。
- B児 保育者とタッチング遊びをする。
- C児 ハイハイで玩具を見つけて遊ぶ。

- 月 園庭探索、ふれあい遊び
- 火 園庭探索
- 水 園庭探索
- 木 園庭探索
- 金 園庭探索

- 玩具・ブロック、音の鳴る玩具、網ボール、パフリング
- 歌・『いないいないばあ』『手をたたきましょう』
- 絵本・『だるまさんが』

評価・反省・課題 (P.56でくわしく説明!)

午睡時間が定まらず長時間泣く子どももいるので、特定の保育者がゆったりとかかわれるようにしていく。引き続き、子どもの生理的な欲求を満たすことや、目覚めたときは名前を呼び、ふれあい遊びを楽しめるようにしていく。

4月 個人案

5月 P.60へ

	D児（3か月）哺乳力が強く活発である	E児（4か月）母乳を飲んでいる	F児（5か月）手足口病にかかり予後で入所
今月初めの子どもの姿	○哺乳力がよく、1回に150cc～180cc飲む。要求する時間間隔も一定している。 ○タオルを両足でけったり、手足を活発に動かしたりする。 ○目覚めたときのきげんは良く、あやすと笑い顔でこたえる。	○授乳間隔が3～4時間あり、母乳で育っている。 ○視覚や聴覚はよく機能しており、音のするほうに首を動かしたり、保育者の顔をじっと見つめたりする。 ○母親が帰るとき少し泣くが、すぐやむ。	○重湯を口に持っていくと、舌を動かしてペチャペチャ音を立てながら押し出す。 ○右方向にゆっくりと寝返りする。 ○顔に毛布を掛けると、手足を動かして、取り払う。 ○初めての沐浴のとき体を硬くし不安がる。
ねらい★・内容☆	★特定の保育者に生活の世話を受け、きげん良く過ごす。 ☆特定の保育者にだっこされ、安心して、ミルクを飲んだり、オムツの交換をしてもらったりする。 ☆目覚めているときは、あやしてもらう。	★保育者との信頼関係を深め、少しずつミルクや哺乳瓶に慣れる。 ☆保育者に抱かれて授乳されることに慣れ、哺乳瓶の乳首の感触に慣れていく。	★ミルクを満足するまで飲む。 ★沐浴で体を清潔にする。 ☆少しずつ重湯を口にし慣れる。 ☆沐浴をしてもらい、気持ち良さを味わう。 ☆体調に気をつけてもらい安心して過ごす。
環境づくりと保育者の援助◆◇	◆落ち着いて授乳できるように、移動さくなどで囲いを作り、おしぼりなども用意しておく。 ◇おなかがすいて泣くタイミングに合わせ、満足できるまでお乳を飲ませる。飲んだ後は、体を立てて背中をさすり、げっぷを出させる。 ◇つるし玩具を、手を伸ばして届く位置にし、手を添えて触れさせる。笑顔になるのを確かめ、共感する。	◆母親から冷凍母乳を持ってきてもらう。朝搾乳したことを確かめ冷蔵庫に保管する。 ◇午睡後のきげんの良いときに、冷凍母乳を解凍し、哺乳瓶に移して、少しずつ飲ませる。 ◇目を覚ましているときは、特定の保育者がそばにつく。 ◆玩具をよく見せ、手を伸ばせば持たせ、「ガラガラね」と声をかけて振らせる。	◆病後なので別室で個別に病後保育をする。 ◇特に授乳量に気をつけ、きげんを良く看る。 ◆沐浴の前には、体温を測り体調を確認する。 ◆沐浴のとき、不安がらないように、体をタオルで巻く。 ◇寝返りでは、腕を挟まないように注意する。
子どもの発達と評価・反省・課題◎※	◎生理的な欲求以外は、泣くことが少なくなり情緒的に、落ち着いてきた。 ◎特定の保育者に愛着を持つようになって、笑顔がよく見られるようになってきた。 ※新しい玩具を次々見せるのではなく、ひとつのものを、じっくり触れさせる。	◎勤務中、母親の時間が取れるときに来園してもらい、授乳をしてもらった。連携を図りながら、続けたい。 ※子どものきげんの良いときを見計らい、少しずつミルクにも慣れさせていきたい。 ※母乳を飲むときの抱き方を観察する。	◎舌で重湯を押し出したときには、無理に与えず、口の汚れをふき取り安心させたので、少しずつ食べるようになった。 ※体温やきげんの良し悪しに絶えず注意し、こまやかな対応をしたので、徐々に体調がよくなっていった。
	生活と遊び	生活と遊び	生活と遊び
第1週	ミルクをしっかり飲む。	母親の母乳を飲む。	離乳食に慣れ、重湯を飲む。
第2週	あやしてもらって遊ぶ。	搾乳された母乳を哺乳瓶で飲む。	沐浴をしてもらう。
第3週	玩具を見て遊ぶ。	少しずつミルクを飲む。	自分の手足を触って遊ぶ。
第4週	玩具を触って遊ぶ。	玩具を握って遊ぶ。	寝返りの前段階の動きで遊ぶ。

育ちメモ

低月齢で注意を要する子どもですが、活発で情緒も安定していますね。生理的欲求を満たし、十分にあやして遊びましょう。

母乳哺乳は、5か月まで続けることが望ましいです。母親と相談のうえ継続してもらいましょう。

離乳食の開始の大切なときですね。体調に注意しながら、進めていくようにしましょう。

4月 個人案

G児（7か月）— 家庭で離乳食を食べていない

子どもの姿
- ○ゴックン期の離乳食を始めるが、飲み込めずせき込んだり、吐いたりする。
- ○両手で突っ張り、後戻りをする。
- ○腹ばいになって近くにあるものを取ったり、音の出る玩具を振ったりして、喜んでいる。
- ○特定の保育者に抱いてもらいたがる。

ねらい
- ★野菜スープや果汁を飲み込むことから離乳食を始めて、慣れる。
- ★特定の保育者に慣れ、安心して過ごす。
- ☆野菜スープや果汁を、少しずつ飲む。
- ☆特定の保育者に抱かれて喜ぶ。

環境・配慮
- ◆特に危険なものやじゃまになるものがないか確かめ、動きやすい環境をつくる。
- ◇両手の指をしっかり開いて使っているかよく見て、握っている場合は開くようにする。股関節が歪んでいないか、注意して見る。
- ◇だっこしてほしいというサインを、すばやく受け止め、要求に応じて優しく抱く。
- ◆興味のある玩具で、遊びを促す。

評価
- ◎ゴックン期の離乳食に少しずつ慣れ、飲み込むようになってきた。
- ＊寝返りをした姿勢から、両手を突いて、足を投げ出し、投げ座りができるようになった。座った姿勢で玩具を触り、きげん良く遊ぶ。
- ＊疲れたときに抱かれたがる。

生活と遊び
- ゴックン期の離乳食に慣れる。
- 寝返りをし、うつむきで遊ぶ。
- 投げ座りで、玩具で遊ぶ。
- 投げ座りで、玩具で遊ぶ。

園の離乳食の献立や作り方を家庭に知らせ、同じテンポで進めてもらうことが大切です。

H児（8か月）— 腹ばいを始めかけている

子どもの姿
- ○唇をしっかり閉じて、野菜の柔らか煮などをモグモグして食べている。

ねらい
- ★特定の保育者とのかかわりを楽しみ、落ち着いた雰囲気の中で園生活に慣れていく。
- ☆特定の保育者にふれあい遊びをしてもらい、喜んで遊ぶ。

環境・配慮
- ◆室温に注意し、静かな環境で眠れるようにする。
- ◇特定の保育者が「おいしいね」などと言葉をかけ、口もとを見ながらゆっくり食べさせる。

評価
- ◎「アーン」と言い口を開けて食事することを楽しんでいる。
- ◎腹ばいをして移動し、目的に向かって行く姿がある。手をたたいたり、バイバイと手を振ったりし、表情も豊かになってきている。

生活と遊び
- 離乳食をモグモグと口を動かして食べる。
- 離乳食をゆっくり食べる。
- 腹ばいをして少しの間、遊ぶ。
- 手をたたいたり、振ったりして遊ぶ。

人見知りが始まったので、特定の保育者との信頼関係を保ち、情緒の安定を図りましょう。

I児（9か月）— 食物アレルギーがある

子どもの姿
- ○カミカミ期の除去食を食べるようになった。
- ○特定の保育者とのかかわりを楽しむが、人見知りをすることがある。
- ○おなかを着け、腕を使ってハイハイをする。

ねらい
- ★特定の保育者とのふれあい遊びでかかわりを楽しみ、愛着関係を深める。
- ☆ハイハイで行きたい場所へ行く。
- ☆除去食を食べる。

環境・配慮
- ◆換気に注意し、除去食用のトレーの食事がとれるようにする。
- ◆危険がないよう広い場所を用意し、ハイハイを楽しめるようにする。
- ◇声や表情から欲求を感じ取り、それを優しく受け止めて、保育者への愛着が深まるようにする。
- ◇特定の保育者が「おいしいね」などと言葉をかけ、口もとを見ながらゆっくり食べさせる。

評価
- ◎除去食を食べている。食事を楽しみゆっくり口をパクパクさせながら食べている。
- ◎特定の保育者との愛着関係が深まっている。
- ＊十分にハイハイをする場を整えたので、おなかを付け、腕を使ってハイハイするスピードがついてきた。

生活と遊び
- 除去食を食べる。
- 除去食を食べる。
- ハイハイで行きたいところへ行く。
- 腕を使ってハイハイする。

植物性アレルギーは、アレルギーを誘発する原因食物（アレルゲン）を取り除く、除去食物療法を行なうことで対処します。

今月のねらい

家庭で保護者に見守られ、自分の生活リズムのペースで過ごしていた乳児が、集団保育の中に入れられたのです。情緒不安になってあたりまえです。乳児は発達の個人差が大きいので、月齢にとらわれず個別のデイリープログラムで受け入れると情緒的に安定しきげんも良くなります。

文例
- ひとりひとりの安定した生活リズムできげん良く過ごす。
- 保育者に欲求を受け止めてもらい安定感を持つ。

健康・食育・安全

乳児の集団保育の場への受け入れは、健康を保持することが、かけがえのない命を預かる基本的な気構えでなければなりません。今までにどのような病気をしてきたか、予防接種をしているかどうか、順調よく成長してきたかなどを把握するのに加えて体質や課題を全職員で共通理解します。

文例
食物アレルギーの有無や離乳状況を把握する。

これも！おさえておきたい 4月の計画のポイントと文例

本指導計画の月案では、A～I児に合った今月のねらいなどを掲載しています。より参考にしていただけるように、ここでは、この月によくある、ほかにも押さえておきたいポイントを紹介しています。

CD-ROM　4月▶文例

保育者間の連携

0歳児は子ども6人に保育者2人など複数担任制であり、勤務のローテーションで交替勤務が実態です。クラスの責任を全保育者が持つためには、子どもの毎日の健康状態、きげんの良し悪し、家庭からの情報を全職種が把握し、伝達する手段としてノートを活用することが大切です。

文例
子どものようすを職員間でしっかり把握できるように、伝達ノートを作るなどしておく。

家庭・地域との連携

新しい環境で不安な子どもも、自分に決められたロッカーがあり「あなたのマークよ」と好きな動物の絵がはってあると居場所ができて落ち着きます。そこへ保護者も安心してオムツや下着を整理できるように案内します。出席ノート、タオル掛けにも同じシールをはりましょう。

文例
持ち物や荷物の置き場所を、絵で描いてわかりやすくしておくとともに、保護者ひとりひとりにていねいに対応していく。

4月 日の記録

保育を振り返るために、また仕事の証（あかし）として、日々の記録は欠かせません。ここでは例として、違う日の3人を抜き出して掲載しています。次の計画に生かしましょう。

CD-ROM 日の記録フォーマット

	4月8日（火） B児（6か月）	4月25日（金） A児（2か月）	4月30日（水） E児（4か月）
受入れ	健康状態・異常 無・有（　　　） 朝体温：36.7℃　与薬：無・有（　　）	健康状態・異常 無・有（　　　） 朝体温：36.5℃　与薬：無・有（　　）	健康状態・異常 無・有（　　　） 朝体温：36.9℃　与薬：無・有（　　）

時間別記録（食事／排せつ／睡眠／SIDSチェック／子どものようす）

- 4月8日（火）B児（6か月）
  - 9:30 小
  - 9:45～10:00 睡眠・SIDSチェック✓
  - 9時台 登園
  - 10時台 降園
- 4月25日（金）A児（2か月）
  - 8時台 登園
  - 9:10 オ
  - 9:45～10:30 睡眠・SIDSチェック✓
  - 11:00 ミ 200cc／オ
  - 11:25～12:30 睡眠・SIDSチェック✓　友達の声で目覚める
  - 13時台 オ／テラス
  - 14時台 小・大／オ
  - 15:00～15:50 睡眠・SIDSチェック✓
  - 16時台 ミ 150cc／オ　降園
- 4月30日（水）E児（4か月）
  - 8時台 登園
  - 9時台 オ／外気浴
  - 9:50～11:00 睡眠・SIDSチェック✓
  - 11時台 母乳／オ
  - 12時台 オ／沐浴
  - 13:00～14:45 睡眠・SIDSチェック✓
  - 15時台 母乳／オ
  - 16時台 オ／降園

生活と遊び	不安な気持ちを受け止め、外気浴をして落ち着いて過ごせるようにする。	静かな場所で、ゆったりと抱いて、顔を見て話しかけながら授乳する。	カーテンを閉め、CDをかけて、ゆったりと落ち着いて眠れるようにする。外気浴ができるように戸外用マットと避難車を用意する。
準備物	綱ボール、CD、音の鳴る玩具	音の鳴る玩具	マット、避難車、CD、音の鳴る玩具
子どもの発達と評価反省課題	母親から離れると泣いている。保育者のひざの上に座っていると、きげん良くしている。タッチング遊びをしてしっかりとふれあっていきたい。	初めてミルクを200cc飲んだ。周りの音にもよく反応している。引き続き、音声のやりとりを心がけてく。	入眠時、そばについて手を握るとよく眠っている。音の鳴る玩具に興味を示している。楽しさを共有していきたい。

小：排尿　大：大便　オ：オムツ交換　離：離乳食　給：給食　ミ：ミルク　茶：お茶

※SIDS（シッズ）とは「乳幼児突然死症候群」と呼ばれる、睡眠中突然死する病気です。一定時間ごとに睡眠中の子どものようすを確認しましょう。ここでは5分ごとに複数の保育者でチェックしています。SIDSについて詳しくはP.170をご覧ください。

実践ポイント

生後6か月のB児が母親から離れ、分離不安で泣くのは愛着関係ができている証です。大人に密着すると安定するので、体に触れて遊びましょう。

4月のふりかえりから5月の保育へ

今月のねらい（P.50参照）
- ひとりひとりのありのままの姿や、家庭での生活リズムを受け入れ、情緒が安定し、ゆったりと安心して過ごせるようにする。
- 特定の保育者がかかわり、欲求に応じて抱いたり、生活の介助をしたり、あやしたりする。

ふりかえりポイント
- ★ねらいの設定は？
- ◆環境構成・援助は？
- ◎子どもの育ちは？
- 次月へのつながりは？

T先生（5年目）：私たちの保育はどうでしょう。場面を思い浮かべて振り返ってみましょう。
S先生（2年目）

例えば…

A児（2か月）の場合

「Aちゃんおはよう」

S先生：Aちゃんには★特定の保育者と、安心してかかわりを深められるように、◆タイミングよく応答することを心がけました！

T先生：◆Aちゃんが目を覚ましたときなどです！生活リズムや欲求に合わせて、しっかり応答できるようにしていました。

S先生：うんうん。◎最近のAちゃん、S先生が話しかけると笑顔を見せてとても喜んでいるようね。

T先生：ありがとうございます！でも、泣く声が小さくて、オムツ汚れに気がつけなかったことがありました……反省……。

S先生：そうだったのね。子どもたちが出すサインを、しっかり受け止めると、泣き声が分化してきて、泣き声がコミュニケーションの手段となるの。声の特徴を聞き分けられるようになるのよ。相互関係ね！

T先生：なるほど！まずは、私たちの受け止める姿勢が大切なんですね！！

> **泣き声の分化とは……**
> 泣き声に応答するかかわりを心がけることで、子どもが泣き声に不快感や空腹感の意味などを持たせるようになります。

E児（4か月）の場合

S先生：Eちゃんは母乳で育っているから、◆お母さんのお仕事の合間に来園して授乳してもらうようにしたの。

T先生：まさに★「ありのままの姿を受け入れ」た援助ですね！そういえば◎最近Eちゃん、すごく落ち着いてきましたね。

S先生：◆お母さんのための落ち着いた授乳スペースを整えられたのもよかったわ。

T先生：でも4か月だし、徐々にミルクへの移行を考えているの。どんな準備が必要かしら？

S先生：えーっと、哺乳瓶の乳首の種類や、ミルクの種類を考えたり…Eちゃんが1回に飲む母乳の量も知っておかないといけないですね！

T先生：そうね。調乳表も作ってはっておくわね。どんな準備が必要かしら？

> 1回の授乳量は、お母さんの授乳前後の体重を量ると把握できますよ！

伝えたい!! 園長先生のおはなし

キーワード　愛着関係

母親のおなかの中で、羊水に守られてきた乳児は、生まれ出るとすべての身体的ケアを母親に頼らざるを得ないの。でもそれだけでなく情緒的ケアも重要なのよ。だっこなどのスキンシップで、乳児は安全・安心感を得ることによって、母子の愛着関係が成立するのよね。園では保育者が抱いたりあやしたりして愛着関係を築いてきましたね。

クラス全体では

次月の指導計画に生かせます！

S先生：5月も引き続き、愛着関係を築いていけるようにしないとね！

T先生：はい！午睡時間が不安定で泣いている子も多いんです。ひとりひとりの生活リズムを把握して、しっかりかかわれるようにします！

S先生：そうね。それを、職員みんなで共有するようにしましょうね！

T先生：はい！5月に向けて、こんな文章をつくりました。5月もよろしくお願いします！

今月の評価・反省・課題（P.51参照）

午睡時間が定まらず、長時間泣く子どももいるので、特定の保育者がゆったりとかかわれるようにしていく。引き続き、子どもの生理的な欲求を満たすことや、目覚めたときは名前を呼び、ふれあい遊びを楽しめるようにしていく。

5月

ねらいより
引き続きひとりひとりの生活リズムを把握し、情緒の安定を！

月案 (A～C児) ・・・・・ P.58

短い時間頻繁(ひんぱん)に寝る
A児 (3か月)

離乳食をよく食べる
B児 (7か月)

手づかみで離乳食を食べる
C児 (11か月)

個人案 (D～I児) ・・・・・ P.60

喃語がよく出る
D児 (4か月)

哺乳瓶での授乳に慣れる時期
E児 (5か月)

寝返りをして手足をバタバタ
F児 (6か月)

握って落としてを楽しんでいる
G児 (8か月)

離乳食をモグモグして食べる
H児 (9か月)

卵アレルギーがある
I児 (10か月)

個人案 (J～N児) ・・・・・ P.62

情緒的には落ち着いている
J児 (6か月)

離乳食は順調に進んでいる
K児 (7か月)

母子分離不安がある
L児 (9か月)

時々不安になって泣く
M児 (10か月)

不安になって泣くことがある
N児 (11か月)

※0歳児クラスでは、4月以降も途中入所(園)児が多くいることを踏まえ、多様な場面でご参考いただけるよう、本書では9人の個人案からスタートし、徐々に人数を増やしています。

これも！おさえておきたい

5月の計画のポイントと文例 ・・・・ P.64

日の記録 ・・・・・ P.65

5月のふりかえりから6月の保育へ ・・ P.66

5月 月案

CD-ROM　5月 ▶ 月案

今月のねらい（クラス全体としてのねらいです）

● ひとりひとりの生活リズムを把握し、保育者全員の共通理解のもと、授乳量や離乳食やアレルギー対応や睡眠時間などの状況を把握して、適切な介助やかかわりを持ち、情緒的に安定して過ごせるようにしていく。

＊ 💡マークのマーカーが引いてある部分は、ページ下部の解説とリンクしているのでご覧ください。

＊「今月のねらい」「健康・食育・安全」「保育者間の連携」「家庭・地域との連携」については、P.64の内容も、立案の参考にしてください。

	前月の子どもの姿 ○	ねらい ★・内容 ☆
 短い時間頻繁に眠る **A児**(3か月)	○授乳後すぐに寝つくが30分ほどたつと、泣いて目覚める。 ○保育者の肩に添うように縦抱きすると、頭を持ち上げようとする。 ○保育者が笑いかけたり、「Aちゃん」と名前を呼んだりすると、にこっとほほ笑む。	★子どもの生活リズムを重視して、生理的欲求にこたえ、生活の安定を図る。 ★特定の保育者とのふれあいを楽しむ。 ☆生理的欲求を満たしてもらい、心地良く過ごす。 ☆抱いてもらったり、ふれあってもらったり、かかわってもらったりして遊ぶ。
 離乳食をよく食べる **B児**(7か月)	○離乳食、ミルクを嫌がらずに食べようとする。 ○安定してお座りする。 ○だっこを求めて泣く。	★離乳食のいろいろな食材に慣れる。 ★お座りで遊びを楽しむ。 ☆離乳食を喜んで食べる。 ☆お座りの姿勢で指先を使って遊ぶ。
 手づかみで離乳食を食べる **C児**(11か月)	○自分から口を開けてカミカミしながら食事をするが、時々手づかみになる。 ○座った姿勢から立ち上がろうとする。 ○偶然の音声を保育者に意味づけられ、次第に意味のある一語文が出るようになってきた。	★手づかみでも自分で楽しく食事をする。 ★舌を上下、左右に動かし、口の中で、食べ物を寄せてかみやすく口を動かす。 ★意味のある一語文を使って話す。 ☆好きなものを手づかみで食べる。 ☆特定の保育者の言葉をよく聞く。

	第1週	第2週
生活と遊び	**A児** 授乳後、眠る。 **B児** 睡眠を十分に取る。離乳食を食べる。 **C児** 手づかみで離乳食を食べる。	**A児** 保育者に抱いてもらい、周囲を見回す。 **B児** 離乳食を喜んで食べる。 **C児** 手づかみで離乳食を食べる。
行事生活遊びの計画	月 こどもの日 火 振替休日 水 散歩で日光浴、ホール遊び 木 散歩で日光浴、ハイハイ遊び 金 散歩で日光浴、ホール遊び 玩具・網ボール、スポンジ積み木、パフリング、木の玩具 歌・『おもちゃのチャチャチャ』『手をたたきましょう』 絵本・『いないいないばあ』	月 身長計測、戸外探索、マット遊び 火 身体計測、戸外探索、マット遊び 水 誕生会、体重計測、戸外探索（裸足） 木 体重計測、戸外探索、マット遊び 金 体重計測、ホール遊び 玩具・網ボール、スポンジ積み木、パフリング、木の玩具 歌・『おいでおいで』 絵本・『のせてのせて』

💡 書き方のヒント いい表現から学ぼう！

子どもとのスキンシップの取り方などのスキルを常に高める検討をし、新しい情報を伝え合う。

理由 ▶

スキンシップスキル

子どもとのコミュニケーションの基本は、スキンシップの取り方ですので、検討したり情報交換をしたりする意識は大切です。

健康🎵・食育🌱・安全✳	保育者間の連携	家庭・地域との連携
●ひとりひとりの毎朝の健康観察をていねいに行ない、食欲や睡眠、運動が満たされ、安心して過ごせるようにする。🎵 ●連休明けには家庭での授乳や離乳食のようすを聞き、調整しながら進める。🌱 ●玩具の破損はないか安全点検をする。✳	●ひとりひとりの授乳間隔、量、離乳食の進みぐあい、睡眠状態を把握し、共通理解する。 ●子どもとのスキンシップの取り方などのスキルを常に高める検討をし、新しい情報を伝え合う。	●個別に離乳食の状況を伝え、家庭でも同様に進めてもらう。 ●十分に睡眠できるよう、24時間を視野に睡眠リズムを合わせる。 ●園での生活リズムを映像で見せ連休の間も同様にしてもらう。

5月 月案

環境づくり◆と保育者の援助◇	子どもの発達◎と評価・反省・課題✷
◆間じきりなどで、静かに眠れる環境をつくり、特定の保育者がそばに付く。 ◇縦抱きにするときは、まだ首が据わっておらず不安定なので、頭から首にかけて手を添えしっかりと支える。 ◇保育者の動きを目で追うようになってきたので、目を見つめて「Ａちゃん」とゆっくり語りかけたり、ほほ笑みにこたえて笑顔で見返したりする。	◎特定の保育者がかかわることにより、授乳や離乳食、睡眠などの生活リズムは安定してきたが、午前中寝ているときに、音に敏感に目覚めるなどしたので、環境を工夫する必要がある。 ✷天気のよい日は外気浴を楽しんだが、役割分担がスムーズにいかず、課題である。
◆後ろに倒れても安全なようにクッションを置いておく。 ◆スポンジ玩具・ガラガラなど指先を使える玩具を用意する。 ◇遊んでいるとき、後ろに倒れないように安全に気をつける。	◎離乳食、スプーンに少しずつ慣れてきたが、時には泣いて離乳食を出すこともある。 ✷座位の姿勢が安定し、興味ある玩具に手を伸ばして十分に遊べるようになったので、だっこを求めて泣くことはなくなった。
◆食べこぼしを受けるポケットの付いた前掛けと、おしぼりを用意する。 ◇時々、手づかみで食べ出しても見守り、ひとりで食べた喜びを共感する。 ◆座った姿勢から手を突いて立ち上がろうとするので、持ちやすいさくを用意する。 ◇さくを握って立ち上がっても、しりもちを着くことがあるので、注意し見守る。	◎手で持ちやすい離乳食を用意したので、手づかみでカミカミしながら食べている。 ◎食べ物を見ると、必ず「マンマ」と決まった音声で言うようになった。 ◎時々つかまり立ちをして見回している。 ✷友達の持っている玩具を取りに行く。

第3週		第4週	
Ａ児 保育者にかかわってもらって遊ぶ。		Ａ児 保育者に語りかけてもらい遊ぶ。	
Ｂ児 座った姿勢で玩具を触って遊ぶ。		Ｂ児 座った姿勢で玩具を触って遊ぶ。	
Ｃ児 保育者と言葉のやりとりを楽しむ。		Ｃ児 保育者と言葉のやりとりを楽しむ。	
月 避難訓練、ガラガラ遊び 火 ハイハイ遊び、トンネルくぐり 水 戸外で外気浴、避難車でホールの散歩 木 網ボール遊び、ハイハイ遊び 金 ハイハイ遊び	玩具・網ボール、スポンジ積み木、木の玩具、ガラガラ、ポスティングボックス 歌・『手をたたきましょう』 絵本・『のせてのせて』	月 巧技台とマットでハイハイ遊び 火 戸外で外気浴、避難車でホールの散歩 水 ハイハイ遊び、ふれあい遊び 木 戸外で外気浴、ふれあい遊び 金 戸外で外気浴、ふれあい遊び	玩具・パフリング、トンネル 歌・『おいでおいで』 絵本・『だるまさんが』

評価・反省・課題 (P.66でくわしく説明!)	連休明けや途中入所（園）児の影響もあり、不安定になる子どもや、気温の変動により体調の不調が見られた子どもが何人かいた。また、ハイハイで移動したり、巧技台を使ってつかまり立ちをしたりする姿が見られたので、安全に留意して広い空間をつくっていかないといけない。来月は安全面に気をつけ、考えていく。

5月 個人案

4月 P.52から
6月 P.70へ

		D児（4か月） 喃語がよく出る	E児（5か月） 哺乳瓶での授乳に慣れる時期	F児（6か月） 寝返りをして手足をバタバタ
5月個人案	前月の子どもの姿 ○	○重湯や野菜スープを飲むとき、唇から流されることがあるが、少しずつ飲み込む。 ○首振りがしっかりしてきて、上体を反らせることがある。 ○保育者の顔を見るとニコニコしながら「アーアー」「ブーブー」と声を出す。	○哺乳瓶や乳首の感触になかなか慣れず、スプーンやコップでミルクを飲ませると、こぼれることが多く、よく泣く。 ○あおむきに寝ているとき、音がすると、顔をその方向に向け、足を交差して寝返りをしようとする。もうすぐ寝返りできそうである。	○離乳食に少しずつ慣れ、食べるようになる。 ○腹ばいになり、手足を浮かせたり、足をパタパタ動かしたりする。 ○沐浴すると水面をペチャペチャたたいて顔にしぶきがかかっても笑っている。 ○特定の保育者に慣れ、声がよく出る。
	ねらい ★・内容 ☆	★離乳食の準備としての野菜スープをいやがらずに飲む。 ★特定の保育者の顔や声に親しむ。 ☆スプーンに慣れ、スープなどを飲み込む。 ☆保育者の顔や声を聞いて愛着を持つ。	★哺乳瓶や乳首に触れ、ミルクが飲める。 ★目覚めているときには、さまざまな欲求を満たしてもらい、安定して過ごす。 ☆哺乳瓶・乳首で、少しずつミルクを飲む。 ☆目についた玩具に手を伸ばし、つかんで振り、音を楽しんでひとり遊びをする。	★体調に注意しながら離乳食を進めていく。 ★安全を見守りながら寝返りを楽しませる。 ☆離乳食のいろいろな味や感触に慣れる。 ☆得意のポーズをしたり、手足を動かしたりして、きげん良く過ごす。 ☆自分からそばの保育者に喃語で呼びかける。
	環境づくり◆と保育者の援助◇	◆離乳食用のスプーンを用意する。 ◆重湯や野菜スープを飲むようすを見ながらゆっくりスプーンを運ぶ。飲んだ後、口をおしぼりでふき「おいしかったね」など言葉をかける。 ◆ひとり遊びをしているときはそばに付く。 ◇喃語のリズムに合わせて応答する。	◆他児に姿が目に入らない静かな場所で授乳できるようにする。 ◇母親に授乳するときの抱き方をうかがい、子どもが安心してミルクを飲めるようにする。 ◆握りやすい玩具、色や音の美しいものを目につきやすいところへ置き、取れたら共に喜ぶ。	◆対面して食事ができる場所を設置しておく。 ◇口から汁がこぼれることが多いので、おしぼりで口をふき、最後まで気持ち良く食べられるように介助する。 ◇沐浴のときに水面をたたくので、耳に水が入らないように気をつける。
	評価・反省・課題 ◎子どもの発達と ✻	◎スープなどをこぼさずに飲み込めるようになった。 ◎背中に手を入れ、さすると反り返って気持ち良さそうにする。 ✻玩具を見せると手を伸ばし握るようになったが、すぐ口に入れるので選ぶ必要がある。	◎哺乳瓶での授乳は、母乳感覚の乳首を付けたことで、飲めるようになってきた。 ✻あおむきの姿勢で足を交差したときに、腰を押したことが反省点である。 ✻母乳感覚の乳首が市販されていることを知らず、情報収集不足を反省し、課題とする。	◎食材の幅が広がったがよく食べる。 ◎寝返りがスムーズにできるようになり、手足をよく動かす。 ✻保育者がそばを通ると、自分から「アーアー」と声をかけ、相手になってもらおうとする。気がつかないことがあるので注意する。
		生活と遊び	生活と遊び	生活と遊び
	第1週	スプーンでスープなどを飲む。	別室で母乳を飲む。	離乳食を食べる。
	第2週	玩具を握って遊ぶ。	哺乳瓶で母乳やミルクを飲む。	離乳食を食べる。
	第3週	玩具を握って遊ぶ。	あおむけで体や足を動かして遊ぶ。	寝返りを楽しむ。
	第4週	喃語で応答して遊ぶ。	玩具を見つけ、自分から握って遊ぶ。	喜んで沐浴してもらう。

 育ちメモ

特定の保育者との愛着関係ができ、喃語も出始めましたね。やりとり遊びを十分にしていきましょう。

母乳から調乳ミルクに切り替えましたが、家庭では母乳が出る限り、飲ませてもらうにするといいですよ。

離乳食の食材について家庭に伝え、家庭でも食べさせてもらい、健康回復に努めましょう。

G児（8か月） 握って落としてを楽しんでいる	H児（9か月） 離乳食をモグモグして食べる	I児（10か月） 卵アレルギーがある
○「マンマよ」と声をかけると、手足をばたつかせ、早く食べたいしぐさをする。 ○午前、午後と2回睡眠をとるが、眠る時間が短いと、きげんが悪い。 ○腹ばいで前後に移動し、目に付いた玩具でよく遊ぶようになっている。	○「アーン」と言い、口を開けてモグモグして離乳食を楽しんで食べている。 ○腹ばいで目的に向かって移動する。 ○「バイバイは」と言うと手を振ったり、手を打ち合わせたりしている。	○自分から口を開けてカミカミしながら食事をするが、時々手づかみになる。 ○座った姿勢から立ち上がろうとする。 ○偶然の音声を保育者に意味づけられ、次第に意味のある一語文が出るようになってきた。
★離乳食に慣れ、もぐもぐと食べる。 ★好きな玩具を落として、ひとり遊びを楽しむ。 ☆「モグモグ」と声をかけられ、口を動かして離乳食を食べる。 ☆ブロックを触ってみたり、口に持って行ったりする。	★特定の保育者とのかかわりを楽しみ、園生活に慣れていく。 ☆特定の保育者に親しみ、かかわってもらい、落ち着いて生活や遊びをする。 ☆唇を閉じてモグモグとかんで食べる。	★手づかみでも自分で楽しく食事をする。 ★舌を上下、左右に動かし、口の中で、食べ物を寄せてかみやすく口を動かす。 ★意味のある一語文を使って話す。 ☆好きなものを手づかみで食べる。 ☆特定の保育者の言葉をよく聞く。
◆安定できるベビーチェアを用意する。 ◇イスに座り、向かい合って離乳食を食べさせ、よく食べたときは褒める。 ◆物を落とすことに興味を持ってきたので、ポスティングボックスなどを作っておく。 ◇手に持ったものを、指の力を抜くことで落ちることがわかり、興味を持って次々と落とす。保育者もいっしょにして、おもしろさを共有する。	◆離乳食の硬さを「あらみじん」や「あら潰し」にして、かみやすく調理したものを用意する。 ◇唇を真横一文字に閉じて、両端が同時に伸び縮みしてかんでいるかよく見る。 ◆腹ばいでハイハイしだしているので、室内の危険なものを取り除き、広くする。 ◇腕を交互に使っているか注意して見る。	◆食べこぼしを受けるポケットの付いた前掛けと、おしぼりを用意する。 ◆時々、手づかみで食べ出しても見守り、ひとりで食べた喜びを共感する。 ◆座った姿勢から手をついて立ち上がろうとするので、持ちやすいさくを用意する。 ◆さくを握って立ち上がっても、しりもちをつくことがあるので、注意し見守る。
◎家庭でも離乳食を食べさせてもらえるように、レシピを伝えたので、よく食べるようになってきている。 ◎握力を使うことと、力を抜くことがわかり、玩具を落とすことに集中するようになった。 ✴8か月不安が起こるころなので注意する。	◎自分から身を乗り出して、スプーンをくわえ込むようになった。 ◎腹ばいで主に腕を使って腹ばいをする。 ◎「バイバイ」「おちょうだい」などの言葉の指示で動作をするようになった。 ✴時々保育者にだっこを求めて泣く。	◎手で持ちやすい離乳食を用意したので、手づかみでカミカミしながら食べている。 ◎食べ物を見ると、必ず「マンマ」と決まった音声で言うようになった。 ◎時々つかまり立ちをして見回している。 ✴友達の持っている玩具を取りに行く。

生活と遊び	生活と遊び	生活と遊び
離乳食をモグモグして食べる。	唇を閉じてモグモグとかむ。	除去食の味に慣れる。
離乳食をモグモグして食べる。	唇を閉じてモグモグとかむ。	ベッドで眠る。
手に持った物を落として遊ぶ。	腕を交互に使ってハイハイする。	興味のある玩具に向かって手と足を使って移動する。
好きな遊びでひとり遊びをする。	腕を交互に使ってハイハイする。	ハイハイを十分にする。

8か月不安・人見知り・後追いが起こる時期です。家庭でも不用意にそばを離れないよう伝え、連携を図っていきましょう。	腹ばいで移動し始めましたね。腕を使っているので疲れやすいのです。目を離さないよう注意する必要があります。	卵がアレルギー源になるとケーキ類も食べられませんね。米粉などで工夫して、欲求不満にならないようにしましょう。

5月 個人案

		J児（6か月） 情緒的には落ち着いている	K児（7か月） 離乳食は順調に進んでいる	L児（9か月） 母子分離不安がある
5月 個人案	今月初めの子どもの姿 ○	○保育者にだっこされながら、ミルクを飲む。 ○保育者にオムツを交換してもらい、気持ち良さを感じる。 ○寝返りを打ち、手足を動かそうとする。 ○「アー」「ウー」と喃語がよく出る。	○保育者にミルクを飲ませてもらったり、離乳食を食べさせてもらったりする。 ○保育者にオムツを交換してもらい、気持ち良さそうにする。 ○保育者にだっこされ、入眠する。 ○腹ばいになり、玩具に手を伸ばそうとする。	○離乳食やミルクを落ち着いた環境の中で、食べたり飲んだりする。 ○不安になり、泣くことがある。 ○保育者にだっこしてもらったりそばについてもらったりして、安心して入眠する。 ○ハイハイをして興味のあるところに行こうとする。
	ねらい ★ 内容 ☆	★オムツ交換をして気持ち良さを味わう。 ★特定の保育者とのふれあいを楽しむ。 ☆ミルクを飲ませてもらい満足する。 ☆話しかけてもらい、きげん良く過ごす。 ☆きげんの良いときは喃語を話す。	★オムツ交換をして気持ち良さを味わう。 ★静かな場所で安心して眠る。 ☆ミルクを飲んだり、離乳食を食べたりして満足する。 ☆腹ばいや寝返りを喜んでする。	★喜んで離乳食を食べる。 ★保育者のそばで安心して過ごす。 ☆安心してぐっすり眠る。 ☆満足するまで好きな遊びを楽しむ。
	環境づくり ◇と保育者の援助 ◆	◇ゆったり抱き、優しく話しかけながら授乳する。 ◇すばやくオムツ交換を行ない、むずかることのないようにする。 ◇スキンシップを取ったり話しかけたりしながら、安心して過ごせるようにする。 ◇名前を呼びながら、目線を合わせるようにする。	◇食材の大きさや食べるペースを見ながら離乳食を食べさせていく。 ◇「気持ち良いね」とことばがけをして、清潔になる気持ち良さを伝える。 ◆落ち着いた雰囲気で眠れるようにする。 ◆広い場所で腹ばいや寝返りを楽しめるようにする。	◇「おいしいね」とことばがけをして食べることの喜びを感じられるようにする。 ◆だっこをしたり、そばについたりして、安心できるようにする。 ◇子守歌をうたったりだっこをしたりして、安心して入眠できるようにする。 ◇いっしょに遊び、楽しさを共感する。
	評価・反省・課題 と子どもの発達 ◎ ❋	◎座って遊ぶ姿が見られるようになった。 ❋離乳食は、園では食べていないが、十分にミルクを飲めるようにしていく。	◎足を投げ出して座るようになった。	◎特定の保育者が抱いたり、そばについたりしたので、不安で泣かなくなった。

	生活と遊び	生活と遊び	生活と遊び
第1週	寝返りをして楽しむ。	離乳食を食べる。	いろいろな食材に慣れ食べる。
第2週	きげんの良いときは喃語で遊ぶ。	腹ばいで玩具を触って遊ぶ。	離乳食を喜んで食べる。
第3週	保育者とのふれあいを楽しむ。	寝返りをする。	ハイハイをして好きなところへ行く。
第4週	投げ座りをしようと体を動かす。	投げ座りで玩具で遊ぶ。	保育者にかかわってもらい遊ぶ。

 育ちメモ

6か月になっていますので、保護者とよく話し合いながら、離乳食を少しずつ始めてみましょう。来月が楽しみですね。

正常に発達し、7か月の投げ座りができるようになってきましたね。手が自由になります。手を使った遊びをしましょう。

人見知りが始まり、保育者がそばにいないと不安がるようですね。特定の保育者がかかわり落ち着かせるようにしましょう。

時々不安になって泣く	不安になって泣くことがある
M児 (10か月)	**N児 (11か月)**
○オムツ交換をするときに動くことがある。 ○保育者にだっこしてもらったり、そばについてもらったりして、安心して入眠する。 ○ハイハイやつかまり立ちをしようとする。 ○保護者を探し泣くことがある。	○保育者に離乳食を食べさせてもらい、口を動かして飲み込む。 ○保育者にオムツを交換してもらい、気持ち良さそうにしている。 ○ハイハイやつかまり立ちをしようとする。 ○不安になり、泣くことがある。
★ハイハイを十分に楽しむ。 ★オムツ交換をして気持ち良さを感じる。 ☆安心してぐっすり眠る。 ☆さまざまな場所や玩具に興味を持ち、ハイハイで動こうとする。 ☆保育者のそばで安心して過ごす。	★離乳食を食べる。 ★オムツ交換の気持ち良さを感じる。 ★特定の保育者のそばで安心して過ごす。 ☆みずから口を開け、食べようとする。 ☆音楽を聴いて体を動かす。
◇素早くオムツ交換を行ないながら、清潔になったことの気持ち良さを伝える。 ◇だっこしたり、そばについたりして安心して眠れるようにする。 ◇そばで危険のないように見守りながらスキンシップを取っていく。 ◇不安な気持ちを受け止め、優しく言葉をかける。	◇「おいしいね」とことばがけをしながら、食べやすい量を口に入れる。 ◇「気持ち良いね」とことばがけをしながら、オムツを交換する。 ◆体を動かすことを楽しめるように、いっしょにハイハイしたり、ふれあったりしていく。 ◆優しくことばがけをしたり、スキンシップを取ったりして安心できるようにする。
◎スキンシップを十分に取ったので、母子分離不安が出なくなった。 ◎ハイハイをよくするようになった。	◎カミカミして離乳食を食べるようになった。 ◎優しくことばがけをしたり、スキンシップを取ったりしたので不安で泣かなくなった。
生活と遊び	**生活と遊び**
保育者のそばで安心して過ごす。	離乳食をカミカミして食べる。
スキンシップをよく取ってもらい、安心して過ごす。	ハイハイやつかまり立ちで遊ぶ。
ハイハイで玩具を見つけて遊ぶ。	スキンシップをしてもらい安心して遊ぶ。
ハイハイやつかまり立ちで遊ぶ。	音楽を聴いて体を動かして遊ぶ。
腕や足の力を使ってハイハイをするようになりましたね。腹筋や胸筋を鍛え、ひとり歩行の基礎ですので、見守りましょう。	ベッドのさくにつかまって立ち上がるようになりましたね。視野が広がり新しい世界を見回しています。楽しみですね。

これも！おさえておきたい
5月の計画のポイントと文例

本指導計画の月案では、A～N児に合った今月のねらいなどを掲載しています。より参考にしていただけるように、ここでは、この月によくある、ほかにも押さえておきたいポイントを紹介しています。

今月のねらい

5月の連休明けは、母親と過ごす時間が多かったなどで、入園時のような情緒不安に逆戻りしている子どもがいます。特定の保育者がふれあい遊びなどで十分スキンシップを取り、落ち着かせることをねらいとします。オムツ交換時にマッサージをしたり生活活動にも注意します。

文例

保育者にスキンシップを十分取ってもらい、安心して過ごし、ふれあいを楽しむ。

健康・食育・安全

連休明けの受け入れ時には、連休中の家庭での生活リズムがどうであったか、授乳間隔や量が適切であったか、離乳食がどの程度進んでいるか、健康を保持する基本的な問題ですので、ていねいに聞き取ります。玩具を口で確かめる子どももいますので、安全点検と消毒をします。

文例

- 連休明けには授乳の状況、離乳食の進みぐあいなど、家庭での食事について聞く。
- 玩具を消毒、安全点検などをしておく。

保育者間の連携

特定の保育者は、自分の担当している子どもの過ごし方、遊んだようすなどを、担当外の保育者にそれぞれが責任を持って伝え合い、共通認識を持っておくことが大切です。どの保護者に聞かれても、その子どものようすをていねいに答えることができると、信頼関係が深まっていくでしょう。

文例

日々の子どものようすや保育内容など、偏りなく保護者に伝えられるよう、保育者間で確認しておく。

家庭・地域との連携

子どもを自分の手元から他人に託した母親は、泣いてないか、ミルクを飲んだか日々不安なものです。園での子どもの午睡のようすや、保育者に遊んでもらっている楽しそうな姿をパネルにしてはったり、口頭で伝えたりすることで、安心されます。伝え漏れのないよう注意しましょう。

文例

子どもひとりひとりの家庭でのようすや園でのようすを伝え合い、保護者に不安がないよう心がけていく。

5月 日の記録

保育を振り返るために、また仕事の証（あかし）として、日々の記録は欠かせません。ここでは例として、違う日の3人を抜き出して掲載しています。次の計画に生かしましょう。

CD-ROM 日の記録フォーマット

5月1日（木） N児（11か月）

健康状態・異常 （無）・有（　　　）
朝体温：36.7℃　与薬：（無）・有（　　　）

時刻	食事	排せつ	睡眠	SIDSチェック	子どものようす
8					登園
9	水	小			テラス
10					降園
11					
12					
13					
14					
15					
16					
17					
18					

生活と遊び：園に徐々に慣れていくようにする。園外や戸外の環境に慣れるようにだっこして見て回る。

準備物：手作り玩具、ぬいぐるみ、網ボール、CD

子どもの発達と評価反省課題：今日が初めての登園で、泣いていたが、テラスで電車ごっこをして遊ぶと泣きやみ、落ち着いた。

5月20日（火） M児（10か月）

健康状態・異常 （無）・有（　　　）
朝体温：36.8℃　与薬：（無）・有（　　　）

時刻	食事	排せつ	睡眠	SIDSチェック	子どものようす
8					登園
9		オ			誕生会に参加
9	離(全)	オ			
10	ミ 100cc				
10:54			↓	✓	
11			↓	✓	
12		小	12:24	✓	
13	果汁 4さじ	小大			
14	離(全)				
14	ミ 100cc	小			
15		オ			降園
16					

生活と遊び：抱いて園庭に出て、日陰に敷いたマットの上で、十分に遊んだり、お花を見たり、触ったりする。

準備物：手作り玩具、パフリング、網ボール

子どもの発達と評価反省課題：離乳食を食べた後でも、まだ欲しがるほど食欲がある。ミルクも飲んでいる。保育室の中でもよく動き回り、楽しそうに遊んでいる。

5月27日（火） H児（9か月）

健康状態・異常 （無）・有（　　　）
朝体温：36.6℃　与薬：（無）・有（　　　）

時刻	食事	排せつ	睡眠	SIDSチェック	子どものようす
8		オ			登園
9		小大			戸外で外気浴
9	離	小大			
10	ミ 50cc				
10:50			↓	✓	
11			↓	✓	
12		小	12:45	✓	
13		小			
14	離(全)				
14	ミ 50cc				
15		小			
15		小			
16					降園

生活と遊び：落ち着いて眠れるようにCDをかけ、気温管理をする。マットで遊べるようにする。体調に合わせてはだしで外気浴する。

準備物：戸外用マット、ぬれタオル（足ふき用）、CD、巧技台、マット

子どもの発達と評価反省課題：高ばいからつかまり立ちをしようとしている。高ばいを十分できるように、ホールなどの広い場所で遊べるようにしていきたい。

小：排尿　大：大便　オ：オムツ交換　離：離乳食　給：給食　ミ：ミルク　茶：お茶

実践ポイント：N児の不安な気持ちを受け止めるとともに、だっこして戸外へ出て、目新しい物、興味ある物を見つけて共有したり、お茶を飲ませることで落ち着きます。

※ SIDS（シッズ）とは「乳幼児突然死症候群」と呼ばれる、睡眠中突然死する病気です。一定時間ごとに睡眠中の子どものようすを確認しましょう。ここでは5分ごとに複数の保育者でチェックしています。SIDSについて詳しくはP.170をご覧ください。

5月のふりかえりから6月の保育へ

今月のねらい（P.58 参照）
●ひとりひとりの生活リズムを把握し、保育者全員の共通理解のもと、授乳量や離乳食やアレルギー対応や睡眠時間などの状況を把握して、適切な介助やかかわりを持ち、情緒的に安定して過ごせるようにしていく。

 T先生(5年目)　私たちの保育はどうでしょう。
場面を思い浮かべて振り返ってみましょう。
 S先生(2年目)

ふりかえりポイント
★ ねらいの設定は？
◆ 環境構成・援助は？
◎ 子どもの育ちは？
次月へのつながりは？

例えば…

B児（7か月）の場合

Bちゃんには、玩具を触って遊ぶことに夢中なんです！★十分に遊べるように、◆指先を使う玩具を用意しました。

- ガラガラのように握って遊べる玩具は、発達にもピッタリね。
- はい！◎ぎゅーっとしっかり握っていました！指先を使って十分に遊べていたように思います。
- そうね。Bちゃんと月齢の近いGちゃんは、ポスティングボックスに夢中よね。指の力を抜いて、握っているものを放せるようになったのね。
- ふたりとも、お座りが安定してきたけれど、後ろに倒れてけがをしないように、引き続き注意していきます。
- お座りで遊んでいる子どもと、Mちゃんのようにハイハイをする子どものそれぞれの安全面も考えていきましょうね。

> 動き回る子どもには部屋の中央など広いスペースを確保します。お座りの子どもはベッドのそばなどで、遊びに集中できるようにしましょう。

M児（10か月）の場合

今月入所のMちゃんには、★園に慣れ、安心して過ごせるように、◆スキンシップをたくさん取るようにしたの。

- お母さんと離れて、不安なMちゃんの気持ちを受け止めているT先生の姿はとても勉強になりました！
- ありがとう！特に、◆寝つきがよくなかったから、スキンシップをしたり、子守歌をうたったりして、心地よく眠れるようにしたの。◎安心して園生活を過ごせるようになってきて、最近はいろんなものに興味を示しているわ。
- そういえば、◎好きな玩具が増えましたね。ハイハイで玩具に向かうとか……
- そうなの。すごく活発に動いているわ。
- Mちゃんのほかにも、ハイハイやつかまり立ちをする子どもが増えてきましたね。
- 床をかたづけたり、倒れやすい物を置かないようにしたり、安全に体を動かせる環境づくりも大切なのよ！

伝えたい!! 園長先生のおはなし

キーワード　安心感

5月の連休明けに登園した子どもの中には、慣れ出してきた園の環境に、再び不安を持ち、母子分離にしくくなる子どもの姿が見られるわよね。そのようなとき、だっこやふれあい遊びなどのスキンシップを意識的に取ることを重視していましたね。その結果、子どもに安全・安心感を与え、外界に目を向け、玩具などに興味を示しだしたのよ。

クラス全体では

次月の指導計画に生かせます！

- 今月は途中入所（園）児が多くて、連休もあったから、不安なようすの子どもが多かったわね。環境の変化に配慮して、不安な気持ちを受け止めていかないとね。
- はい。梅雨の始まりも、環境の変化ですよね。
- そうね。雨が降って、室内で遊ぶことも多くなるわ。
- そうですね。子どもたちひとりひとりの動線を考えながら、保育室内の環境を見直してみます。

今月の評価・反省・課題（P.59 参照）

連休明けや途中入所（園）児の影響もあり、不安定になる子どもや、気温の変動で、体調の不調が見られた子どもが何人かいた。また、ハイハイで移動したり、巧技台を使ってつかまり立ちをしたりする姿が見られたので、安全に留意して広い空間をつくっていかないといけない。来月は安全面に気をつけ、考えていく。

6月

ねらいより
除湿や室温の調節に心がけ、快適に過ごせるように

月案（A～C児）・・・・・P.68

生理的欲求を泣いて知らせる
A児（4か月）

腹ばいをいやがる
B児（8か月）

友達とかかわりたい
C児（12か月）

個人案（D～I児）・・・・・P.70

スプーンでスープを飲む
D児（5か月）

離乳食をいやがる
E児（6か月）

短い間隔で目を覚ます
F児（7か月）

食器の中に手を突っ込む
G児（9か月）

ハイハイで探索中
H児（10か月）

卵アレルギー体質である
I児（11か月）

個人案（J～N児）・・・・・P.72

ひとり座りをする
J児（7か月）

ハイハイで移動する
K児（8か月）

つかまり立ちをする
L児（10か月）

伝い歩きをする
M児（11か月）

つかまり立ちを始める
N児（12か月）

※0歳児クラスでは、4月以降も途中入所（園）児が多くいることを踏まえ、多様な場面でご参考いただけるよう、本書では9人の個人案からスタートし、徐々に人数を増やしています。

これも！おさえておきたい
6月の計画のポイントと文例・・・・P.74

日の記録・・・・・P.75

6月のふりかえりから7月の保育へ・・・P.76

今月のねらい（クラス全体としてのねらいです）

- 生活リズムの不調の子どもが見られるので注意するとともに、梅雨期の湿度に対しての除湿、室温の調節に心がけ、快適に過ごせるようにする。
- 発達を考慮した環境を整え、寝返りやハイハイを促す。

＊ マークのマーカーが引いてある部分は、ページ下部の解説とリンクしているのでご覧ください。

＊「今月のねらい」「健康・食育・安全」「保育者間の連携」「家庭・地域との連携」については、P.74の内容も、立案の参考にしてください。

6月 月案

	前月の子どもの姿○	ねらい★・内容☆
生理的欲求を泣いて知らせる A児（4か月）	○授乳間隔が4時間ほどになり、大きく泣いて空腹を知らせる。 ○保育者や他児の声が聞こえると、手足をパタパタと動かす。 ○横臥の姿勢から体を横に向け、足を交差するしぐさをする。 ○玩具を見せると手を伸ばし、つかむと口に入れようとする。	★生理的欲求を泣いて知らせたとき、特定の保育者に受け止めてもらい安定する。 ★子どもの身体的な動きに注意し、次の運動を見守る。 ☆生理的な欲求を満足させてもらい、情緒が安定する。 ☆玩具を握ったり、振ったり、体や手を使うことを楽しむ。
腹ばいをいやがる B児（8か月）	○離乳食をペチャペチャと口を動かして食べている。 ○玩具を取ろうとして寝返りをし、腹ばいになるがすぐにいやがる。	★いろいろな食材を食べることを楽しむ。 ★腹ばいの姿勢で遊びを楽しむ。 ☆いろいろな食材に慣れ、食べる。 ☆広い場所で体を動かして遊ぶことを楽しむ。
友達とかかわりたい C児（12か月）	○パクパク期の食事を食べるようになる。 ○つかまり立ちをしたり、伝い歩きをしようとしたりしている。 ○友達とかかわろうとしている。	★つかまり立ちや伝い歩きを楽しむ。 ☆保育者に見守られ、つかまり立ちをしたり、壁を伝って歩いたりする。 ★友達とのかかわりを楽しむ。 ☆友達のところまでハイハイで行こうとする。

	第1週	第2週
生活と遊び	A児 たっぷりミルクを飲む。 B児 いろいろな離乳食を楽しんで食べる。 C児 食事はよくかんで食べる。	A児 玩具を握って遊ぶ。 B児 いろいろな離乳食を楽しんで食べる。 C児 つかまり立ちで見回すことを楽しむ。
行事生活遊びの計画	月 戸外探索 火 砂場遊び 水 戸外探索、なぐり描き 木 眼科検診、戸外探索 金 傘にシールはり 玩具・音の鳴る玩具、ガラガラ、積み木、シール 歌・『おいでおいで』 絵本・『だるまさんが』『だるまさんと』	月 身長計測、傘にシールはり 火 身長計測、戸外探索 水 体重計測、戸外探索、なぐり描き 木 体重計測、切り紙遊び 金 戸外探索 玩具・音の鳴る玩具、ガラガラ、積み木 歌・『かえるの合唱』 絵本・『だるまさんが』『だるまさんと』

書き方のヒント いい表現から学ぼう！

表情やしぐさなど自己表出を十分に受け止め、同じ動作を共有して応答する。

 理由

表情やしぐさを受け止める

子どもの表情やしぐさを共有することは、ミラーリングといいますが、子どもに主導権を持たせ、意欲的に表出するようになります。

6月 月案

健康・食育・安全	保育者間の連携	家庭・地域との連携
●歯科検診を行ない、歯の生えぐあいや口腔内の健康状態を把握する。食後白湯を飲ませ、月齢の高い子どもは、歯をみがく。 ●食中毒の発生しやすい時期なので、食材の管理、喫食時間に注意する。 ●玩具をなめるので絶えず消毒する。	●沐浴はできるだけ特定の保育者が担当し、手順や役割を共通理解する。 ●雨の日の室内での過ごし方や、晴れ間の戸外での気分転換や遊びについて、担任間で話し合う。	●歯科検診、眼科検診の結果を伝え、必要な場合は受診してもらう。 ●健康チェックカードの記入を毎日してもらい、子どもの体調を把握し合い、着替えを十分に用意してもらう。

環境づくり◆と保育者の援助◇	子どもの発達◎と評価・反省・課題✹
◆泣いて空腹を知らせたとき、すぐ応答できるように、調乳の準備をしておく。 ◆寝返りの準備動作を、安全にできるように、ベッドのそばを整理しておく。 ◇表情やしぐさなど、自己表出を十分に受け止め、同じ動作を共有して応答する。 ◇横臥の姿勢から横に向いたとき、手が体に挟まることが多いので見守る。	◎特定の保育者との愛着関係ができだし、表情が明るくなってきた。 ◎沐浴は特定の保育者が行なったので、慣れて、落ち着いてきた。 ✹ひとりひとりの発達によって、動きの要求が違うので、それぞれに合わせた室内環境の工夫が不十分だと反省した。
◆リンゴやオレンジなどの果物を用意し、触れる機会をつくる。 ◇手に取った時、「いいにおいね」「つるつるね」など言葉にして、食材に興味を持たせる。 ◆広い場所に動く遊具を用意する。 ◇腹ばいの姿勢で、動く遊具を押して動かし、手足を使うように援助する。	◎「あーん」と言葉をかけながら食事を進め、いろいろな食べ物を口を開け食べている。食べる量も増えた。 ◎名前を呼んで手を差し伸べたり、興味のある玩具を置いたりして、腹ばいをして遊び移動するようになる。
◆部屋の不要なものをかたづけ、ハイハイやつかまり立ち、伝い歩きの安全を確保する。 ◇伝い歩きを始めたときは、倒れてけがのないようにそばで見守る。 ◇登園してきた友達を、いっしょに出迎え、誘い合って遊ぶようにしていく。	◎パクパク期に移行し、好き嫌いなくよく食べている。 ◎ハイハイで移動をし、興味あるものを手にしようとしてつかまり立ちをして活発に体を動かしている。 ✹睡眠時間は１時間３０分～２時間３０分と日により差がある。

第3週	第4週
A児 自分の体を触って遊ぶ。	A児 横臥の姿勢から体を横に向ける。
B児 腹ばいになって遊びを楽しむ。	B児 腹ばいになって遊びを楽しむ。
C児 座って同じ玩具で、友達と遊ぶ。	C児 ひとり歩きを楽しむ。
月 避難訓練、戸外探索 火 戸外探索 水 戸外探索、楽器遊び 木 身長計測、戸外探索 金 戸外（シャボン玉）、なぐり描き	玩具・音の鳴る玩具、ガラガラ、積み木、布トンネル、シャボン玉 歌・『かえるの合唱』 絵本・『おへんじはーい』『だるまさんが』	月 戸外探索、楽器遊び、切り紙遊び 火 ホールでハイハイ遊び 水 戸外探索、なぐり描き 木 歯科検診、水遊び 金 誕生会、戸外探索（砂場、泥）	玩具・布トンネル、積み木、楽器、音の鳴る玩具、ガラガラ 歌・『かえるの合唱』 絵本・『こんにちはあかちゃん１』

評価・反省・課題 (P.76 でくわしく説明!)

着替えをこまめにしたり、汗をふいたりしてきげん良く元気に過ごすことができた。あせもや虫刺されが増えてきているので、清潔を保ち、健康に過ごせるようにしていきたい。また、戸外に出て探索し、水や泥に興味を持ち、触れて遊んだ。これからもいろいろなものに触れ、遊んでいきたい。

6月 個人案

		D児（5か月） スプーンでスープを飲む	E児（6か月） 離乳食をいやがる	F児（7か月） 短い間隔で目を覚ます
前月の子どもの姿 ○		○野菜スープをスプーンから、5～6さじこぼさずに飲む。 ○睡眠から目覚めたとき、そばに保育者がいないと泣きだす。 ○寝返りができるようになり、頭を持ち上げる。 ○玩具の音のするほうを見て手を伸ばす。	○哺乳瓶でミルクを飲むようになり、重湯から離乳食を始めようとするが、スプーンを口もとに近づけると横を向く。 ○周りに保育者の姿が見えなくなると、大きな声で泣く。 ○木製のガラガラを握り、なめて遊ぶ。	○離乳食に慣れ、口をモグモグさせてよく食べる。 ○コロコロ寝返りして移動しながら、玩具を握る。 ○眠りが浅く、短い間隔で目を覚ます。 ○名前を呼ばれると、体をひねって見る。
ねらい ★ ・ 内容 ☆		★離乳食に少しずつ慣れる。 ★スキンシップをはかり、安心感を持たせる。 ☆離乳食を少しずつスプーンで食べさせてもらう。 ☆抱いてもらい安心する。	★重湯やスープの味に慣れ、少しずつ食べる。 ★特定の保育者に見守られ安心して過ごす。 ☆スプーンに口を付け、重湯を少しずつ食べる。	★離乳食を食べさせてもらって喜ぶ。 ★特定の保育者に抱かれて安心して眠る。 ☆「モグモグね」と言われて口を動かす。 ☆保育者の顔を見て、安心して眠る。 ☆寝返りしながら体を動かして遊ぶ。
環境づくりと保育者の援助 ◆ ◇		◆食べこぼし受けの付いたエプロンとおしぼりを用意する。 ◆調乳の準備をしておく。 ◇スプーンに入れる量を加減し、むせないようにゆっくり飲ませ、飲み込むのを確かめて次を飲ませる。「じょうずに飲めたね、おいしいね」と言葉をかけるようにする。 ◇目覚めたときには、目につく場所から「起きたのね」と声をかけ、抱く。	◆落ち着いた場所で離乳食を食べさせる。 ◇口もとをよく見ながら、E児のペースでゆっくり飲ませる。離乳食の後のミルクは、欲しがるだけの量を与える。 ◇「Eちゃんここよ」と声をかけながら近付き、手を握ったり、抱いたりする。 ◇玩具は常に消毒をして、清潔にする。 ◇安全に楽しく遊んでいるか常に見守る。	◆F児の咀嚼や飲み込みやすい調理をして離乳食を進める。 ◇「Fちゃんモグモグおいしいね」と言葉をかけながら、少しずつ口に運ぶ。 ◇眠りの時間になると、優しく抱いたり、晴れ間の戸外を散歩したりして気持ち良く眠りにつけるようにする。 ◆目につく所に興味を持つ玩具を置く。
子どもの発達 ◎ と 評価・反省・課題 ✱		◎スープを飲み込むと自分から口を開けるようになった。 ◎昼寝から目覚めたときに、見回して泣くことがなくなった。 ◎寝返りをして頭を上げ、胸の辺りから頭を反らせ、少しずつ後ろに下がる。 ✱腹ばいで後ろに下がるので注意する。	◎重湯を少しずつ飲めるようになった。 ◎足を交差して、ころんと寝返り、少しの間、頭を上げている。 ◎保育者が近くを通ると、「オーオー」と声をかける。 ✱握った物を何でも口に入れるので注意して見る。	◎離乳食に慣れ一定量食べるようになる。 ◎寝返って頭を上げる時間が長くなった。 ◎投げ座りすると、しばらく座ることができる。 ✱園では30分ほどで目覚めることを伝え、家で愛着のある物を持ってきてもらったり、抱き方を教えてもらったりする。

	生活と遊び	生活と遊び	生活と遊び
第1週	野菜スープをスプーンで飲ませてもらう。	重湯やスープを飲ませてもらう。	離乳食を食べさせてもらう。
第2週	離乳食を食べさせてもらう。	離乳食を食べさせてもらう。	投げ座りで玩具を握って遊ぶ。
第3週	寝返りをする。	玩具を握って遊ぶ。	園庭へだっこしてもらい遊ぶ。
第4週	腹ばいで遊ぶ。	気に入った玩具をなめて遊ぶ。	寝返りで移動して喜ぶ。

育ちメモ

5か月で寝返りができ、腹ばいの姿勢になる標準的な発達をしています。腕の力で後ろへさがるので注意しましょう。

6か月では人に関心がありますね。近くを通る保育者に自分から「オーオー」と声をかけますが、かかわってほしい合図です。

7か月になり、投げ座りができるようになると、人より物に関心が移ります。好きな玩具を見える場所に置きましょう。

CD-ROM　6月 ▶個人案_1

G児（9か月）
食器の中に手を突っ込む

- ○離乳食を食べる量や食品数が多くなり、ミルクを飲む量が少なくなる。
- ○食器の中に手をつっこんだり、コップを振り回したりしてこぼすことがある。
- ○両手両足を使ってハイハイで移動し、床にあるおもちゃを転がして、音が鳴るのを楽しむ。

- ★握りやすい形の食材を握って食べる。
- ★ハイハイで移動し、興味のある物に出会う。
- ☆スティック状の野菜やリンゴなどを、握って保育者の口の動きをまね、自分で食べる。
- ☆触る、聞くなどして十分に感覚遊びをする。

- ◆食材や調理形態を工夫し、落ち着いた環境で食事を提供する。
- ◇コップの中に手を入れようとしたり、振り回そうとしたりしたときは、すばやく手を握り、止める。
- ◆バランスを失って手を滑らせてもだいじょうぶなように周囲を整理し、はい回れるようにする。
- ◇手にした玩具を、回して遊ぶようすを注意して見守り、遊びを共有する。

- ◎スプーンをしっかり持って食べるように注意したことで、食器に手を入れなくなった。
- ◎ハイハイのときの、両手、両足の動きのバランスがよくなり、顔を上げられる。
- ＊特定の保育者以外には不安を強く示すので、人とのかかわりを広げていきたい。

生活と遊び
手づかみで野菜や果物を自分で食べる。
ハイハイで移動して遊ぶ。
触ったり、聞いたり、感覚遊びをしたりする。
特定の保育者にかかわってもらい遊ぶ。

人見知りは、発するサインがわかってもらえない不安からも起こります。ボディサインなどを共通理解しましょう。

H児（10か月）
ハイハイで探索中

- ○ハイハイをし、興味ある玩具を取りに行こうとしている。
- ○「Bくん」と名前を呼ばれると手を上げ、ニコッと笑う。

- ★広い場所で体を動かして遊ぶことを楽しむ。
- ★安心する保育者とかかわって遊ぶことを楽しむ。
- ☆保育者に見守られ、広い場所で十分にハイハイする。
- ☆特定の保育者と音声のやりとりをする。

- ◆安全にハイハイできるように、部屋を広くしておく。
- ◇興味のあるものを前に置き、ハイハイを促す。
- ◇声を発したときは、「マンマね」など、必ず応答するようにする。

- ◎ハイハイで興味のあるところへ行き、遊んだりつかまり立ちをしたりして活発に体を動かして遊んでいる。
- ◎話しかけると喃語を発してこたえ、とても喜んでいる。

生活と遊び
ハイハイで好きな場所に行く。
保育者に話しかけられ、喃語でこたえる。
つかまり立ちをしたり、座ったりする。
保育者とふれあい遊びをする。

ハイハイで活動する範囲が広くなってきましたね。興味のある玩具を置いて遊びを促したり、ふれあい遊びをしたりしましょう。

I児（11か月）
卵アレルギー体質である

- ○全卵の除去食を食べる。
- ○ひとり遊びを楽しみ、友達が寄って来ると泣いてしまう。
- ○腹ばいをして、興味がある玩具に手を伸ばす。

- ★安心する保育者とかかわって遊ぶことを楽しむ。
- ☆保育者に見守られ、腹ばいで移動して遊ぶ。

- ◆他児の食物と混同しないように、トレイの色を変えたり、食器を変えたりする。代替食を用意する。
- ◇除去食、代替食を食べられたときはおおいに褒める。
- ◆保育者もいっしょに腹ばいし移動の楽しさを共有する。

- ◎食事を喜び代替食をよく食べている。
- ◎保育者に抱いてもらったり、座って遊んだりし、ひざから降りてもそばで安心して遊んでいる。
- ◎お座りの姿勢で足を動かし移動することが多いが、ハイハイの姿勢を取る姿も見られるようになった。

生活と遊び
いろいろな種類の除去食に慣れる。
代替食の食事に慣れる。
腹ばいで自由に移動する。
ハイハイで好きなところに移動する。

代替食が用意できてよかったですね。自分だけ違うものを食べる欲求不満がなくなり、情緒が落ち着きますからね。

6月 個人案

6月 個人案

6月 個人案

	J児（7か月） ひとり座りをする	K児（8か月） ハイハイで移動する	L児（10か月） つかまり立ちをする
前月の子どもの姿 ○	○モグモグ期の離乳食を食べる。 ○手作りおもちゃを口もとに持って行こうとする。 ○腹を床に着けて手足を動かしたり、ハイハイをしようとしたりする。	○モグモグ期の離乳食を、保育者に食べさせてもらい、口を動かして飲み込む。 ○ミルクを飲む量が増えてきている。 ○ハイハイをしようとする。	○食べさせてもらうと、大きく口を開け、喜んで食べる。 ○座った状態できげん良く遊んでいる。 ○ハイハイをよくし、ひとりでつかまり立ちをしたり、屈伸をしたりする。 ○友達に興味を持つ。
ねらい ★ と 内容 ☆	★保育者に見守られながらきげんよく過ごす。 ☆6月から中間食を食べ、さまざまな食材を口にすることを経験する。 ☆柔らかい素材の玩具を握って遊ぶ。	★保育者のそばでゆったり過ごす。 ☆さまざまな食材を食べさせてもらう。 ☆名前を呼ばれると喜んで反応する。 ☆腹を床に着けて移動し、玩具などに興味を持つ。	★食べさせてもらったり、手づかみで食べたりする。 ☆他児のすることに興味を持ち、まねをする。 ☆自分で座り、きげん良く遊ぶ。
環境づくり ◆ と 保育者の援助 ◇	◇さまざまな食材を食べられるようにし、「おいしいね」と優しく言葉をかける。 ◇清潔な玩具を与えて、「ごきげんね」と言葉をかけながら、ひとり遊びを見守る。 ◇うつぶせになり、腕がおなかの下に挟まったときには、優しく抜き、ようすを見ながらあおむけに戻すようにする。	◇「○○おいしいね」などことばがけをしながら、食べるようすを見てゆっくり進める。 ◇子どもの名前を呼び、優しく語りかけ、繰り返し楽しさを共感する。 ◇床を常に清潔にしておき、お気に入りの玩具を置き、腹を床に着けて遊びが楽しめるようにする。	◇ことばがけをしながら、保育者も食べるまねをして介助する。 ◇保育者が近くで言葉をかけ、いっしょに玩具で遊ぶ。 ◇保育者が他児との遊びを共有し、ことばがけをしながら遊びを広げる。
子どもの発達 ◎ と 評価・反省・課題 ✻	◎ひとりで投げ座りをするようになる。 ✻何でも口に入れるので、玩具を常に清潔にしておく。	◎さまざまな食材に慣れ、よく食べるようになる。 ✻腹を床に着けたハイハイをするが、疲れやすいので動きに注意することが課題である。	◎友達に関心を持ち出し、遊びだす。 ✻親しみを持ち出した友達を選び、いっしょに遊ばせ見守るようにする。

	生活と遊び	生活と遊び	生活と遊び
第1週	口を動かして離乳食を食べる。	モグモグ口を動かして離乳食を食べる。	手づかみで離乳食を食べる。
第2週	腹を床に着け、手足を動かして遊ぶ。	たっぷりミルクを飲む。	座って玩具で遊ぶ。
第3週	寝返りから投げ座りをする。	腹を床に着けてハイハイする。	保育者と玩具で遊ぶ。
第4週	投げ座りで手に玩具を持って遊ぶ。	玩具を見つけてハイハイで移動する。	他児のまねをして遊ぶ。

 育ちメモ

ひとりで投げ座りをするようになりましたね。手が自由に動けるので、手を使って遊べる玩具を選んでおきましょう。

ハイハイが始まったばかりです。無理をさせないようにしましょう。両手両足がバランスよく動いているか観察します。

食べることに意欲を持ち出しましたね。手づかみで食べられるように、調理師とよく相談して進めましょう。

5月 P.63から

 7月 P.83へ

CD-ROM 6月 ▶個人案_2

6月 個人案

伝い歩きをする
M児（11か月）

- ○カミカミ期の離乳食をよくかんで食べようとする。
- ○ハイハイをしたり、伝い歩きを十分にしたりして、体を動かして遊ぶ。
- ○友達に関心を持ち、近くに行って遊んでいるところを見たり、触れたりしようとする。

- ★玩具を並べ、きげん良くひとり遊びを楽しむ。
- ★他児のすることに興味を持つ。
- ☆ひとり遊びを楽しむ。
- ☆友達と同じ遊びをする。

- ◇スプーンやフォークを手に握らせ、食べる意欲を引き出せるようにする。
- ◇「おいしいね」とことばがけをしながら、自分から食べたくなるよう進めていく。
- ◆子どものそばに付き、ひとり遊びを楽しめるようにことばがけをする。
- ◆「楽しそうね」と、他児との遊びを共有したり、保育者もいっしょにハイハイしたりして遊ぶ。

- ◎食具に慣れよくかんで食べるようになった。
- ✲他児との遊びを広げていく。

つかまり立ちを始める
N児（12か月）

- ○パクパク期の離乳食をよくかんで食べようとする。
- ○フォークやスプーンを持って自分で食べようとする。
- ○ハイハイやつかまり立ちをしようとする。

- ★離乳食をよくかんで食べる。
- ★いろいろな食具に慣れる。
- ☆フォークやスプーンを使って自分で食べる。
- ☆ハイハイや、座って、きげん良く遊ぶ。

- ◇ひと口量を、スプーンやフォークでくってあげ、自分で食べられるようにする。
- ◇「おいしいね」と優しく声をかける。
- ◆「お座りうれしいね」と保育者も子どものすぐ横に座って、手遊びなどをして楽しさを共感する。

- ◎食具を使って自分で食べるようになった。
- ✲ふれあい遊びを楽しむようにしたい。

生活と遊び	生活と遊び
ハイハイで好きなところへ行く。	離乳食をパクパク食べる。
伝い歩きをする。	フォークやスプーンを使おうとする。
友達に関心を持ち近くで遊ぶ。	ハイハイをして遊ぶ。
友達と同じ遊びをする。	つかまり立ちをする。

伝い歩きを始めましたが、まだまだハイハイで腕、足、胸筋、腹筋を強めることが大切ですね。ハイハイをさせましょう。

よくかむことは習慣ですから、今から始めることが大切ですね。かむことは脳を発達させるためにも効果があるのです。

これも！おさえておきたい
6月の計画のポイントと文例

本指導計画の月案では、A～N児に合った今月のねらいなどを掲載しています。より参考にしていただけるように、ここでは、この月によくある、ほかにも押さえておきたいポイントを紹介しています。

CD-ROM
6月 ▶文例

今月のねらい

6月は梅雨期に入り、毎日室内での活動を余儀なくさせられます。エネルギーにあふれた子どもたちは、室内の限られた空間で過ごすと運動不足になったりトラブルが多発したりします。晴れ間に園庭へ出ると発散・開放されるとともに、カタツムリを発見したり水滴に虹を見たりして喜びます。

文例
雨の晴れ間には、特定の保育者と外気浴を楽しんだり、かかわりながら遊んだりする。

健康・食育・安全

梅雨期は湿度が高く、蒸し暑い室内での午睡では汗をかく子どもがいて、布団はどっしり湿ります。梅雨の晴れ間には布団を干し日光消毒します。園庭に出て水たまりに触れたり泥んこ遊びをしたりした後は手足を洗い、清潔にしましょう。ベランダなど滑らないように注意しましょう。

文例
晴れ間に午睡用布団の日光消毒などを行ない、清潔や安全面に気を配る。

保育者間の連携

梅雨の晴れ間には、園庭の状況によって水たまりの多いときは2歳が長靴を履いて出るとか、遊具に水滴が多く日の光りで虹になっているときは1歳など、活動目的を事前に話し合って決めておきます。0歳児を避難車に乗せて園庭へ出るときは、複数で出るので役割を決めておきます。

文例
- 晴れ間には、短時間でも園庭に出るようにして、外気浴などで気分転換を図るように共通理解しておく。
- 避難車の使い方を話し合って使っていく。

家庭・地域との連携

離乳食のカミカミ期に入ると、よく食べ物をこぼすようになりますので、受けるポケット付きのエプロンを用意してもらったり、食事の回数が増え生活リズムが変わってきたりします。そうした経過を保護者に伝え、持参してもらう持ち物の協力や、家庭の生活リズムの調整をしていきます。

文例
離乳食の変わり目で、持ち物や生活リズムが変わることを伝え、スムーズに離乳食の移行が進むようにする。

6月 日の記録

保育を振り返るために、また仕事の証として、日々の記録は欠かせません。ここでは例として、違う日の3人を抜き出して掲載しています。次の計画に生かしましょう。

CD-ROM
日の記録フォーマット

6月4日（水） C児（12か月）

受入れ	健康状態・異常　無・有（家で軟便2回） 朝体温：36.5℃　与薬：無・有（　）

時刻	食事	排せつ	睡眠	SIDSチェック	子どものようす
8					早朝保育
9	果汁（全）	小			
10	茶	小			
	給（全）	小			
11		大・大			
12			12:00	✓ ✓	下痢便 36.9℃
13			↓	✓ ✓	
14			14:45	✓ ✓	
15	間食（全） 茶	小・大			おやつ後の牛乳控えてお茶にする 下痢便 36.9℃
16		オ			
17					居残保育
18					

生活と遊び	お盆にお茶とコップを用意して、戸外遊びの後にお茶が十分に飲めるようにする。
準備物	テラス用マット、足ふきタオル、お茶
子どもの発達と評価反省課題	下痢便が3回出ている。きげんは良く、食欲もあるが、しりが赤くなっている。体調、肌のようすにも気をつけて見て、保護者にも尋ねるようにしたい。

6月10日（火） H児（10か月）

受入れ	健康状態・異常　無・有（　） 朝体温：36.6℃　与薬：無・有（　）

時刻	食事	排せつ	睡眠	SIDSチェック	子どものようす
8					
9		小・大 小			登園 戸外遊び
10	離（全） ミ 100cc	小			
			10:45	✓	
11			↓	✓ ✓	
12			↓	✓ ✓	
13	果汁（全） ミ 40cc	小 小	13:30	✓ ✓	
14				✓	
15		小			
16					降園
17					
18					

生活と遊び	体調に合わせて裸足で戸外に出る。蚊取り線香を置いておく。睡眠中は、気温などを調整し、落ち着いて眠れるようにする。
準備物	テラス用マット、足ふきタオル、お茶、蚊取り線香
子どもの発達と評価反省課題	眠っているときに、寝返りをしないので、背中が汗びっしょりになっている。間隔をあけて見ていき、背中にタオルを当てるようにしたい。

6月27日（水） G児（9か月）

受入れ	健康状態・異常　無・有（　） 朝体温：37.0℃　与薬：無・有（　）

時刻	食事	排せつ	睡眠	SIDSチェック	子どものようす
8					登園
9		オ オ			戸外遊び（裸足）
10	離 お汁1/2残し ミ 150cc	オ	10:48	✓	
11			↓	✓ ✓	
12	果汁（全）	オ	12:45	✓ ✓	着替え 蒸しタオル
13		小		✓ ✓	手作り玩具
14	茶 10cc	小			
15		オ			
16					降園
17					
18					

生活と遊び	体調に合わせて裸足で戸外に出る。砂に水をかけて、水や砂の感触を味わえるようにする。
準備物	テラス用マット、足ふきタオル、お茶、蚊取り線香、手作り玩具
子どもの発達と評価反省課題	砂場に少し水をかけて湿らせると、砂を握ったり、足で砂をけったりして、砂の感触を楽しんでいる。「気持ち良いね」など、感触を共有していきたい。

小：排尿　大：大便　オ：オムツ交換　離：離乳食　給：給食　ミ：ミルク　茶：お茶

実践ポイント　蒸し暑い時期なので、昼寝中汗をかくことがありますが、H児は背中にびっしょり汗をかきます。寝る前に背中にタオルを当て、時々タオルを交換します。

※ SIDS（シッズ）とは「乳幼児突然死症候群」と呼ばれる、睡眠中突然死する病気です。一定時間ごとに睡眠中の子どものようすを確認しましょう。ここでは5分ごとに複数の保育者でチェックしています。SIDSについて詳しくはP.170をご覧ください。

6月のふりかえりから7月の保育へ

今月のねらい (P.68参照)
- 生活リズムの不調の子どもが見られるので注意するとともに、梅雨期の湿度に対しての除湿・室温の調節に心がけ、快適に過ごせるようにする。
- 発達を考えた環境を整え、寝返りやハイハイを促す。

ふりかえりポイント
- ★ ねらいの設定は？
- ◆ 環境構成・援助は？
- ◎ 子どもの育ちは？
- 次月へのつながりは？

私たちの保育はどうでしょう。
場面を思い浮かべて振り返ってみましょう。

T先生(5年目) / S先生(2年目)

例えば…

梅雨期の保育

 蒸し暑い毎日なので、◆こまめに汗をふいたり、沐浴や着替えをしたりして、★さっぱりした気持ち良さを味わえるようにしましたよね。

 そうね。乳児は体温調節があまりうまくできないの。湿度・温度を調節して、快適な生活環境を整えないとね。

 はい。戸外での水・泥遊びでは、子どもたちは夢中になって楽しんでいますよね。
7月は水遊びが活発になるので、涼しい時間帯をねらったり、日陰を利用したりして暑さ対策を引き続き行なっていきます。

 水分補給や、休息時間をとることも大事よ。

 そうですね。それに、水遊びや沐浴中に事故のないように保育者間の役割を見直さないと！

 そうね。沐浴の後、しっかり体をふくことがあせもの予防にもなるのよ。

G児(9か月)の場合

Gちゃんには、ハイハイで移動して、音の鳴る玩具を転がして遊んでいます。★バランスを崩したときにけがをしないように、◆周りに危険のない広場所で遊べるようにしました。

 先月の反省を受けて、安全面への配慮を行なったのね。

 はい！ 両手・両足の動きが少したどたどしかったので、事故のないようにしないと……！ と思ったんです。
◎Gちゃんを見ていると、このごろハイハイのときに頭を上げているんです！

 よく観察しているわね！！ 顔が上げられるのは、首や肩、背中の筋肉がついてきているからなの。おなかを上げて、両手・両ひざで体を支えられるようにもなっていくわ。

 そうなんですね！ 勉強になります！！

 でもまずは、子どもたちの「玩具のところまで行きたい！遊びたい！」という気持ちを受け止める活動を保障することが大切よ！ そのうえで、ひとりひとりの発達に合わせて、育てたい姿を持ちましょうね。

伝えたい!! 園長先生のおはなし

キーワード　ハイハイの環境

生後9か月は、乳児期の発達の節(質が変わる)を迎えるのでしたよね。寝返りをして、うつぶせの姿勢から両腕を使ってハイハイを始めるようになります。ハイハイ運動は脚だけではなく、背、腹、腰、肩各部分の筋肉を発達させ、歩く姿勢の基礎を作る大切なものなのよ。安全に移動ができるように、室内を整え興味を持つ玩具を用意する環境が大切ね。

クラス全体では
次月の指導計画に生かせます！

 7月は蒸し暑さが引き続きあって、どんどん気温も上げってくるわ。

 子どもたちが快適に過ごせる環境を整える！これは来月もキーポイントになりそうですね！！

 そうね。そのうえで、子どもたちの姿を見て、活動を考えていきましょうね。

今月の評価・反省・課題 (P.69参照)

着替えをこまめにしたり、汗をふいたりしてきげん良く元気に過ごすことができた。あせもや虫刺されが増えてきているので、清潔に保ち、健康に過ごせるようにしたい。戸外に出て探索し、水や泥に興味を持ち、触れて遊んだ。これからもいろいろなものに触れ、遊んでいきたい。

7月

ねらいより
涼しい環境の中で快適に過ごせるように

月案 （A～C児）・・・・・ P.78

 音に反応する
A児（5か月）

 カミカミ期に移行した
B児（9か月）

 睡眠時間が定まらない
C児（13か月）

個人案 （D～I児）・・・・・ P.80

 排便を泣いて知らせる
D児（6か月）

 鼻がよく詰まる
E児（7か月）

 うつぶせで後ろへ下がる
F児（8か月）

 手づかみで食事を楽しむ
G児（10か月）

 つかまり立ちを喜んでいる
H児（11か月）

 ゆったりとした発達である
I児（12か月）

個人案 （J～O児）・・・・・ P.82

 食べ物を手で握る
J児（8か月）

 嫌いな食べ物を舌で押し出す
K児（9か月）

 保育者とのやりとりを楽しむ
L児（11か月）

 名前を呼ばれて返事をする
M児（12か月）

 感触遊びがお気に入り
N児（13か月）

 途中入所（園）児
O児（11か月）

これも！おさえておきたい
7月の計画のポイントと文例・・・・ P.84

日の記録・・・・・・・・・・ P.85

7月のふりかえりから8月の保育へ・・ P.86

7月 月案

CD-ROM 　7月 ▶月案

今月のねらい（クラス全体としてのねらいです）

- 月の前半に蒸し暑さが残り、後半は一年中でもっとも猛暑になるので、前日と、当日の朝の健康状態を把握し、涼しい環境の中で、ゆったりと快適に過ごせるようにする。
- 涼しい時間帯に戸外の日陰で保育者といっしょに、水遊びを存分に楽しませたい。

* マークのマーカーが引いてある部分は、ページ下部の解説とリンクしているのでご覧ください。
*「今月のねらい」「健康・食育・安全」「保育者間の連携」「家庭・地域との連携」については、P.84の内容も、立案の参考にしてください。

7月 月案

	前月の子どもの姿○	ねらい★・内容☆
音に反応する A児（5か月）	○むせながら20分ほどかけてミルクを200cc飲む。 ○寝返りができるようになり、腕の力で上体を起こして周りを見回すが、すぐに疲れて頭を着ける。 ○あおむけになり、ベビージムを握り、音や動きを目で追う。	★落ち着いてミルクを飲み、きげん良く過ごせるようにする。 ★うつぶせになり、腕で状態を支え動くものを目で追う。 ☆特定の保育者にミルクを飲ませてもらい、満足する。 ☆うつぶせのとき保育者に語りかけられ、顔を上げ笑う。
カミカミ期に移行した B児（9か月）	○モグモグ期の食事を小さく口を開け食べている。 ○玩具を取ろうとして、ハイハイの姿勢を取る。	★リラックスした雰囲気の中でカミカミ期の食事に慣れる。 ★ハイハイを楽しむ。 ☆カミカミ期の食事を大きな口を開け、食べる。 ☆好きな玩具に向かって十分にハイハイする。
睡眠時間が定まらない C児（13か月）	○睡眠時間が短かったり長かったりする。 ○つかまり立ちから伝い歩きをしようとしている。	★保育者と十分にかかわり、安心して過ごす。 ☆一定時間安心して眠る。 ☆保育者のそばで、つかまり立ちをしたり、伝い歩きをしようとしたりする。

	第1週	第2週
生活と遊び	A児 寝返りをして遊ぶ。 B児 ハイハイで遊ぶ。 C児 伝い歩きをして遊ぶ。	A児 うつぶせの姿勢で遊ぶ。 B児 カミカミ期の食事をする。 C児 つかまり立ちをしたり伝い歩きをしたりして遊ぶ。
行事生活遊びの計画	月 誕生会 火 砂場で泥んこ遊び、シールはり 水 戸外探索、ハンカチ遊び 木 水遊び、楽器遊び 金 水遊び、なぐり描き 　 玩具・つり玩具、音の鳴る玩具、ハイハイアスレチック 歌・『たなばたさま』 絵本・『だるまさんと』	月 七夕の集い、楽器遊び 火 水遊び、ちぎり絵 水 戸外探索、感触遊び 木 水遊び、楽器遊び 金 水遊び、ままごと 　 玩具・つり玩具、音の鳴る玩具、ハイハイアスレチック、小麦粉粘土 歌・『たなばたさま』『きらきら星』 絵本・『いないいないばあ』

書き方のヒント いい表現から学ぼう！

足の指でけっていなくても、足の裏を押さないように注意する。

理由：足の裏を押さない

うつぶせの姿勢からハイハイを始めたときは腕の力が強くなかなか前へ進みませんので、つい足の裏を支えたり押したりしたくなりますが、足の指に力が入り自分でけることが大切なのです。

7月 月案

健康・食育・安全	保育者間の連携	家庭・地域との連携
●熱中症や虫刺され（蚊、クモ、ハチ、毛虫）など、夏に多い疾病に気をつけ、早期発見や手当てに努める。 ●暑さが厳しい時期なので、のど越しのよい食材や調理方法を提供する。 ●沐浴や水遊びのときは、注意を払う。	●室内の温度、湿度、換気など快適な環境について確認し合う。 ●沐浴やぬるま湯での水遊びでは、役割分担を話し合っておく。 ●屋外での遊びの時間帯、水分補給について共通理解しておく。	●園での虫刺されの場合は、降園時に必ず伝え、処置について、ていねいに記す。 ●毎朝の健康カードに記入してもらい、皮膚の異状について聞き、適切な処置をして、感染を防ぐ。

環境づくり◆と保育者の援助◇	子どもの発達◎と評価・反省・課題✻
◆授乳のための落ち着ける場所を設け、特定の保育者がゆったりと抱いて飲ませる。 ◇むせそうなときは、乳首を一度外して背中をさすり、落ち着かせて飲ませるようにする。 ◆ベビージムを、あおむけで、手で触れられる位置に置くようにする。 ◇手が触れ音が鳴れば「ゆらゆらいい音ね」と語りかけ、笑顔で共感する。	◎乳首の穴をクロスに変えると、むせなくなった。 ◎寝返りもスムーズにでき、うつむきの姿勢でしばらく頭を上げられる。 ✻つり玩具を引っ張ってちぎれたので工夫が必要だ。 ✻寝返り、うつむきの姿勢で苦しくならないか見守りがまだ必要だ。
◆ピーマンやナスを歯ぐきでつぶせる硬さに煮たものを用意する。 ◇「カミカミ、おいしいね」など言葉をかけ、ペースを見ながら、無理せずに食べられるようにする。 ◆ハイハイが十分にできるスペースを確保し、見えるところに好きな玩具を置いておく。 ◇足の指でけっていなくても、足の裏を押さないように注意する。	◎カミカミ期の食事に慣れ、口を大きく開けるようになってきて食べる量も増えてきた。 ◎腹を持ち上げゆっくりハイハイして、興味あるところへ行き、遊んでいる。
◆室温・湿度をチェックし、窓を開放したり扇風機やエアコンを使用したりして、快適に過ごせるようにする。 ◇口に物を入れたまま歩かないように注意する。 ◆日陰にビニールプールを置き、水を張って水遊びの用意をする。 ◇目覚めているときは、日陰で水遊びをしたり、ふれあい遊びをしたりして満足感を得られるようにする。	◎コップを支えてもらい、飲み物を飲む。 ◎睡眠時間が一定になり、安心してぐっすり眠る。 ◎転ぶのが恐いのか、ひとりで立った姿勢で動かずにいる。手をつないで支えると歩こうとする。

第3週		第4週	
A児 音を聴いて遊ぶ。		A児 寝返りをして遊ぶ。	
B児 ハイハイで遊ぶ。		B児 ハイハイで移動して遊ぶ。	
C児 水遊びをする。		C児 水遊びをする。	
月 フィンガーペインティング（手形を取る） 火 身体計測、水遊び、楽器遊び 水 誕生会、身体計測、シールはり 木 体重計測、戸外探索 金 体重計測、水遊び、ハンカチ遊び	玩具・音の鳴る玩具、ハイハイアスレチック、スポンジ積み木、シャボン玉 歌・『きらきら星』『さかながはねて』 絵本・『いないいないばあ』	月 海の日 火 水遊び、コップ積み 水 戸外探索 木 水遊び、なぐり描き 金 水遊び	玩具・音の鳴る玩具、ハイハイアスレチック、スポンジ積み木、大型積み木 歌・『さかながはねて』 絵本・『だるまさんが』

評価・反省・課題（P.86でくわしく説明！）

伝い歩きを始めたので、立位はだいじょうぶだろうと、C児のわきを支えて水に入れようとしたところ、足を引っ込めて大泣きされてしまった。まずは、手をつけて水の感触に慣れさせないといけないのだと反省した。体調が悪くなり発熱したり、感染症にかかったりした子どもが多く出たため、室内や玩具を消毒し、保護者にも情報を提供して、早期発見できるようにした。周囲の衛生に気をつけて、元気に過ごせるようにしたい。

7月 個人案

		D児（6か月） 排便を泣いて知らせる	E児（7か月） 鼻がよく詰まる	F児（8か月） うつぶせで後ろへ下がる
前月の子どもの姿		○離乳食をスプーンで口に持って行くと大きな口を開けて食べる。 ○排便するとむずかり、知らせる。 ○腹ばいで両手を突っぱり、少しずつ前に進み、近くにある玩具を触る。 ○名前を呼ばれるとニコニコ笑い、体を揺さぶり喜ぶ。	○鼻が詰まり、ミルクを飲むのに時間がかかっている。 ○寝つくまで時間がかかるが、1～1時間30分くらいは眠っている。 ○あおむけから、うつぶせに寝返って、玩具に手を伸ばして取ろうとする。	○開いた手を床に着き、腕を突っ張って、つまさきは外へ開き、後ろへ下がっている。 ○睡眠のリズムが少しずつついてきているが、寝つくときにぐずることがある。 ○玩具を一方の手から他方へ持ち替える。 ○下の歯が生え始め、よだれがよく出る。
ねらい★・内容☆		★離乳食を喜んで食べる。 ★排便をしぐさや音声などのサインで伝えようとする。 ☆便や体調に気をつけてもらい、離乳食をいやがらずに食べる。 ☆沐浴やシャワーで清潔にしてもらい気持ち良さを感じる。	★体調を整えてもらい、ミルクを飲む。 ★安心できる環境で一定時間眠る。 ☆気分の良いときに、ゆっくり飲みたいだけミルクを飲む。 ☆目の前の玩具に興味を持ってつかむ。	★うつぶせの姿勢で体を動かして楽しむ。 ★手を使って玩具で十分に楽しむ。 ☆あおむきの姿勢で頭を持ち上げて起き上がろうとしたり、うつぶせになったりする。 ☆気に入ったタオルを持ち安心して眠る。
環境づくりと保育者の援助◆◇		◆お湯やシャワーがすぐ使えるように整え、オムツ交換台、オムツを用意する。 ◇泣いて知らせたことを褒め、温かい湯で絞った布でふき取ったり、シャワーをしたりして気持ち良さを感じさせる。 ◆安全に遊べるように周辺の整理をして、興味を持ちそうな玩具を用意する。 ◇腹ばいで遊ぶ姿勢に疲れたようすが見られたときは、抱いてあおむきにする。 ◇呼びかけやあやし遊びで喃語を促す。	◆ようすを見ながら、ゆっくり飲みやすい姿勢を試しながら授乳する。 ◆静かな環境にベッドを置き、特定の保育者がそばにつく。 ◇優しく子守歌をうたうなどして、安心して眠れるようにする。 ◆安全なスペースを確保し、玩具を置く。 ◇保育者も腹ばいになっていっしょに遊ぶ。	◇あおむきの姿勢からいろいろ体を動かすので、絶えず安全に気をつけ見守る。 ◇クーラーで室温を調節したり、静かな音楽をかけ、そばについたりする。 ◆握りやすい玩具をいろいろ用意しておく。 ◇玩具を持ち替えたときに落とさないか気をつけ、「持てたね」と認める。 ◆よだれかけはこまめに取り替える。
子どもの発達と評価・反省・課題◎※		◎便性や体調に気をつけながら、離乳食の食品数を少しずつ増やせた。 ◎排便して気持ち悪いとき、泣くと対応してもらえることがわかり、サインで知らせるようになった。 ※特定の保育者でないと不安がって泣くようになり、人見知りが始まったようだ。	◎鼻詰まりは一時的なもので、ミルクを飲むようになった。 ※室温と換気を絶えず調節すると眠れるようになった。反省点である。 ◎寝返りが順調にでき始め、うつむきの姿勢でよく遊ぶようになった。	◎腹ばいで頭を上げ、周囲を見回している。 ◎保育者のひざの上に立たせ、わきを支えると、足を屈伸させて喜ぶ。 ◎禁止の言葉と、褒め言葉がわかる。 ◎いないいないばあをされると笑っている。 ※見慣れた保育者がいなくなると泣く。
		生活と遊び	生活と遊び	生活と遊び
第1週		腹ばいで遊ぶ。	ゆっくりミルクを飲む。	うつぶせで体を動かして遊ぶ。
第2週		離乳食を食べる。	腹ばいになって玩具で遊ぶ。	玩具を手に持って遊ぶ。
第3週		沐浴やシャワーをしてもらう。	背中の側にクッションを置いて座る。	玩具を持ち替える遊びをする。
第4週		あやし遊びをしてもらい喃語を出す。	腹ばいで遊ぶ。	いないいないばあで遊ぶ。

育ちメモ

排便を早く見つけ、すぐに沐浴やシャワーで清潔にしたことで、泣かずにサインで知らせるようになりすばらしいですね。

鼻詰まりは苦しいものですね。体調を整え個別に対応することで、ミルクもよく飲むようになり、成長することでしょう。

寝返りから腹ばいの姿勢で、はい出そうとしますが、後ろへ下がる時期です。安全に気をつけて見守ることが大切ですね。

7月 ▶個人案_1

G児（10か月） 手づかみで食事を楽しむ	H児（11か月） つかまり立ちを喜んでいる	I児（12か月） ゆったりとした発達である
○スティック状やサイコロ状に切った野菜を、じょうずに手に持って食べるようになっている。 ○オマルに座らせると、嫌がらずに座る。 ○ハイハイが早くなって、移動運動が活発になり、体を使った遊びを喜ぶ。 ○自分から保育者に「アー」と呼びかける。	○パーティションにつかまって立つことを喜んでいる。 ○話しかけると笑い、喃語を発する。 ○親指とほかの指が対向して、小さなものをつまむ。	○全卵除去のパクパク期の食事をとる。 ○お座りから、ハイハイの姿勢を取り、移動しようとする。 ○水を怖がらずに触る。
★固形の物をよくかんで、喜んで食べる。 ★保育者に見守られ、オマルで排せつする。 ☆「かみかみね」と保育者に声をかけられ、口を動かすのをまねて、よくかんで食べる。 ☆オマルに安心して座り、排せつし、出ると喜ぶ。	★ハイハイやつかまり立ちを楽しむ。 ★保育者と喃語でやりとりを楽しむ。 ☆パーティションや机につかまり立ちをしようとする。 ☆特定の保育者と喃語や声のやりとりを楽しむ。	★離乳食に慣れ、食べることを楽しむ。 ★ハイハイを楽しむ。 ☆食べさせてもらったり、言葉をかけてもらったりしながら、楽しく食べる。 ☆ハイハイアスレチックなどでハイハイを十分にする。
◆ニンジンやサツマイモなどは、握りやすい大きさにして、取りやすい食器に盛る。 ◆デンプン質の物は、のどに詰まりやすいので、水分をよくとらせるように注意する。 ◆気が散らないよう落ち着いた場所にオマルを置き、目につく場所に絵をはる。 ◆排せつができたときは、おおいに褒める。 ◆子どもから呼びかけられれば、必ずこたえる。	◆倒れやすいものを置かないようにする。 ◆バランスを崩してけがしないようにそばで見守る。 ◆「たっちできたね、うれしいね」など言葉をかけ、つかまり立ちができた喜びを共有する。 ◆「○○したいの？」など子どもの欲求に結び付けて話しかけるようにする。	◆安定した姿勢で食べられるように、足裏が床に着く高さのイスを準備する。 ◆「これはモモよ、おいしいね」などと優しく声をかけ、やりとりを大切にする。 ◆歩かせることを急がず、ハイハイの経験を多く重ねていけるように、保育者もいっしょになってハイハイして楽しむ。 ◆おなかが床に着いてきて疲れているようすがあれば、抱き上げたりあおむけにしたりして、休めるようにする。
◎暑くなり食欲が落ちるころだが、のど越しのよい献立にしたので食べられた。 ◎音の出る玩具を打ち付けたり、転がしたりして音を楽しめるようになった。 ＊園で湯水遊びや沐浴をしているので、家庭の入浴がおろそかになり、連携不足を反省する。	◎つかまり立ちを盛んにし、伝い歩きをしようとしていて、とても喜んでいる。 ◎保育者の話しかけに喃語や表情、手振りでこたえて楽しむ姿が見られる。	◎パクパク期に移行し、フォークを手にしたり、手づかみをしたりして自分で、食事をしようとする。 ◎お座りの姿勢で移動するが、ハイハイアスレチックではハイハイの姿勢を取り、上ろうとしている。

生活と遊び	生活と遊び	生活と遊び
手づかみで野菜を食べる。	ハイハイをして遊ぶ。	除去食の食事をする。
湯水遊びをする。	小さいものをつまんで遊ぶ。	ハイハイをして遊ぶ。
ハイハイをして遊ぶ。	手に持っているものを落として遊ぶ。	言葉のやりとり遊びをする。
音の出る玩具で遊ぶ。	つかまり立ちをして遊ぶ。	水を触って遊ぶ。

手づかみでも自分で食べる意欲を認めることが大切ですね。暑さで食欲が落ちるときですので、口当たりのよい食材に気をつけます。

握力がしっかりしますので、物につかまり立ち上がることができるのですね。指を使った遊びが大切な時期です。

ハイハイの次は歩いてほしいと、欲が出ますが、歩くには体の筋肉の発達が重要です。十分にハイハイを経験しましょう。

7月 個人案

7月 個人案

	J児（8か月） 食べ物を手で握る	K児（9か月） 嫌いな食べ物を舌で押し出す	L児（11か月） 保育者とのやりとりを楽しむ
前月・今月初めの子どもの姿	○モグモグ期の離乳食を食べる。 ○柔らかい食材を握って遊んでいる。 ○ハイハイをしようとする姿が見られる。	○嫌いな離乳食は舌で押し出している。 ○下の歯が生えてきている。 ○「アーブーブー」と喃語を話す姿がある。	○パクパク期の離乳食を食べる。 ○パーティションなどでつかまり立ちをしている。 ○「はい」と保育者に玩具を渡すことを楽しんでいる。 ○「マンマ」と一語文を話している。
ねらい★と内容☆	★保育者に見守られながら、手で持って食べることを喜ぶ。 ★握って遊ぶことを楽しむ。 ☆食べたい意欲を指さしや、「アーアー」と言って伝え、手で握って食べる。 ☆さまざまな玩具で、指先を使って遊ぶ。	★いろいろな味のものを食べる。 ★保育者と音声のやりとりを楽しむ。 ☆嫌いなものも少しずつ食べて味わう。 ☆保育者に共感してもらいながら気持ちを表す。	★保育者とのやりとりを楽しむ。 ★ハイハイやつかまり立ちを楽しむ。 ☆保育者と玩具などをやりとりして遊ぶ。 ☆保育者に見守られながら、ハイハイやつかまり立ちを十分にする。
環境づくり◆と保育者の援助◇	◆食べたい気持ちを受け止めながら、「おいしいね」などと話しかけて楽しい雰囲気をつくる。 ◆保護者に献立表を渡し、チェックしてもらう。 ◆柔らかい素材の手作り玩具を用意して、十分に遊べるようにする。 ◇手に持った玩具を口に入れてしゃぶることがあるので、注意しておく。	◆大きさや硬さ、食感を食べやすいように調理する。 ◇少量ずつスプーンに載せて口に入れることができるようにする。 ◇いっしょに「アーブーブー」と話しながら、発語を促していく。	◆ハイハイが十分にできるように、床などにものを置かないようにする。 ◇「たっちできたね」など言葉をかけながら、そばで見守る。 ◇食事中に「マンマ」と言ったときには、「マンマよ」と言ってスプーンですくった食べ物をよく見せるようにする。
子どもの発達◎と評価・反省・課題✳	◎モグモグ期の離乳食を手づかみで食べている。 ◎投げ座りをして手に玩具を握り、手を振ってよく遊ぶ。 ◎うつぶせになっておなかを中心に手足を浮かせ、頭を上げて少しの時間がんばっている。	◎上の乳側切歯が生えてきたので、歯固めをよくしゃぶる。 ◎嫌いな食材でも舌で押し出さず食べるようになってきた。 ◎きげんの良いとき、喃語がよく出るので応答するとよくしゃべる。	◎パクパク期の離乳食をよく食べる。 ◎ハイハイからつかまり立ちをする。 ◎食べ物を見ると必ず「マンマ」と言う。 ◎保育者と玩具のやりとりをしている。 ◎沐浴や水遊びを喜んでいる。 ✳ハイハイの姿勢から、すぐにつかまり立ちをしようとするので注意していく。
	生活と遊び	生活と遊び	生活と遊び
第1週	手づかみで離乳食を食べる。	離乳食をよく食べる。	パクパク期の離乳食を食べる。
第2週	投げ座りで手を使って遊ぶ。	歯固めをしゃぶって遊ぶ。	ハイハイで遊ぶ。
第3週	うつぶせの状態で遊ぶ。	J児とうつぶせの姿勢で遊ぶ。	保育者と玩具のやりとりをする。
第4週	沐浴をしてもらう。	保育者と喃語のやりとりをする。	沐浴や水遊びをする。

育ちメモ

投げ座りで自由になった手で玩具を触って遊びますが、口の感触でものを知ろうと、なめ回します。玩具の消毒をしましょう。

6～7か月ごろから下の歯が生え始めますが、乳歯はエナメル質が柔らかいので口の中の清潔に注意していきましょう。

11か月になると、ハイハイからつかまり立ちをするようになりますが、焦らずハイハイで十分に遊ばせましょう。

6月 P.73から　　CD-ROM　7月 ▶個人案_2　　8月 P.93へ

名前を呼ばれて返事をする **M児（12か月）**	感触遊びがお気に入り **N児（13か月）**	途中入所（園）児 **O児（11か月）**
○カミカミ期の離乳食をよく食べている。 ○歩いたり、ハイハイしたり、またいだりと体を動かすことを楽しんでいる。 ○水遊びを楽しんでいる。 ○名前を呼ばれると、「はい」と手を上げている。 ○「マンマ」と一語文を話す。	○スプーンを持って自分で食べようとしているが、まだこぼすことが多い。 ○オマルに座って排せつしようとしている。 ○水遊びや感触遊びを楽しんでいる。	○保育者にカミカミ期の離乳食を食べさせてもらい、口を動かして食べている。手づかみやスプーンを持って食べる姿も見られる。 ○保育者にだっこしてもらう、そばについてもらうなどして安心して入眠する。 ○不安になり、泣くことがある。
★カミカミ期の離乳食を喜んで食べる。 ★保育者と音声のやりとりを楽しむ。 ☆よくかんで、カミカミ期の離乳食を食べる。 ☆名前を呼ばれると「はい」と返事をしたり、手を上げたりする。	★オマルに座って排せつをする。 ★水遊びや感触遊びを楽しむ。 ☆保育者に見守られながら、オマルで排せつしようとする。 ☆水や小麦粉粘土の感触に慣れ、遊ぶ。	★特定の保育者に見守られて安心して過ごす。 ☆みずから口を開けたり、手づかみで食べようとしたりする。 ☆怖がらずに水に触って遊ぶ。
◆安定した姿勢で食事ができるように、床に足が着く高さのイスを用意する。 ◇「モグモグおいしいね」などといっしょに口を動かしながらよくかむことを知らせていく。 ◇名前を呼ばれたことがわかり、手を上げて返事したときには、「そう、Mちゃんね」と自分の名前がわかったことを必ず認め、おおいに褒める。	◇「シーシーでるかな？」などと話しかけながら排せつを促していく。 ◆水遊びや感触遊びを用意する。（シャワー遊び、片栗粉粘土　など） ◇「気持ち良いね、フニフニね」など言葉をかけ、水や小麦粉粘土の感触を共有する。	◇スプーンに手を添えるなど、持ち方を知らせていく。 ◇顔色が見える薄暗さになるように、部屋の明るさを調節する。 ◇特定の保育者がだっこしたり、そばについたりして、安心して入眠できるようにする。 ◇不安な気持ちを受け止め、優しく声をかける。
◎イスにじっと座って離乳食を食べる。 ◎ひとり歩きで玩具を目がけて歩く。 ◎「マンマ」など意味のある一語文を話し、こたえてもらうと喜ぶ。 ◎名前を呼ばれると手を上げ「はい」と言葉で言ったり、笑顔になったりする。	◎こぼしながらもスプーンを持って、自分で食べている。 ◎オマルに座り、タイミングが合えば、排せつするようになってきた。 ◎自分から水を触ったり、小麦粉粘土で楽しんだりしている。 ✱足の踏ん張る力が弱いのでまたげない。	◎特定の保育者にかかわってもらい、あまり泣かなくなった。 ◎手づかみやスプーンで介助してもらい、離乳食を嫌がらずに食べるようになる。 ◎水をピチャピチャたたくなど、怖がらずに遊ぶようになった。 ◎一定の時間ぐっすり眠る。
生活と遊び	**生活と遊び**	**生活と遊び**
安定した姿勢で離乳食を食べる。	スプーンで食事をする。	特定の保育者に受け止めてもらう。
保育者と園庭へ出て歩く。	オマルに座って排せつする。	カミカミ期の離乳食を食べる。
保育者とボールのやりとりをする。	水や感触遊びをする。	水遊びをする。
絵本を読んでもらって遊ぶ。	喜んで沐浴してもらう。	沐浴をしてもらう。
床に足を開いて座り、ボールを転がしてやりとりする遊びは、会話の基本である相手の動きを待つ姿勢を身につけます。	スプーンで食べるためには、手首のグリップ使いが必要です。スコップで水、砂をすくい、別の容器に移す遊びが有効です。	途中入所児は、家庭での過ごし方により、発達がゆっくりの姿が見られます。その子のテンポに合わせましょう。

7月 個人案

7月の計画のポイントと文例

これも！おさえておきたい

本指導計画の月案では、A～O児に合った今月のねらいなどを掲載しています。より参考にしていただけるように、ここでは、この月によくある、ほかにも押さえておきたいポイントを紹介しています。

CD-ROM　7月 ▶文例

今月のねらい

7月は前半はまだ梅雨で蒸し暑く、中旬頃には一年中でもっとも暑い気候となり、体温調節の未発達の乳児にとって暑苦しい日々となります。室温、換気に注意しつつ水遊びや沐浴などでさわやかにし、水分補給、消化がよく栄養価の高い食事で、健康的で楽しく過ごせるように計画します。

文例

猛暑の夏は熱中症予報に注意し、日々の健康状態を把握しつつ、水遊びや沐浴などで快適に過ごせるようにする。

健康・食育・安全

熱中症は、気温が高すぎて体温調節中枢が追いつかず、急速に体温が上昇して命にかかわる高体温になります。熱中症予報に注意し、暑い日は十分な水分をとり涼しい場所で休息を取るようにします。蚊に刺された跡をかきむしってとびひになっていないか、水遊び前に点検します。

文例

熱中症やとびひ、夏かぜなど夏に多い感染症に気をつけ、早期発見に努めたり、適切な対応を心がけたりする。

保育者間の連携

夏かぜやとびひなどで水遊びのできない子どもと、水遊びを楽しみにしている子どもたちの個別の確認をし、快適な遊び環境、遊びの内容について話し合っておきます。また、担当者の役割分担や、指導手順なども共通理解して、記録にとどめるように確約しておきましょう。

文例

水遊びのできる子どもとできない子どもの遊び内容や、涼しく過ごせる環境の工夫について話し合い、役割分担する。

家庭・地域との連携

暑い夏は水遊びで気持ちよく遊ばせたり、汗をかいた後の沐浴をしますので、夏かぜで熱があったり、皮膚疾患があったりするときは、登園時に必ず知らせてもらうよう通知しておきます。汗や水遊びで下着がぬれやすく、頻繁に着替えますので、替えの下着を十分に用意してもらうようにします。

文例

水遊びや沐浴が多くなるので、毎朝の健康チェック表の記入を忘れないよう伝えるとともに、着替えを十分に用意してもらう。

7月 日の記録

保育を振り返るために、また仕事の証（あかし）として、日々の記録は欠かせません。ここでは例として、違う日の3人を抜き出して掲載しています。次の計画に生かしましょう。

CD-ROM 日の記録フォーマット

7月2日（水） B児（9か月）

- 健康状態・異常：無・有（　　　）
- 朝体温：36.4℃　与薬：無・有（　　　）

時刻	食事	排せつ	睡眠	SIDSチェック	子どものようす
9		小			
10		小			
11		オ	11:25〜	✓✓	
13	果汁(全)	小	↓	✓✓	離乳食は半食
14	離(半) ミ40cc	小 大	13:50		
16		オ			降園

生活と遊び：裸足になって砂場に行くなどして、戸外探索を楽しむ。砂場の砂は朝のうちにほぐしておく。バンダナで保育者と遊ぶ。

準備物：バスタオル、蚊取り線香、バンダナ3枚

子どもの発達と評価・反省・課題：目的に向かって四つばいになって移動している。睡眠時、よく汗をかいている。体が冷えないように、こまめにふくようにしていきたい。

7月14日（月） J児（8か月）

- 健康状態・異常：無・有（　　　）
- 朝体温：36.9℃　与薬：無・有（　　　）

時刻	食事	排せつ	睡眠	SIDSチェック	子どものようす
8					登園
9			9:00〜9:55	✓✓	
10	離				全がゆ、汁煮物 3/4ずつ残す　検温（38.3℃）　降園

生活と遊び：戸外では、帽子、靴を着用する。室内では室温計をチェックし、扇風機やエアコンを使用して快適に過ごせるようにする。

準備物：帽子、靴、お茶、蚊取り線香、絵の具

子どもの発達と評価・反省・課題：熱が出て早退している。午前睡の後、体が熱いので検温すると、38.3度あった。手などに発疹が見られ、手足口病の疑いがあるので受診を勧めている。

7月25日（金） N児（13か月）

- 健康状態・異常：無・有（　　　）
- 朝体温：36.7℃　与薬：無・有（　　　）

時刻	食事	排せつ	睡眠	SIDSチェック	子どものようす
8					登園
9	果汁(全)	小			水遊び／入室、着替え
10		小	10:25〜10:55	✓✓	なぐり描き
11	給(全)				
12			12:15〜	✓✓	
14	間食(全)	小 オ	↓14:45	✓✓	蒸しタオル
15					ホールで遊ぶ
16					降園

生活と遊び：水をタライに張って、水に触れたり、浮かべた玩具で遊んだりして楽しむ。水分補給や汗の処理をしっかりと行なう。

準備物：バスタオル、タライ、靴、お茶、コップ、帽子、着替え、蒸しタオル

子どもの発達と評価・反省・課題：最初は水を怖がるようすもあったが、水風船に興味を持ち、手でつかみ、握って遊ぶ姿があった。少しずつ水に慣れて、楽しく遊べる工夫をしていきたい。

小：排尿　大：大便　オ：オムツ交換　離：離乳食　給：給食　ミ：ミルク　茶：お茶

実践ポイント：子どもは初めて出会うものに警戒心を持ちます。N児も最初は水を怖がっていましたが、水風船に興味を持ったので次は浮き玩具で楽しませてみましょう。

※SIDS（シッズ）とは「乳幼児突然死症候群」と呼ばれる、睡眠中突然死する病気です。一定時間ごとに睡眠中の子どものようすを確認しましょう。ここでは5分ごとに複数の保育者でチェックしています。SIDSについて詳しくはP.170をご覧ください。

7月のふりかえりから8月の保育へ

今月のねらい (P.78参照)
- 月の前半に蒸し暑さが残り、後半は1年中でもっとも猛暑になるので、前日と、当日の朝の健康状態を把握し、涼しい環境の中で、ゆったりと快適に過ごせるようにする。
- 涼しい時間帯に戸外の日陰で保育者といっしょに、水遊びを存分に楽しませたい。

ふりかえりポイント
- ★ ねらいの設定は？
- ◆ 環境構成・援助は？
- ◎ 子どもの育ちは？
- 次月へのつながりは？

T先生（5年目）　S先生（2年目）

私たちの保育はどうでしょう。
場面を思い浮かべて振り返ってみましょう。

例えば…

★夏を快適に過ごすために……

- ○水遊び
- ○室温・湿度管理
- ○水分補給

◆遊び以外のときも、汗をこまめにふいたり、のど越しのよい食材を用意したりして、夏の暑さ対策に取り組んだわよね。

 はい！ ◆保護者と連携して、登園時の子どもたちの健康状態やきげんの良し悪しを共有できたので、異状にも早めに気づけました。

 そうね。気をつけてはいたものの、Jちゃんをはじめ手足口病にかかった子もいたわね。

 手足口病の発症のようすや対応を事前に共有理解できていたので、疑いがあればすぐにお家の人に連絡しました。

 そうね。それで感染が不用意に広がらなかったのはよかったわ。
病後の子どもたちはもちろん、引き続き、子どもたちそれぞれのようすを観察して、無理のない生活や遊びを考えていきましょう。

 体調や顔色、行動も気にしましょう。

C児（13か月）の場合

★保育者と十分にかかわり安心して水遊びができるように、◆だっこして水につかれるようにしたんですが、すごく泣いて嫌がっていました。

 Cちゃんは伝い歩きをしはじめているから、プールでも縁を持って遊べると思ったのよね。

 はい……。

 Cちゃんにとって、水がたくさん張ってあるところに、急に入れられることは、すごく怖かったんじゃないかしら。

 そうか、手で水に触れてみるとか、徐々に慣れていける経験が必要だったんですね。

 慣れない場所やものを怖がる子どもには、少しずつ触れるなどして、「安心できる」と思えるようにすることが大切よ。「やってみたい」と思えるような工夫も忘れないでね。

 Cちゃんが好きなボールの玩具を水に浮かべてみたり、水に入れたビニール袋を触ったり……。また相談させてください。

ほかにも、スコップで水をすくったり、ジョウロで水を流したり、などもよいですよ。

伝えたい!! 園長先生のおはなし

キーワード　体温調節

乳児は毎日体重が増え、動きも激しいので体の大きさに比べると食べていますし、余熱が体の中に出て、オーバーヒートぎりぎりのところで暑さに向かうのですよ。体温の調節機能も未熟で、暑さや水分不足で、すぐ熱中症のように調子が狂ってしまいます。水遊びは体を冷やし体温調節をする遊びなのよ。今月は水に慣れることから始めたわね。

クラス全体では

次月の指導計画に生かせます！

 Cちゃんの件のように、水に興味を持てるような工夫は、8月のひ引き続き考えていきましょうね。

 はい！　遊びの工夫もですが、子どもたちの体調に合わせて、時間配分を見直すなどの工夫も必要ですよね！

 そのとおり。子どもたちの健康管理はとても大切よ。早期発見、拡大防止で私たちにできる術を考えていきましょうね。

今月の評価・反省・課題 (P.79参照)

伝い歩きを始めたので、立位はだいじょうぶだろうと、C児のわきを支えて水に入れようとしたところ、足を引っ込めて大泣きされてしまった。まずは、手をつけて水の感触に慣れさせないといけないのだと反省した。体調を崩して発熱したり、感染症にかかったりした子どもが多く出たため、室内や玩具を消毒し、保護者にも情報を提供して、早期発見できるようにした。周囲の衛生に気をつけて、元気で過ごせるようにしたい。

8月

ねらいより
生活リズムを整え、ゆったりとごきげん良く過ごせるように

月案 （A〜C児） ･･･ P.88

他児のようすが気になる
A児（6か月）

カミカミ期の食事をとる
B児（10か月）

伝い歩きを楽しんでいる
C児（14か月）

個人案 （D〜I児） ･･･ P.90

水遊びに慣れてきた
D児（7か月）

投げ座りで遊ぶ
E児（8か月）

汚れたことがわかる
F児（9か月）

オマルで排せつしようとする
G児（11か月）

パクパク期に移行した
H児（12か月）

手づかみで食べようとする
I児（13か月）

個人案 （J〜O児） ･･･ P.92

水が顔にかかると泣く
J児（9か月）

沐浴で気持ち良さそうにする
K児（10か月）

水遊びを楽しんでいる
L児（12か月）

音楽に合わせて体を揺らす
M児（13か月）

オマルで排せつすることも
N児（14か月）

引っ張る玩具で遊ぶ
O児（12か月）

これも！おさえておきたい
8月の計画のポイントと文例 ･･･ P.94

日の記録 ･･･ P.95

8月のふりかえりから9月の保育へ ･･･ P.96

8月 月案

CD-ROM 8月 ▶月案

今月のねらい（クラス全体としてのねらいです）

- 暑い夏をひとりひとりの健康状態に合わせて、生活リズムを整え、ゆったりと、きげん良く過ごせるようにする。
- 体調に応じた遊び方や時間に配慮された中で、湯水遊びを楽しんだり、沐浴をしたりしてさわやかに過ごす。

* マークのマーカーが引いてある部分は、ページ下部の解説とリンクしているのでご覧ください。
* 「今月のねらい」「健康・食育・安全」「保育者間の連携」「家庭・地域との連携」については、P.94の内容も、立案の参考にしてください。

8月 月案

	前月の子どもの姿○	ねらい★・内容☆
他児のようすが気になる A児（6か月） 	○おなかがすくと泣くようになったが、飲み始めると他児のようすが気にかかり、集中して飲めないことがある。 ○腹ばいの姿勢になると、片腕の力で前へ進もうとする。 ○顔を見て語りかけると「アーアー」と音声でこたえる。	★保育者と十分にかかわり、欲求を受け止めこたえてもらう。 ★腹ばいで見た物に手を伸ばして触り、興味を持つ。 ☆授乳のときには落ち着いた場所で、ゆったりと抱いてもらい、満足するまで飲む。 ☆小さいものに注意を向けて自分から手に取り、握る。
カミカミ期の食事をとる B児（10か月） 	○口を大きく開け、カミカミ期の食事を半量ほど食べている。 ○腹を持ち上げて、ゆっくりハイハイしている。	★カミカミ期の食事を、好き嫌いなく喜んで食べようとする。 ★ハイハイを楽しむ。 ☆口を大きく開けて、カミカミ期の食事を食べる。 ☆保育者に見守られて、十分にハイハイする。
伝い歩きを楽しんでいる C児（14か月） 	○保育者にコップを持ってもらいながら飲み物を飲んでいる。 ○伝い歩きすることを楽しんでいる。	★自分でコップを持って飲むことを喜ぶ。 ★伝い歩きを繰り返し楽しむ。 ☆保育者にコップを支えてもらいながら、自分で飲もうとする。 ☆保育者に見守られながら、伝い歩きを十分にする。

	第1週	第2週
生活と遊び	A児 腹ばいで遊ぶ。 B児 ハイハイで遊ぶ。 C児 伝い歩きをして遊ぶ。	A児 玩具を握って遊ぶ。 B児 カミカミして離乳食を食べる。 C児 伝い歩きをして周囲を見て遊ぶ。
行事 生活 遊びの 計画	月 戸外、シールはり 火 水遊び、ままごと 水 フィンガーペインティング 木 水遊び、楽器遊び 金 水遊び 玩具・大型クッション積み木、ままごとセット、絵の具 歌・「さかながはねて」 絵本・『こぐまちゃんのみずあそび』	月 戸外探索 火 水遊び、空き箱遊び 水 戸外探索、なぐり描き 木 水遊び 金 水遊び、ままごと 玩具・大型クッション積み木、ままごとセット、クレパス 歌・「とんとんとんとんひげじいさん」 絵本・『こぐまちゃんのみずあそび』

書き方のヒント いい表現から学ぼう！

授乳中汗をかいていないか注意し、授乳後清拭をし、肌着を取り替える。 ➡ 理由

肌着を替える

真夏の暑いときは、授乳中汗をかくことが多いのですが、よく注意しながら飲ませたり、授乳後清拭し、肌着を取り替えたりする保育者の援助は、専門性の高い、模範的なあり方です。

健康🦷・食育🍴・安全✖

- 沐浴やシャワーなどで肌を清潔に保ち、肌着をこまめに着替える。🦷
- 暑さで食欲が落ちるので、冷たい茶碗蒸しなど栄養価の高い物を提供する。🍴
- 冷却ジェルの敷物等で遊ばせ、体温が上がらないように注意する。✖

保育者間の連携

- 毎日熱中症予報に注意し、情報交換をする。
- 保育者のワークスケジュールを確認し、伝達ノートを作る。
- 看護師から虫刺されの手当てなどの講習を受け、共通認識する。

家庭・地域との連携

- 着替える機会が多くなるので、肌着を十分に用意してもらう。
- 帰省などで長期欠席するときは、事前に届けてもらうよう話し合う。
- 園でのプレイナイトなどの催しは、保護者と協同して実施する。

8月 月案

環境づくり◆と保育者の援助◇	子どもの発達◎と評価・反省・課題✹
◆他児のようすが見えないようについたてで囲い、落ち着いた授乳環境をつくる。 ◇授乳中汗をかいていないか注意し、授乳後清拭をし、肌着を取り替える。 ◆腹ばいになったとき目に付く場所に、握りやすい玩具を置いておく。 ◇玩具をいじっているそばで見守ったり、同じ姿勢になって相手をしたりする。	◎保育者に抱かれ、集中してミルクを飲めるようになった。 ◎握力が強くなり、握った玩具を振り回して笑顔を向ける。 ✹特定の保育者の夏期休暇中、ほかの保育者にはなつかず、不機嫌になることがあり、日ごろからのかかわり方について、反省した。
◆暑さで食欲が落ちることもあるので、体調を見ながら、食材や量を調節する。 ◇「カミカミね」など声をかけ、かむことを促していく。 ◆お気に入りの玩具を、手が届きやすいところに置いておく。 ◆保育者もいっしょになってハイハイして遊ぶ。	◎食事の食べる量が増え、午後の離乳食は全食するようになった。飲み物はコップから飲んでいる。 ◎活発にハイハイで興味ある所へ行って遊び、つかまり立ちを喜んでいる。 ✹水面をたたき、水が顔にかかると泣く。
◆取っ手が両側に付いている持ちやすいコップを用意しておく。 ◇「飲めたね、うれしいね」と言葉をかけ、自分で飲めた喜びを共有していく。 ◆倒れやすいものがないか、確認しておく。 ◇行動範囲が広がるので、事故などに注意して見守る。	◎コップを持たせると、自分で持って飲み物を飲み、手の届くところに食べ物を置くと、自分で手に持って食べる。 ◎保育者の手につかまって歩こうとし、歩行するようになる。 ✹水を怖がらずに水遊びをするようになった。

第3週	第4週
A児 腹ばいで玩具を触って遊ぶ。	A児 音声でやりとり遊びをしてもらう。
B児 ハイハイで移動し、時々つかまり立ちをする。	B児 水で遊ぶ。
C児 コップを持って自分でお茶を持つ。	C児 保育者に手を持ってもらい、歩いて遊ぶ。
月 戸外探索 火 身長計測、体重計測、水遊び、ままごと 水 身体計測、戸外探索、感触遊び 木 水遊び、なぐり描き 金 プレイナイト（納涼会）、水遊び、楽器遊び	玩具・大型クッション積み木、ままごとセット、小麦粉粘土 歌・『水あそび』 絵本・『だるまさんが』	月 戸外探索、シャボン玉、ハンカチ遊び 火 水遊び、空き箱遊び 水 戸外、なぐり描き 木 水遊び、シールはり 金 水遊び、ままごと	玩具・大型クッション積み木、シャボン玉 歌・『大きな栗の木の下で』『月』 絵本・『だるまさんが』

評価・反省・課題（P.96でくわしく説明！）

沐浴で汗を流してこまめに着替えをしたり、エアコンを使用したりして元気に過ごすことができた。残暑が厳しく、夏の疲れも出てくるのでひとりひとりの体調に気を配り、過ごしていきたい。水遊び、フィンガーペインティングなど夏の遊びを思い切り楽しむことができた。

8月 個人案

	D児（7か月） 水遊びに慣れてきた	E児（8か月） 投げ座りで遊ぶ	F児（9か月） 汚れたことがわかる
前月の子どもの姿	○赤ちゃんせんべいを手に持たせると、自分で持って食べる。 ○保育者のひざの上に立たせると、両足を突っ張ったり、曲げたり、屈伸運動をする。 ○名前を呼ばれたり、話しかけられたりすると、「アッアッ」とこたえる。	○座るとテーブルに手を置き、口を動かしながら、離乳食を待っている。 ○うつぶせの姿勢になって、腕で支えて、しりを上げたり戻したりの動きをしている。 ○だれに抱かれても笑っていたが、担当保育者以外の人だと泣くようになった。	○ニンジンやカボチャを手づかみで食べる。 ○腹ばいで腕を使い前へ進もうとする。 ○欲しいものや見て欲しいものがあると、指さしして「アーアー」と言う。 ○沐浴のとき湯をたたいて喜んでいる。 ○「ちょうだい」と言われると、ものを渡す。
ねらい★・内容☆	★食べる意欲を大切にし、手に持って食べることを認めていく。 ★身体運動機能の段階に沿って、体を自由に動かすことを楽しむ。 ☆手づかみで離乳食を自分で食べる。 ☆保育者に見守られ、足を使って遊ぶ。	★喜んで離乳食を食べる。 ★体を動かして遊ぶことを楽しむ。 ☆初めて口にする物も、食べようとする。 ☆うつぶせで足を踏ん張って遊ぶ。 ☆特定の保育者に抱かれ安心して過ごす。	★意欲的に手づかみで食べる。 ★保育者に見守られ、腹ばいを始める。 ☆ニンジンなどを手づかみでもぐもぐ食べる。 ☆自分でうつぶせになり、ハイハイをしようと、腕を動かす。
環境づくり◆と保育者の援助◇	◆室温や換気に注意し、快適な環境の中で、食事が楽しめるように整える。 ◇水分補給に注意し、熱中症にならないよう適宜沐浴をして体温調節をする。 ◇テラスなどの日陰にベビープールを設置し、水遊びの用具を用意する。 ◇水を触ったり、プールの中で座ったりしているときはそばにつき、安全に遊べるように注意していく。 ◇水で遊んだ後は水を飲ませ休息させる。	◆テーブルにおしぼりや食器を置く。 ◆早く食べたい気持ちを受け止めながら満足するまで食べさせる。 ◆安全なスペースで十分に体を動かせるよう、滑らない敷物を用意して置く。 ◇疲れたようすが見られたら、すぐ姿勢を変え、足を優しくなでる。 ◇顔見知りの不安を受け止めて抱く。	◆調理師と話し合い、手づかみして食べやすい食材や調理したものを用意する。 ◇自分で食べようとしている気持ちを、大切にしながら、口に入れる量や、かんでいるようすを注意して見守る。 ◆沐浴を介助する保育者を決めておく。 ◇肌を清潔にし、「気持ち良いね」と気持ち良さを言葉にして共感する。
子どもの発達◎と評価・反省・課題✱	◎手づかみで、スティック状に切った野菜や、おやつをこぼしながらも食べている。食欲が減退しなかった。 ◎投げ座りで玩具を手に持って遊ぶ。 ◎水に慣れ、ピチャピチャと水面をたたいて「オーオー」と声を出している。 ✱あせもができた。肌の手入れに注意する。	◎離乳食を意欲的に食べるようになった。 ◎うつむきの腕の支えが強くなった。投げ座りの姿勢も安定し、手先を使ってよく遊ぶようになっている。 ✱特定の保育者以外の者が近づくだけで泣いて、不安定になってきている。	◎離乳食を手づかみでよく食べ、汚れた手を差し出し、ふいてもらおうとしている。 ◎「ニギニギ」「バイバイ」など、言葉に合わせて動作をして笑っている。 ✱引き出しを引っ張って開け、いろいろなものを取り出して散らかしている。
	生活と遊び	生活と遊び	生活と遊び
第1週	手づかみで離乳食を食べる。	投げ座りで遊ぶ。	手づかみで離乳食を食べる。
第2週	保育者に介助され水遊びをする。	離乳食を喜んで食べる。	腹ばいで遊ぶ。
第3週	保育者に介助され水遊びをする。	うつぶせで足を踏ん張る。	沐浴をしてもらい喜ぶ。
第4週	投げ座りで遊ぶ。	手先を使って玩具で遊ぶ。	引き出しからものを出して遊ぶ。

育ちメモ

投げ座りができだしたからこそ、プールの中で不安なく座って遊ぶ姿が見られます。水遊びを十分に楽しませましょう。

安定して投げ座りができるようになると指先が自由になります。指をよく使うと脳が発達しますのでよく遊ばせましょう。

清潔の習慣は、文化的なものです。沐浴をしてもらい、清潔の気持ち良さがわかってきた証拠として、汚れた手を差し出します。

CD-ROM　8月 ▶個人案_1

7月 P.81から　　　　　　　　　9月 P.101へ

8月 個人案

オマルで排せつしようとする G児（11か月）	パクパク期に移行した H児（12か月）	手づかみで食べようとする I児（13か月）
○スプーンの上のほうを握り、食器に打ち付けておもしろがっている。 ○オマルに座らせるとそばにいる友達と顔を見合わせ笑ったり、足を動かしたりしている。 ○ボールプールにハイハイで出入りし、寝転んだり、ボールを投げたりしている。	○つかまり立ちから伝い歩きをしようとしている。 ○つかまり立ちをして振り返り、保育者の顔を見る姿が見られる。 ○パクパク期の食事に移行する。	○フォークや手づかみで食事をしようとしている。 ○ハイハイで、ハイハイアスレチックに上ることを楽しんでいる。
★自分で食べる意欲を大切にする。 ★自分からオマルで排せつしようとする。 ☆食べ物をスプーンに乗せ口に入れる。 ☆オマルで排せつする気持ち良さがわかる。 ☆床の上で車を手で押したり、ボールで遊んだりして遊ぶ。	★パクパク期の食事を食べることを楽しむ。 ★つかまり立ちや伝い歩きを楽しむ。 ☆パクパク期の食事に慣れ、喜んで食べる。 ☆保育者に見守られながら、喜んでつかまり立ちや伝い歩きをする。	★自分で食べる喜びを味わう。 ★十分にハイハイを楽しむ。 ☆保育者に援助されながら自分で食べる。 ☆ハイハイアスレチックで上り下りを繰り返して体を動かす。
◆好きなものを使えるようにスプーンやフォーク、おしぼりを用意する。 ◇スプーンやフォークの持ち方を注意して見届け、そのつど正しい持ち方を知らせる。 ◆オマルに座っても排せつしないときは、タイミングを見て降ろすようにする。 ◇段ボール箱に積み木を入れ、重さを調節して、押して遊べるものを作っておく。	◆背筋が伸び、安定した姿勢で食べられるように、クッションを用意し、背中とイスの間に挟めるようにしておく。 ◆落ち着いた雰囲気の中で、「おいしいね」など声をかけ、食事の楽しさを共感する。 ◆転倒などに気をつけ、十分に体を動かせるように周囲を整とんする。 ◇「じょうずね」など声をかけ、そばで見守る。	◆食べやすい大きさの食べ物をフォークに差しておく。 ◆自分で食べられた喜びに共感しながら、食べ物を落としたときなどは、適切に介助する。 ◆安全に体を動かせるように、危険なものを置かないようにする。 ◇つんのめって顔を打つことがあるので、注意して見守る。
◎暑さで水分ばかり欲しがったが、スプーンに興味を持ち食べることができた。 ◎オマルに慣れ、排せつできるときがあり、出たのを見届けて喜ぶようになる。 ✽積み木を入れた段ボール箱に手を掛けて立ち上がる。押して歩くのが課題となる。	◎パクパク期の食事を喜んで食べ全食している。 ◎硬めのものもよくかんでいる。 ◎つかまり立ち、伝い歩きを盛んにし、ひとりで立つようになり、立つことをとても喜んでいる。	◎菓子や果物など手の届くところへ置くと手を伸ばし食べている。硬めのものは小さくしながらよくかんでいる。 ◎ハイハイアスレチックにハイハイで頂上まで上ったり、つかまり立ちをしたりして体を動かし遊ぶ。

生活と遊び	生活と遊び	生活と遊び
オマルに座って排せつする。	つかまり立ちで遊ぶ。	ハイハイで好きなところへ行く。
ボールプールで遊ぶ。	パクパク期の食事を食べる。	食具を使って遊ぶ。
床の上で車を押して遊ぶ。	よくかんで食べる。	ハイハイしたりつかまり立ちをしたりする。
ものを押して遊ぶ。	伝い歩きで遊ぶ。	つかまり立ちで遊ぶ。

足腰にまで脳支配が通じると、オマルに座って安定して排せつする大事な時期になります。子ども自身の喜びが伝わりますね。

つかまり立ちから、伝い歩きができだし人間としての立って歩く喜びが感じ取れます。発達としても、早いですね。

歩行の発達には個人差が大きく、1歳1か月が標準ではありますが、I児はまだハイハイをしています。焦らないように。

8月 個人案

	J児（9か月） 水が顔にかかると泣く	K児（10か月） 沐浴で気持ち良さそうにする	L児（12か月） 水遊びを楽しんでいる
前月の子どもの姿 ○	○カミカミ期の離乳食を、スプーンを持って食べようとしている。 ○伝い歩きをし、ひとりで立ったり、2、3歩あるいたりする姿が見られる。 ○タライの水を手で触り、水が顔にかかるとびっくりして泣く姿が見られる。 ○「マンマ」と一語文を話している。	○カミカミ期の離乳食をよくかんで食べている。 ○オマルに座って排せつしようとしている。 ○沐浴や蒸しタオルで体をふくと気持ち良さそうにしている。 ○伝い歩きをしたり、数秒ひとりで立ったりする姿が見られる。	○スプーンを持って自分で食べようとしている。 ○歩行する姿がよく見られるようになる。 ○タライの中の水を手でかき回したり、触ったりして楽しんでいる。 ○「ハイ」と言って玩具を保育者に渡してやりとりを楽しんでいる。
ねらい★・内容☆	★水遊びの楽しさを味わう。 ★しぐさや一語文を話して保育者に伝えようとする。 ☆保育者のそばで、水遊びに慣れる。 ☆食べたい意欲をしぐさや「マンマ」と言って伝えようとする。	★よくかみながら離乳食を食べる。 ★体を清潔にしてもらう気持ち良さを味わう。 ☆スプーンを使って食べようとする。 ☆沐浴や蒸しタオルで体をふいてもらい、気持ち良さを感じる。	★自分で食べる喜びを味わう。 ★水遊びの楽しさを味わう。 ☆スプーンを持って自分で食べようとする。 ☆水の感触を味わったり、水に浮かべた玩具で遊んだりして、水遊びをする。
環境づくり◆と保育者の援助◇	◇「マンマ食べようね」と気持ちを受け止めながら、食事ができるようにする。 ◆水の量を確認し、タライの下にマットを敷いて滑らないようにしておく。 ◇他児の近くで水しぶきがかからないように、顔にかかりそうなときは、他児から離すようにする。	◇「もぐもぐ、かみかみ」と話しかけながら、よくかむことを知らせていく。 ◆戸外での探索やハイハイアスレチック、マット遊びなど取り入れ、伝い歩きを楽しめるようにする。 ◆あせもができやすいので、室内や戸外での活動の後、沐浴や蒸しタオルで体をふいてもらい、気持ちよさを味わいながら、肌を清潔に保てるようにする。	◆食べやすい大きさ・量の食材をスプーンにすくっておく。 ◇「おいしいね」などと話しかけ、自分で食べられたことをおおいに褒めていく。 ◆水遊びでは、ペットボトルのシャワーや水風船、浮かぶ玩具を用意する。 ◇手足を動かして水遊びを楽しむが、バランスを崩して転倒しないように注意して見守る。
評価・反省・課題（子どもの発達◎と❋）	◎自分でスプーンを持ちながら、スプーンで食べさせてもらったり、使おうとしたりしている。 ◎水遊びに慣れ、水が顔にかかっても泣かなくなり、自分から水をたたく。 ◎「マンマ」など一語文を話すようになり、通じると喜んでいる。	◎離乳食をよくかんで食べている。 ◎オマルに座ってタイミングが合えば排せつする。 ◎沐浴が好きで気持ちよさそうな顔をする。 ◎伝い歩きして進んでいるが、時々手を離して立つ。	◎スプーンを持って自分で食べている。 ◎ハイハイからひとり歩きへ移行している。 ◎水遊びに慣れ、いろいろな水遊び用の玩具を使って遊んでいる。 ◎保育者と玩具のやりとりをして遊ぶとき、「どうぞ」「ありがとう」の言葉を言うと、語尾だけを言って頭を下げる。

	生活と遊び	生活と遊び	生活と遊び
第1週	スプーンを使って食事をする。	食事をかんで食べる。	スプーンを使って食事する。
第2週	水遊びをしている。	水遊びをする。	室内で好きな所へ歩いていく。
第3週	沐浴をしてもらう。	沐浴をしてもらう。	水遊び玩具で水遊びをする。
第4週	ハイハイで遊ぶ。	伝い歩きで遊ぶ。	保育者と玩具のやりとりをする。

育ちメモ

初めて触れる物、体験するものは、いざ危険な状態になると対処できないので恐怖心を持つのです。水もそのひとつです。

ハイハイは、首、足、手の筋肉、腹筋、背筋、胸筋などを強くし、直立歩行に備える運動ですので十分させましょう。

暑い日は、水を触ると体温が下がり、熱中症予防になりますが、プールの中では浮力により転ぶことに注意しましょう。

M児（13か月） 音楽に合わせて体を揺らす	N児（14か月） オマルで排せつすることも	O児（12か月） 引っ張る玩具で遊ぶ
○スプーンを持って自分で食べようとしている。 ○オマルに座って排せつしようとしている。 ○音楽が流れると体を揺らしたり、手をたたいたりして楽しんでいる。 ○感触遊びを楽しんでいる。	○スプーンやフォークを持って自分で食べようとしている。 ○オマルに座って排せつしようとしている。 ○「Nちゃん」と名前を呼ばれると、「ハイ」と手を上げている。 ○タライの中の水を触るなど、水遊びを楽しんでいるようすが見られる。	○手づかみでパクパク期の離乳食を食べる姿が見られる。 ○伝い歩き、歩行を楽しんでいる。 ○引っ張る玩具が好きで繰り返し楽しむ姿が見られる。 ○保育者に玩具を「ハイ」と渡してやりとりを楽しんでいる。
★季節の歌や手遊びを聴いて楽しむ。 ★感触遊びを楽しむ。 ☆プールや水遊びの歌などを聞いて、体を揺らしたり、手をたたいたりして遊ぶ。 ☆片栗粉粘土、寒天、フィンガーペインティングなど、感触遊びをする。	★自分で排せつする喜びを味わう。 ★水遊びの楽しさを味わう。 ☆オマルに座って排せつしようとする。 ☆タライの水をかき回したり、水面をたたいたりして、水の感触を味わう。	★体を使って遊ぶことを楽しむ。 ★指先を使って玩具で遊ぶことを楽しむ。 ☆ハイハイや伝い歩きを十分にする。 ☆指先を使っていろいろな玩具で遊ぶ。
◆楽しいテンポの季節の歌や手遊びを用意する。 ◇歌に合わせて保育者もいっしょに、体を揺らしたり、手をたたいたりして楽しむ。 ◆いろいろな感触を楽しめるように、異なる感触の素材を用意しておく。 ◇「不思議だね」「気持ち良いね」などと話しかけながら感触遊びをいっしょに楽しむ。	◆落ち着いた場所に、見慣れたオマルを用意しておく。 ◇「シーシー出るかな？」と話しかけながら排せつを促していく。タイミングが合い出たときはおおいに褒めて、次につなげていく。 ◆タライに入れる水の水深は5～6cmほどの少なめにしておく。 ◇転倒しないか目を離さないなど注意する。	◆戸外にハイハイアスレチック、マットなどを用意する。 ◇戸外での探索やホールでの遊びなどを十分に取り入れて、バランスを崩してけがをしないように見守る。 ◆引っ張ったり、つまんだり、握ったりして遊ぶ玩具を十分に用意しておく。 ◇「出てきたね、じょうずね」など言葉をかけ、玩具で遊ぶ楽しさを共有する。
◎スプーンを持って自分で食事している。 ◎オマルに座って不安なく排せつしている。 ◎歌や手遊びを体を揺らし楽しんでいる。 ◎片栗粉粘土やフィンガーペインティングなどの感触遊びを、気持ち悪がらずに遊んでいる。	◎食材、調理によって食具を使い分ける。 ◎催すとしぐさや態度で伝え、オマルに座って排せつするようになった。 ◎自分から積極的に水遊びをしている。 ◎自分の名前がわかり、呼ばれたら返事をしたり、手を上げてこたえたりする。 ✳水をかき回していてタライにはまった。	◎スプーンで食べさせてもらっている。 ◎伝い歩きから歩行を始める。 ◎時々、引き玩具を引いて少し歩く。 ◎保育者と玩具のやりとり遊びをする。 ◎シールをはったりはがしたりして遊んでいる。
生活と遊び	**生活と遊び**	**生活と遊び**
スプーンを使って食事する。	食事によって食具を使い分ける。	スプーンで食べさせてもらう。
オマルで排せつする。	オマルで排せつする。	玩具のやりとり遊びをする。
さまざまな素材で感触遊びをする。	水遊びを楽しむ。	伝い歩きをしたり玩具を引いたりする。
歌や手遊びを楽しむ。	沐浴をしてもらう。	指先を使って遊ぶ。
気温の高い日に、冷たい感触の寒天を触ったり、ぬるぬる、べたべたの感触を体験したりすると、気分が発散されます。	食具を使って食事をするのは文化です。日本は箸の文化ですが、はし使いまではスプーン、フォークで指先を鍛えましょう。	引っ張る玩具に興味を持ち、歩く意欲を持ち出したようですが、無理をするとO脚になりがちです。ハイハイを十分に。

8月の計画のポイントと文例

今月のねらい

家族の夏休みや帰省などで登園人数が少なくなったり、職員の夏休みで担当者が変わったりします。混合クラスに替えたり、夏型のデイリープログラムに替え、湯水遊びをしたり、のんびり昼寝をしたり、ゆとりのある生活リズムにしていきます。口当たりのよい食事を目ざします。

文例
デイリープログラムを夏型に替え、ゆったりとした生活リズムでげん良く過ごせるようにする。湯水遊びを楽しむ。

健康・食育・安全

沐浴や水遊びのときは、周辺が水でぬれ、滑りやすくなっています。転倒事故はこの時期にいちばん起こりやすく、転倒による手首、足の骨折も多くなっています。滑り止めのラバーを敷いたり、絶えず水をふき取ったり、走らせないよう複数の眼で安全対策に留意していきましょう。

文例
沐浴や水遊びのときは、滑って転倒しないように、安全面に十分に配慮する。

滑り止めシート

本指導計画の月案では、A〜O児に合った今月のねらいなどを掲載しています。より参考にしていただけるように、ここでは、この月によくある、ほかにも押さえておきたいポイントを紹介しています。

CD-ROM 8月 ▶文例

保育者間の連携

夏の期間は、保育者の夏期休暇や研修への出張など、担当保育者が変わったり、合同保育になったりすることがよくあります。自分の担当以外の子どもの状態を把握し、適切に対応できるように、記録をオープンにしたり情報を交換したり、ていねいに引き継ぎをしておきましょう。

文例
担当保育者が研修や休暇を取ったときの子どもひとりひとりの状態を把握できるように引き継ぎを細かく行なう。

家庭・地域との連携

夏かぜやとびひなどの皮膚疾患が起こりやすく、暑さで食欲不振や食あたりなど不調になる子どもが増える時期です。登園のときや降園のときには、家庭と園との食事の状態、睡眠時間等を含め、健康状態を、お互いにていねいに伝え合い、きめ細かく見守って夏を乗り越えましょう。

文例
夏の感染症や暑さで体調が不調になる子どもが増えるので、家庭や園でのようすや健康状態を、少しの変化も見逃さないように保護者とていねいに伝え合う。

8月 日の記録

保育を振り返るために、また仕事の証として、日々の記録は欠かせません。ここでは例として、違う日の3人を抜き出して掲載しています。次の計画に生かしましょう。

CD-ROM 日の記録フォーマット

8月6日（水） M児（13か月）

健康状態・異常 無・有（　　）
朝体温：36.7℃　与薬：無・有（　　）

時刻	食事	排せつ	睡眠	SIDSチェック	子どものようす
8					登園
9		オ / 小			フィンガーペインティング
10					ホールで遊ぶ
11	給(全)	オ			
12		小	12:00 ✓✓	✓✓✓✓	
13			✓✓✓✓	✓✓✓✓	
14			14:10 ✓		
15		オ			
16		小			
17					降園
18					

生活と遊び：フィンガーペインティングで、絵の具の感触を味わう。ハイハイをして、体を十分に動かして遊ぶ。

準備物：絵の具、ビニールシート、汚れてもよい服装

子どもの発達と評価反省課題：フィンガーペインティングでは、絵の具の液に興味を持ち、塗り広げて遊んでいた。これからもいろいろな感触を味わえる遊びを用意していきたい。

8月11日（月） C児（12か月）

健康状態・異常 無・有（　　）
朝体温：36.4℃　与薬：無・有（　　）

時刻	食事	排せつ	睡眠	SIDSチェック	子どものようす
8					登園
9		小			戸外探索 / 沐浴
10	離 ミ100cc	小 オ			汁物残す
11			11:40	✓✓	
12			✓✓✓✓	✓✓✓✓	
13	果汁(全) ミ100cc	小	13:05		
14		オ			着替え
15	茶				
16					降園
17					
18					

生活と遊び：朝の涼しい時間帯に、保育者にだっこしてもらい、戸外探索を楽しむ。沐浴をしてもらい、きげん良く過ごす。

準備物：お茶、コップ、帽子、着替え

子どもの発達と評価反省課題：朝の離乳食に時間がかかってしまい、完食できなかった。休み明けでよく泣いていたが、お気に入りの赤いイスに座るとしばらく落ち着いていた。

8月21日（木） J児（9か月）

健康状態・異常 無・有（　　）
朝体温：36.6℃　与薬：無・有（　　）

時刻	食事	排せつ	睡眠	SIDSチェック	子どものようす
8					登園
9		小 オ			プール
10	離(全) ミ100cc		10:40	✓✓	
11			✓✓✓✓	✓✓✓✓	
12		小	✓✓✓✓	✓✓✓✓	
13	果汁(全)		13:20		
14	離 ミ100cc	小			1口残す
15	茶	小			ホールで遊ぶ
16					降園
17					
18					

生活と遊び：保育者に見守られながら好きな遊びを繰り返し楽しむ。危険のないようにプールの水位を配慮する。

準備物：ビニールプール、着替え、バスタオル

子どもの発達と評価反省課題：スプーンを手に持つようにすると、自分で口に運ぶ姿がある。後ろから手を添えて、介助していきたい。

小：排尿　大：大便　オ：オムツ交換　離：離乳食　給：給食　ミ：ミルク　茶：お茶

実践ポイント：休み明けで不安定なC児ですが、12か月で分別がつきだしたので、日ごろお気に入りの動く玩具や絵本など、気分転換を図ると落ち着くでしょう。

※ SIDS（シッズ）とは「乳幼児突然死症候群」と呼ばれる、睡眠中突然死する病気です。一定時間ごとに睡眠中の子どものようすを確認しましょう。ここでは5分ごとに複数の保育者でチェックしています。SIDSについて詳しくはP.170をご覧ください。

8月のふりかえりから9月の保育へ

今月のねらい（P.88参照）
- 暑い夏をひとりひとりの健康状態に合わせて、生活リズムを整え、ゆったりと、きげん良く過ごせるようにする。
- 体調に応じた遊び方や時間に配慮された中で、湯水遊びを楽しんだり、沐浴をしたりしてさわやかに過ごす。

ふりかえりポイント
- ★ ねらいの設定は？
- ◆ 環境構成・援助は？
- ◎ 子どもの育ちは？
- 次月へのつながりは？

私たちの保育はどうでしょう。
場面を思い浮かべて振り返ってみましょう。

T先生（5年目） / S先生（2年目）

例えば…

A児（6か月）の場合

★夏休みで混合保育や担当保育者の休暇中にも、子どもたちがゆったりと過ごせるように◆ひとりひとりの情報共有を大切にしたわよね。

- ★健康状態や介助のしかたなど、ふだんのようすを共有しておく大切さを改めて実感しました。
- そうね。これからも続けましょう。
- はい。でも、Aちゃんになかなかついてもらえなくて、ふだんから、ひとりひとりに直接かかわっていかないと……と反省しました。
- そうね。情報共有をしながら、機会をとらえてかかわっていきましょうね。

M児（13か月）の場合

「水でたくさん遊んだしフィンガーペインティングしてみよう！」「きれいね～」

★水とは違う感触を味わいながら遊べるように、◆ビニールシートを広げてフィンガーペインティングをしたんです！

- ◎夢中になって遊んでいたわよね！とても楽しそうだったわ！
- 聞いてください！ Mちゃんが、◎指先だけではなく、体を使って絵の具を伸ばして楽しんでいたんです！
- 体中に絵の具を付けていたわよね！
- 予想以上に楽しんでいて、すごくうれしかったんです。色が混ざって、すごくきれいなところがあって、思わず写真を撮りました。
- 夏ならではの遊びを存分に楽しめたようね！！子どもたちにとって、とても充実した体験になったはずよ。

> 和紙で写し取ると作品にもなります！保護者にも見せてあげましょう。

伝えたい!! 園長先生のおはなし

キーワード　夏休みの保育

家族の夏休みで登園数が減ったり、保育者の交替による夏休みなどで、混合保育で対応するとき、全職員が子どもの情報を共有するために、事前に職員会議で資料提供をし話し合いましたね。人数が少ないので目が行き届き、夏ならではのフィンガーペイントなど存分に楽しめたよね。沐浴、水分補給の後、午睡をして、夏を乗り越えましたね。

クラス全体では

次月の指導計画に生かせます！

- 先月から引き続き、体調管理に気を配って取り組んできたわ。今月は不調もなく過ごせてよかったわよね。
- 熱中症の予報などの情報も共有できました！
- 9月もまだまだ残暑が厳しいわ。暑さ対策はもちろん、夏の疲れが出始めるころね。健康観察をしっかり行ないましょうね。
- はい！ 保護者にも伝えていきます！

今月の評価・反省・課題（P.89参照）

沐浴で汗を流してこまめに着替えをしたり、エアコンを使用したりして元気に過ごすことができた。残暑が厳しく、夏の疲れも出てくるのでひとりひとりの体調に気を配り過ごしていきたい。水遊び、フィンガーペインティングなど夏の遊びを思い切り楽しむことができた。

9月

ねらいより
沐浴や水分補給などで、快適に過ごせるように

月案（A〜C児） ・・・・・・ P.98

 投げ座りをし始めた
A児（7か月）

 食事の量が増えてきた
B児（11か月）

 自分で飲み食べしたい
C児（15か月）

個人案（D〜I児） ・・・・・・ P.100

 オマルに座るのが苦手
D児（8か月）

 自分でコップを持って飲む
E児（9か月）

 保育者を後追いする
F児（10か月）

 立ち上がることがうれしい
G児（12か月）

 コップを持って飲もうとする
H児（13か月）

 つかまって屈伸する
I児（14か月）

個人案（J〜O児） ・・・・・・ P.102

 一語文やしぐさで伝えようとする
J児（10か月）

 引っ張る玩具がお気に入り
K児（11か月）

 かかわろうとして友達をたたく
L児（13か月）

 音楽を体全体で楽しむ
M児（14か月）

 絵本が大好き
N児（15か月）

 やりとり遊びを楽しむ
O児（13か月）

これも！おさえておきたい

9月の計画のポイントと文例 ・・・・ P.104

日の記録 ・・・・・・ P.105

9月のふりかえりから10月の保育へ ・・ P.106

9月 月案

CD-ROM ◎ 9月 ▶月案

今月のねらい（クラス全体としてのねらいです）

●残暑がなお厳しく、食欲が落ちたり、寝不足になったりして、体調に変化が起きやすい時期である。沐浴やシャワーをしたり、食事の工夫、水分補給をこまめに行なったりして、快適に過ごせるようにする。

* 💡マークのマーカーが引いてある部分は、ページ下部の解説とリンクしているのでご覧ください。
*「今月のねらい」「健康・食育・安全」「保育者間の連携」「家庭・地域との連携」については、P.104の内容も、立案の参考にしてください。

	前月の子どもの姿○	ねらい★・内容☆
投げ座りをし始めた A児（7か月） 	○野菜のおろしあえなどをスプーンで食べさせるが、唇で食べ物を取り込めず、こぼすことが多い。 ○特定の保育者との愛着関係が強まり、ほかの人には泣いて嫌がる。 ○寝返りの姿勢から、両手を突いて起き上がり、座ろうとする。	★特定の保育者に授乳や離乳食を食べさせてもらい、満足して過ごせるようにする。 ☆特定の保育者にかかわってもらい、離乳食を食べたり、背中を支えてもらい、足を投げ出して座って遊んだりする。
食事の量が増えてきた B児（11か月） 	○カミカミ期の食事を食べる量が増え、午後の離乳食は全食する。 ○つかまり立ちをして振り返り、笑顔で保育者を見る。	★意欲的に食べられるようにする。 ★保育者に見守られながら、遊びを楽しむ。 ☆楽しく落ち着いた雰囲気の中で、意欲的に食べる。 ☆保育者のそばで、安心してハイハイやつかまり立ちをする。
自分で飲み食べしたい C児（15か月） 	○コップを持ってお茶を飲んだり、手づかみでお菓子を食べたりしている。 ○保育者に両手を持ってもらって歩こうとしたり、ひとりで歩こうとしたりしている。	★自分で食べる喜びを味わう。 ★伝い歩きやひとり歩きを楽しむ。 ☆保育者に介助されながら、自分でスプーンやフォークを使ったり、手づかみをしたりして食べる。 ☆興味のあるところに歩いて行く。

	第1週	第2週
生活と遊び	A児 離乳食を食べる。 B児 カミカミ期の離乳食を食べる。 C児 コップを自分で持ってお茶を飲む。	A児 足を投げ出して背中を支えてもらい遊ぶ。 B児 ハイハイやつかまり立ちをして遊ぶ。 C児 自分で手づかみで食べる。
行事生活遊びの計画	月 戸外探索 火 グループ写真撮影、戸外探索、楽器遊び 水 戸外探索、ハンカチ遊び 木 砂場遊び、空き箱遊び 金 戸外探索、なぐり描き 玩具・スポンジ積み木、空き箱、バス 歌・『月』『大きな栗の木の下で』 絵本・『いないいないばあ』	月 戸外探索、感触遊び 火 戸外探索 水 グループ写真撮影、戸外探索 木 砂場遊び、シールはり 金 戸外探索、紙遊び 玩具・スポンジ積み木、小麦粉粘土、パフリング 歌・『どんぐりころころ』 絵本・『どうぶつどれがすき？』

書き方のヒント いい表現から学ぼう！

嫌々食べていたり、無理強いされて食べたりしても、消化吸収されないため、自分から口を開け、食べようとする意欲が出るまでは、少しでも食べるとおおいに褒めるようにする。

→ 理由 →

食べる意欲を見届ける

胃の働きというものは、ストレスなど精神的なもので、胃液が出なくなったり、ぜん動運動しなくなったりするデリケートな消化器です。自分から意欲を出すまで待つことが大切です。

健康🦷・食育🥄・安全✂

- 夏の疲れが出やすく免疫が落ちるころなので感染症に注意し、休息や睡眠を取る。🦷
- スプーンですくいやすい食器や、手づかみで食べられる食材を選ぶ。🥄
- 毛虫の付く樹木の剪定や、水たまりの処理をして、虫刺されを防ぎ、肌を守る。✂

保育者間の連携

- 戸外での活動が多くなり運動機能に応じた安全に遊べるものを選ぶ。
- 途中入所(園)児の受け入れ時の発達状態や課題を、共通認識する。
- 災害時の役割分担を再点検し、保護者の連絡先の再確認をする。

家庭・地域との連携

- 夏休みで出向いた先での生活や、体験について聞き、記録に残しておく。
- 生活習慣の自立の過程について話し合い、喜んだり、課題を確認したりする。

環境づくり◆と保育者の援助◇	子どもの発達◎と評価・反省・課題✳
◆離乳食用の小さく浅いスプーンを用意し、飲み込みやすい献立にする。 ◇嫌々食べていたり、無理強いされて食べたりしても、消化吸収されないため、自分から口を開け、食べようとする意欲が出るまでは、少しでも食べるとおおいに褒めるようにする。 ◇自分で座りたがっているときには、背中側に支えをし、投げ座りを見守る。	◎唇の筋力が強まり、離乳食を取り込むようになった。 ◎自分で投げ座りができ、両手を使って玩具で遊ぶ。 ✳時々ほかの保育者にかかわってもらい遊んだが、短時間になった。 ✳屋外遊びの子どもに関心を持ちだした。戸外遊びを取り入れていきたい。
◆安心できる保育者や好きな友達の隣で食べるなど、落ち着いて楽しい雰囲気で食事ができるようにしておく。 ◇あごを上下左右に動かして、しっかりかめているか注意して見る。 ◇ハイハイやつかまり立ちをして、振り返ったときには、「Bちゃんじょうずね」など言葉をかけ、目を合わせるようにする。	◎つかまり立ちから、壁や棚から手を離してその場で数秒立ったり、伝い歩きをしたりする姿が見られた。 ◎食事の量が増えてきている。
◆食材を手でつかみやすい形状に調理したり、子どもの手に合った握りやすいスプーンやフォークを用意したりしておく。 ◇いっしょにスプーンやフォークを握って、握り方を伝えていく。 ◆広いスペースを確保し、周囲に危険なものがないか確認しておく。 ◇物を口に入れたり、くわえたりしたまま歩かないように注意して見守る。	◎菓子を手づかみで食べている。 ◎スプーンやフォークを持ち、自分で食べようとしている。 ◎保育室や戸外で、歩くことを楽しみ、自由に歩いている。

9月 月案

第3週	第4週
Ⓐ児 投げ座りで背中側に支えをしてもらい遊ぶ。	Ⓐ児 自分で投げ座りをして手を使って遊ぶ。
Ⓑ児 離乳食をかんで食べる。	Ⓑ児 伝い歩きをして遊ぶ。
Ⓒ児 スプーンやフォークを使って食べる。	Ⓒ児 保育者に見守られ、戸外で歩く。
月 敬老の日 火 戸外探索、マット遊び 水 誕生会、戸外探索 木 戸外探索、楽器遊び 金 身長計測、空き箱遊び、ブドウ作り	玩具・パフリング、ポスティングボックス、引っ張り玩具 歌・『どんぐりころころ』『大きな栗の木の下で』 絵本・『いないいないばあ』	月 体重計測、戸外探索、ままごと 火 秋分の日 水 戸外探索、ハンカチ布遊び 木 砂場遊び、シールはり 金 検討会、戸外探索、なぐり描き	玩具・パフリング、ままごとセット、引っ張り玩具 歌・『どんぐりころころ』『まつぼっくり』 絵本・『おふろでちゃぷちゃぷ』

評価・反省・課題 (P.106でくわしく説明!)

暑い日があったり、涼しい日があったりと、気温に差があったが、窓を開けたり扇風機を使用したりしてゆったり快適に過ごすことができた。戸外では、探索を楽しみ、十分に体を動かすことができた。

9月 個人案

	D児（8か月） オマルに座るのが苦手	E児（9か月） 自分でコップを持って飲む	F児（10か月） 保育者を後追いする
前月の子どもの姿	○お茶を飲むとき、自分からコップを両手で持とうとする。 ○昼寝のあと、オマルに座ろうかと誘うと、しばらく座るが泣きだしてしまう。 ○うつむきの姿勢で両手を床に突っ張り、後ろへ下がる。 ○歌や手遊びで、手をたたいて笑う。	○お茶を飲ませるとき、自分でコップを持とうとし、飲んだ後「アー」と言う。 ○ハイハイが始まり、欲しいものを見つけると、それを目がけて取りに行く。 ○沐浴をしてもらうと、気持ち良さそうにじっとして、お湯の流れを見ている。	○自分の力で起き上がってしっかり座る。 ○離乳食を喜んで食べるが、ある程度満足すると遊び始める。 ○特定の保育者の後追いをし、ハイハイで移動する。 ○自分の名前を理解し、呼ばれると見る。
ねらい★・内容☆	★持ちたいという意欲を大切にし、コップを持ってお茶を飲む。 ★オマルに座り排せつする。 ☆両手で、コップを持ち、自分で飲む。 ☆オマルに安定してしばらく座る。 ☆両手と両足を使って、ハイハイする。	★欲しいだけ水分をとって満足する。 ★ハイハイで、好きな所へ移動して喜ぶ。 ☆コップに手を添え、こぼさないように水を飲み込む。 ☆手と足を使って十分にハイハイする。	★離乳食を一定量、意欲的に食べる。 ★満足するまで保育者に抱かれ、安心して過ごす。 ☆自分で食べたり食べさせてもらったりして、一定量食べてから、遊ぶ。
環境づくりと保育者の援助 ◆◇	◆両手持ちのコップを用意する。 ◇お茶はこぼさないように少し入れ、コップの持ち手に親指を掛けて持つように介助し、ゆっくり飲ませる。 ◇安心できる明るい場所にオマルを置く。 ◇友達の座っているようすを見せたり、「シーシー」と優しく言葉をかけたりする。泣きそうになったら、すぐ降ろす。 ◆握りやすく応答性のある玩具を用意する。 ◇ひとり遊びを十分に楽しめるよう見守る。	◆両手持ちのコップを用意しておく。 ◇残暑で汗をかきやすいので、こまめに水分補給をし、「ゴクゴクおいしいね」と自分で飲みたい気持ちを受け止める。 ◇安全なスペースを確保し、十分にハイハイを楽しめるようにする。 ◇時には保育者もいっしょにハイハイする。 ◇「気持ち良いね」と言いながら沐浴する。	◇食事中に遊び出したときは、「マンマしようね」と言葉をかけながら、スプーンで口に運ぶ。食べ終わると褒める。 ◇後追いする気持ちを十分に受け止め、保育者もいっしょに遊ぶようにする。 ◆箱の中に布を入れた手作り玩具を用意しておく。 ◇箱から布を引っ張り出して遊ぶようすをそばで見守る。
子どもの発達評価・反省・課題 ◎※	◎コップを両手に握り、うれしそうに飲む。 ◎ハイハイが十分に楽しめる環境を整え、いっしょにハイハイをしてかかわったので、胸が高く上がるようになった。 ◎向き合って表情豊かに歌ったり、手遊びしたりすると、体をゆすって喜んでいた。 ※まだオマルを見ると緊張している。	◎両手で持てるコップを持って、お茶をこぼさないように飲むようになった。 ◎両手両足をバランスよく使って、ハイハイをするようになった。 ※園で沐浴をしているからと、家庭での入浴をしないことのないよう注意する。	◎腹ばいにすると、両手、両ひざ、つま先を使って、ハイハイする。 ◎ひとさし指と親指を向かい合わせ、小さいものをつまむ。布を引っ張り出す。 ※蚊に刺され、かきむしってうんだのでとびひにならないか心配し、反省する。
	生活と遊び	生活と遊び	生活と遊び
第1週	オマルに座ってみる。	ハイハイで遊ぶ。	離乳食を喜んで食べる。
第2週	コップを持ってお茶を飲む。	沐浴をしてもらう。	投げ座りで遊ぶ。
第3週	小太鼓をたたいて遊ぶ。	両手持ちのコップでお茶を飲む。	ハイハイで遊ぶ。
第4週	手遊びをする。	ハイハイで遊ぶ。	指先を使って遊ぶ。

育ちメモ

8か月になると、うつぶせの姿勢で、足より手の力のほうが強いので後ろへ下がります。足の裏を押さないようにしましょう。

両手持ちのコップでお茶を飲むようになりましたね。手の握力と、首の傾け方と、飲む力がそろった姿ですね。

人間だけができるという親指の先とほかの指を合わせて、小さなものをつまむ器用さを身につけ感動ですね。観察してください。

G児（12か月） 立ち上がることがうれしい	H児（13か月） コップを持って飲もうとする	I児（14か月） つかまって屈伸する
○こぼしながら年少幼児食を食べるようになったが、途中でイスに上ろうとする。 ○つかまり立ちから手を放して、しばらく立つ。 ○食後、顔をふくと顔を背けていやがる。 ○散歩車に乗るのが好きで、動いていないと、足をパタパタさせて怒る。	○コップを支えてもらいながらお茶を飲む。 ○伝い歩きや、ひとりで立つことを喜んでいる。	○コップを支えてもらいながらお茶を飲む。 ○何度も喜んでつかまり立ちをしたり、ひざを曲げて屈伸したりしている。
★食事はイスに座って、落ち着いて食べる。 ★バランスを取って立ち上がる。 ☆食事を最後までイスに座って食べる。 ☆手を放してバランスを取りながら直立する。 ☆いやがらずに顔をふいてもらう。	★自分でコップを持って飲む喜びを味わう。 ★つかまり立ちやひとり立ちを楽しむ。 ☆保育者に介助されながら、自分でコップを持って飲み物を飲もうとする。 ☆保育者のそばでつかまり立ちやひとりで立つことを繰り返しする。	★自分で飲むうれしさを味わう。 ★つかまり立ちや屈伸を楽しむ。 ☆保育者に介助されながら、自分でコップを持って飲み物を飲もうとする。 ☆保育者に見守られながら、十分につかまり立ちや屈伸をする。
◆腰ベルトのある食卓付きイスを用意する。 ◇満腹になったのか、介助して欲しいのか見極め、手助けして食べさせたりかたづけたりする。 ◆おしぼりを冷水でしぼり、冷たくしておく。 ◇「冷たくて気持ち良いよ」と言葉をかけたり「いないいないばあ」と興味づけたりして優しく顔をふき、気持ち良さを感じさせる。 ◇短い時間でもひとり立ちしたら褒める。	◆両側に取っ手の付いたコップに、飲みやすい量のお茶を入れておく。 ◇「じょうずに飲めたね、うれしいね」など言葉をかけ、自分で飲めたうれしさに共感する。 ◆ひもにパフリングなどを通したものを壁に付けるなど、立とう、歩こうとする意欲を引き出せるようにしておく。 ◇バランスを崩してけがしないように、注意して見守る。	◆両側に取っ手の付いたコップに、飲みやすい量のお茶を入れておく。 ◇必要に応じて、コップを支えるなどさりげなく介助していく。 ◆こけてけがをしないように、クッションやマットを敷いておく。 ◇そばで見守りながら、つかまり立ちや屈伸ができたときは、「たっちできたね、じょうずね」と言葉をかけ、おおいに褒める。
◎立ち上がるのができるようになってうれしいことがわかり、認めることで食事中イスから立ち上がらなくなった。 ◎車が好きなことを理解し、車型の固定遊具で、ハンドルを回して喜んでいる。 ✳家庭でも顔をふくことを連携していなかった。	◎コップを自分で持ち、飲み物を飲んでいる。 ◎ひとりで立ち、伝い歩きを繰り返し楽しんでいる。 ◎戸外に出て手をつなぎ、ゆっくり歩いている。	◎自分でコップを持ち、お茶を飲んでいる。 ◎スプーンやフォークを持ち、自分で食べようとしている。 ◎ひとりで数秒立ったり、伝い歩きしたりすることを楽しんでいる。

生活と遊び	生活と遊び	生活と遊び
イスに座って落ち着いて食事をする。	つかまり立ちやひとり立ちをする。	保育者に手を持ってもらい屈伸する。
いやがらずに顔をふいてもらう。	自分でコップを持ってお茶を飲む。	コップでお茶を飲む。
しばらくひとりで立つ。	つかまり立ちで遊ぶ。	スプーンやフォークを持って食べようとする。
車の玩具で遊ぶ。	手をつないでもらい、戸外で歩く。	ひとり立ちから伝い歩きをする。

座っている姿勢から、手を突いて立ち上がれるのは、全身のバランスが取れるから。それを認められるのはうれしいですね。

自分でコップを持って飲むには、指の握力、傾け方、飲み込む力が育たないとできないのです。うれしいものでしょうね。

保育者に両手を持ってもらい脚の屈伸運動を楽しそうにしています。この動きは歩行のときに転ばない大事な運動なのですよ。

9月 個人案

	J児（10か月） 一語文やしぐさで伝えようとする	K児（11か月） 引っ張る玩具がお気に入り	L児（13か月） かかわろうとして友達をたたく
前月の子どもの姿 ○	○カミカミ期の離乳食をスプーンを使って食べようとしている。 ○ひとりで数秒立ったり、壁を持って2、3歩あるいたりする。 ○食事の用意をしていると、「マンマ、マンマ」と一語文を話して、伝えようとする姿が見られる。	○スプーンを持って自分で食べようとしている。 ○伝い歩きをし、ひとりで立ったり2、3歩あるいたりする姿が見られる。 ○引っ張る玩具が好きで、楽しんで遊んでいる。	○パクパク期の離乳食にも慣れ、スプーンを使って自分で食べようとしている。 ○友達に興味を持ち、触りにいったり、たたいたりする姿が見られる。 ○名前を呼ばれると、「ハイ」と手を上げる姿が見られる。
ねらい ★ ・ 内容 ☆	★自分で食べる喜びを感じる。 ★しぐさや一語文を話し、保育者に伝えようとする。 ☆スプーンを持って、自分で食べようとする。 ☆保育者とやりとりをして遊ぶ。	★自分で歩く喜びを味わう。 ★指先の運動を促す。 ☆伝い歩きや歩行を十分に楽しむ。 ☆指先を使う玩具で十分に遊ぶ。	★自分で食べることの喜びを感じる。 ★保育者や友達とかかわって遊ぶことを楽しむ。 ☆スプーンを持ち自分で食べようとする。 ☆保育者に仲立ちしてもらい友達とかかわる。
環境づくり◆と保育者の援助◇	◆子どもの手に合ったスプーンを用意しておく。 ◇スプーンにすくっていっしょに握り、口へ運んでスプーンの握り方を知らせていく。 ◇「そうね、マンマ楽しみね」など言葉をかけ、子どものしぐさや言葉を受け止めていく。	◆戸外遊びやホールでの遊びを取り入れ、歩行を楽しめるようにする。 ◆活動量に合わせて水分補給する。 ◆引っ張ったり、握ったりして遊ぶ玩具を十分に用意しておく。 ◇用意した玩具での遊びを、保育者もいっしょに繰り返し楽しむ。	◆好きな友達のそばで食べるなど、楽しい雰囲気で食事ができるようにする。 ◇「おいしいね」と話しかけながら、自分で食べられたことをおおいに褒めていく。 ◇「○○ちゃんと遊びたいのよね」と気持ちを受け入れたり、「たたいたらいたいよ、なでなでしようね」などの言葉をかけ、友達とのかかわり方を知らせたりしていく。
子どもの発達◎と評価・反省・課題✱	◎スプーンの握り方を介助してもらい食べている。 ◎食事を見ると「マンマ」と一語文を話すようになる。 ✱ひとりで数秒立ったり、伝い歩きをしようとしたりしているが、まだハイハイを十分にする課題がある。	◎スプーンを持って食べ始める。 ◎ひとり立ちから、2、3歩あるく。 ◎ポスティングボックスなどで、握った手を放して落として遊んでいる。 ✱引っ張り玩具に興味があり、立って引こうとするが、すぐ手を付く。	◎好きな友達のそばで離乳食を食べている。 ◎名前を呼ばれると「ハイ」と言って手を上げる。 ✱友達に関心を持ちだしたが、かかわり方がわからず、たたいてしまうことがあり、仲立ちが必要である。

	生活と遊び	生活と遊び	生活と遊び
第1週	スプーンの握り方、食べ方を介助してもらいながら食べる。	スプーン使いを介助してもらいながら食事をする。	スプーンを使って食事をする。
第2週	しぐさや一語文でのやりとりを保育者とする。	室内でハイハイで遊ぶ。	戸外で遊ぶ。
第3週	ハイハイで遊ぶ。	戸外で外気浴をする。	友達と好きな遊びをする。
第4週	沐浴をしてもらう。	玩具を握ったり落としたりする。	沐浴をしてもらう。

育ちメモ

周囲の子どもの歩く姿が刺激となって、伝い歩きなどが早くなりますが、骨に負担になりますので急がせないように。

歩行開始には個人差があり、早い子どもがいますが、筋肉の付き方や、骨の固さなどを確認してハイハイに戻します。

友達の存在が気になりだす時期には、「これはLちゃんの」「これはKちゃん」と配るときなど他児の区別を知らせます。

CD-ROM　9月 ▶個人案_2

音楽を体全体で楽しむ M児（14か月）	絵本が大好き N児（15か月）	やりとり遊びを楽しむ O児（13か月）
○スプーンを持って自分で食べようとしている。 ○音楽や保育者の声が聞こえると、手を振ったり体を動かしたりして喜んでいる。 ○「ワンワン」と一語文を話しながら、絵本の絵を指す姿が見られる。	○スプーンやフォークを持って自分で食べようとしている。 ○オマルに座って排せつしようとしている。 ○好きな絵本を読んでもらうことを喜び、絵本の絵を指さす姿が見られる。	○スプーンやフォークを持って、パクパク期の離乳食を食べようとしている。 ○自分の行きたいところに歩いていき、歩くことを楽しんでいる。 ○保育者と、玩具を渡したり、受け取ったりしてやりとりを楽しんでいる。
★保育者といっしょに音楽や手遊びや絵本を楽しむ。 ☆季節の歌や手遊びを楽しむ。 ☆指さしや一語文を発し、保育者に伝えようとする。	★オマルに座ることに慣れる。 ★保育者に指さしやしぐさで自分の気持ちを伝えようとする。 ☆オマルに座って排せつしようとする。 ☆指さしやしぐさで自分の気持ちを表し、保育者に受け止めてもらう。	★自分で食べることの喜びを感じる。 ★保育者とのやりとりを楽しむ。 ☆自分でスプーンやフォークを持って食べる。 ☆保育者とのやりとり遊びを、繰り返して遊ぶ。
◆『どんぐりころころ』や『大きな栗の木の下で』などの季節の歌や手遊び、絵本を楽しめるように用意しておく。 ◇歌や手あそびに合わせていっしょに体を揺らしたり、手をたたいたりして楽しさを共有する。 ◇絵本で指さしをしているときには、「そうね、ワンワンね」と言い、視線を共有する。	◆「できるかな？」「シーシー」など話しかけながら排せつを促していき、出たときにはおおいに褒める。 ◆お気に入りの絵本をすぐに読めるように用意しておく。 ◇ゆったりとした雰囲気の中で、満足するまで絵本を読むようにする。	◆食材に合わせて選べるように、スプーンやフォークを用意して置いておく。 ◇「おいしいね」と話しかけながら、自分で食べられたことをおおいに褒めていく。 ◇「ありがとう」「どうぞ」と話しかけながら、保育者とのやりとりを繰り返し楽しめるようにする。
◎手づかみで食べていたが、スプーンを使おうとするようになった。 ◎音楽や手遊びを喜び、体を動かして楽しむようになっている。 ◎指さしや一語文で伝達する姿がある。 ◎イメージができたようで、絵本を楽しむようになった。	◎オマルに座って排せつすることが増えてきた。 ◎シールをめくったり、はったりするのを繰り返し楽しんでいる。 ◎絵本を見て知っているものを指さしし、伝えようとしている。	◎食材に合わせてスプーンを使って食べようとしている。 ◎歩行が開始し、園庭でも歩いている。 ◎保育者と玩具を渡したり、受け取ったりしてやりとり遊びを楽しんでいる。 ✳好き嫌いが始まり、苦手な物は食べようとしない。

生活と遊び	生活と遊び	生活と遊び
スプーンを使って食べる。	スプーンやフォークで食べる。	スプーンを使って食べる。
音楽を聞いたり、手遊びをしたりする。	園庭で歩いて喜ぶ。	好きなところへ歩いて行って遊ぶ。
指さしや一語文で交流する。	絵本を読んでもらう。	玩具のやりとりをする。
絵本を読んでもらう。	シールで遊ぶ。	沐浴をしてもらう。

音感やリズム感は早期に経験するほど脳に刻まれ、能力になりますので、美しい音楽をじっくり聴かせましょう。

乳児の指さしは、言語による伝達の前提となる言語機能を持っています。指さししたものを言語に置き換え、応答します。

食べ物の好き嫌いは、味がわかったり、食感の違いがわかったりするからです。原因を見つけ少しずつ慣れさせます。

今月のねらい

9月はまだまだ残暑が厳しく、ちょうど夏の疲れも出やすいので、健康状態を見守りながら、徐々にデイリープログラムを夏型から元に戻していきます。後半になると徐々に体を動かして屋外遊びを活発にするようになりますので、発達に添った遊びを取り入れていきましょう。

文例
残暑が厳しく、夏の疲れもでやすい時期なので、ひとりひとりの体調に合わせて、ゆったりと快適に過ごせるようにする。

健康・食育・安全

残暑が厳しく汗もよくかくので、沐浴や肌着の交換をこまめに行ない、常に皮膚を清潔にします。後半になると活動量も増えてきますので、水分の補給や休息を十分とれるようにしたり、室温の調節をしたりして、心地良く過ごせるようにします。また、災害に備え、非常時持ち出し袋を点検します。

文例
動きが活発になり、好奇心おうせいになってくるため、室内や園庭の安全点検をする。

これも！おさえておきたい 9月の計画のポイントと文例

本指導計画の月案では、A～O児に合った今月のねらいなどを掲載しています。より参考にしていただけるように、ここでは、この月によくある、ほかにも押さえておきたいポイントを紹介しています。

CD-ROM 9月 ▶文例

保育者間の連携

1歳後半に入った子どもたちは、興味や関心が広がり、行動も活発になりますので、ひとりひとりの運動機能などの発達について共通理解しておきます。体を使って楽しんでいる遊びをまとめ、運動会の取り組みについて、情報交換をしたり、子どもの合った遊びを話し合ったりします。

文例
行動範囲が広がり、活発になるので、声をかけ合って、安全には十分に注意し、適切な対応ができるようにする。

家庭・地域との連携

保育者と向かい合って手を取り、ボートこぎをしたり、馬乗りを喜んだりする姿を、保護者に伝え、家庭でも父親と体を使った遊びをしてもらうようにすることで、父親との愛着関係が深まっていきます。子どもの運動機能の発達は、個人差が大きいことを伝え安心してもらいます。

文例
親子の愛着関係が強まるころなので、家でのかかわり方を話し合ったり、体を使って遊ぶ親子体操などを知らせていきます。

9月 日の記録

保育を振り返るために、また仕事の証として、日々の記録は欠かせません。ここでは例として、違う日の3人を抜き出して掲載しています。次の計画に生かしましょう。

CD-ROM 日の記録フォーマット

9月3日（水） K児（11か月）

受入れ	健康状態・異常 無・⊙ 有（右まぶた あざ有り） 朝体温：36.4℃ 与薬：無・有（ ）

時間別記録：
- 9:00 登園、着替え
- 10:00 離（全）、ミ 100cc、オ
- 11:00 戸外探索、11:30〜SIDSチェック
- 13:10 果汁（全）、小
- 14:00 離（全）、ミ 100cc
- 15:00 大、小、ハンカチ遊び
- 16:00 ホールで遊ぶ、着替え
- 17:00 降園

生活と遊び：砂場や園庭を散歩して、戸外探索を楽しむ。ハンカチの感触を十分に味わって楽しめるよう、人数分用意しておく。

準備物：蒸しタオル、着替え、お茶、コップ、蚊取り線香、ハンカチ

子どもの発達と評価反省課題：ハンカチを頭に乗せ、保育者が「こんにちは」と言うと頭を下げ、ハンカチが落ちてくることを楽しんでいた。いろいろな素材の布を用意していきたい。

9月9日（火） D児（8か月）

受入れ	健康状態・異常 ⊙・有（ ） 朝体温：36.6℃ 与薬：無・有（ ）

時間別記録：
- 8:00 登園
- 9:00 小、戸外探索（砂場で遊ぶ）、着替え
- 10:00 離（全）、オ、ミ 160cc、小
- 11:00 11:00〜SIDSチェック
- 12:00 小、12:25
- 13:00 小
- 14:00 ミ 160cc、小、蒸しタオル
- 15:00 小、ホールで遊ぶ
- 16:00 着替え、降園

生活と遊び：こまめに水分をとり、着替えや蒸しタオルをしてもらい清潔を保つ。

準備物：蒸しタオル、着替え、お茶、コップ、蚊取り線香

子どもの発達と評価反省課題：ハイハイをしそうな体勢で、四つばいになって屈伸運動をしている。午前の離乳食を初めて完食した。保護者と成長の喜びを共有していきたい。

9月26日（金） O児（13か月）

受入れ	健康状態・異常 ⊙・有（ ） 朝体温：36.5℃ 与薬：無・有（ ）

時間別記録：
- 8:00 登園
- 9:00 果汁（全）、小、戸外探索
- 10:00 茶、大、小、なぐり描き
- 11:00 給（全）、オ、沐浴、11:58〜SIDSチェック
- 14:45
- 15:00 間食（全）、ホールで遊ぶ
- 16:00 降園

生活と遊び：保育者に見守られながら、なぐり描きを楽しむ。保育者とのやりとりを楽しむ。

準備物：着替え、お茶、コップ、蚊取り線香、画用紙、パス

子どもの発達と評価反省課題：なぐり描きでは、点々を"トントン"と繰り返し描いて楽しんでいる。描いた所を指さしして知らせている。偶然の絵を喜び、楽しさを共有していく。

小：排尿　大：大便　オ：オムツ交換　離：離乳食　給：給食　ミ：ミルク　茶：お茶

※SIDS（シッズ）とは「乳幼児突然死症候群」と呼ばれる、睡眠中突然死する病気です。一定時間ごとに睡眠中の子どものようすを確認しましょう。ここでは5分ごとに複数の保育者でチェックしています。SIDSについて詳しくはP.170をご覧ください。

実践ポイント：13か月になったO児の指先の力がつき、パスを握って紙に打ち付けて、偶然にできた色の点々に驚きます。腕を動かしなぐり描きをする発達の節です。

9月のふりかえりから10月の保育へ

今月のねらい（P.98参照）
- 残暑がなお厳しく、食欲が落ちたり、寝不足になったりして、体調に変化が起きやすい時期である。沐浴やシャワーをしたり、食事の工夫、水分補給をこまめに行なったりして、快適に過ごせるようにする。

私たちの保育はどうでしょう。
場面を思い浮かべて振り返ってみましょう。

T先生（5年目）　　S先生（2年目）

ふりかえりポイント
- ★ ねらいの設定は？
- ◆ 環境構成・援助は？
- ◎ 子どもの育ちは？
- 次月へのつながりは？

例えば…

戸外の安全管理

 運動会の練習をする幼児の姿を見て、みな、戸外に出たがっていたわよね。★戸外探索を楽しむためにどんな配慮があったかしら。

 活発に探索活動をしているので、◆安全面への配慮を徹底しました！けがや虫刺されを予防しようと、子どもの目線で園庭を歩いてみたんです。

 自由に歩き回る子や、だっこされている子、避難車で散歩する子、いろいろな場面を想定できていたわね。

 はい！やっぱり◎気になったものを触って、たくさん遊んでいたので、事前に環境を整えられてよかったです。

 そうね。来月も引き続き戸外でたくさん遊ぶでしょうから、きちんと準備していきましょうね。

> 他年齢の運動会の練習の時間とかぶらないように、職員同士で話し合って調整しましょう。

E児（9か月）の場合

 Eちゃんは、ハイハイで遊んだあとは、すごく汗をかいているの。◆遊びの前後には必ずお茶を飲むようにして、沐浴で体をきれいにするようにしたわ。

 ◎たくさん遊んでさっぱり気持ち良くなって、食欲も睡眠もばっちりですね！

 そうね。◆沐浴をした日は必ず保護者に伝えているんだけど、園でしていても、また汗をかいたりするわよね。家庭でも沐浴をして、スキンシップを取ってあげることって、とても大切なのよ。

 共育てですね！ほかにもGちゃんは、食後に顔をふくのに慣れないので、家庭でのようすを聞くと、いやがるのであまりふいていなかったみたいなんです。園での方法を伝えて、いっしょに取り組めるようにしようと思います。

> ガーゼや柔らかい手ぬぐいで、おでこ、鼻の下、あご…とふいていきます。いやがる場合は、「いないいないばあ」など声をかけながら行ないましょう。

伝えたい！！ 園長先生のおはなし

キーワード　戸外の安全管理

9月はまだ残暑が厳しく、紫外線も強いので戸外遊びは木陰やパラソルの下など、涼しい所を選んできたわね。でも毛虫や蚊などに刺されると、皮膚の弱い子どもはとびひになりやすいので、事前に殺虫剤を散布したり蚊取り線香をぶらさげたり、長そでを着せたり配慮したので無事でよかったわ。戸外遊びの後の沐浴、水分補給、着替えは気持ち良いものね。

クラス全体では

次月の指導計画に生かせます！

 上旬は残暑が厳しかったけれど、最近徐々に涼しい日が増えてきたわね。気温差が大きくなってきたから、健康管理には十分に気をつけましょう。

 はい。保護者にも伝えて、いっしょに気をつけていきます！

 園庭で遊ぶようすも伝えて、運動会の参加も呼びかけていきましょうね。

今月の評価・反省・課題（P.99参照）

暑い日があったり、涼しい日があったり、気温に差があったが、窓を開けたり扇風機を使用したりしてゆったり快適に過ごすことができた。戸外では、探索を楽しみ、十分に体を動かすことができた。

10月

ねらいより
保育者とのふれあいや戸外での探索活動を楽しもう

月案（A〜C児） ……… P.108

 口に残った粒を吹き出す
A児（8か月）

 眠くなると目をこする
B児（12か月）

 きれいになるのが気持ち良い
C児（16か月）

個人案（D〜I児） ……… P.110

 大型積み木にはい上がる
D児（9か月）

 食べ物を手で握る
E児（10か月）

 意味ある一語文を話す
F児（11か月）

 ひとり歩きを始めた
G児（13か月）

 自分のペースがある
H児（14か月）

 しりもちをつく
I児（15か月）

個人案（J〜O児） ……… P.112

 指さしをよくする
J児（11か月）

 保育者とのやりとりが楽しい
K児（12か月）

 友達をよしよししている
L児（14か月）

 言葉のやりとりを楽しむ
M児（15か月）

 シールはりが大好きな
N児（16か月）

 好き嫌いがある
O児（14か月）

これも！おさえておきたい
10月の計画のポイントと文例 …… P.114

日の記録 …………………… P.115

10月のふりかえりから11月の保育へ … P.116

10月 月案

CD-ROM 10月 ▶月案

今月のねらい（クラス全体としてのねらいです）

- 朝夕と日中の気温差があるので、衣服の調節を行ない、ひとりひとりの子どもの健康状態を観察しつつ、快適に過ごせるようにする。
- 保育者とのふれあい遊びや戸外で探索活動を楽しむ。

＊ マークのマーカーが引いてある部分は、ページ下部の解説とリンクしているのでご覧ください。

＊「今月のねらい」「健康・食育・安全」「保育者間の連携」「家庭・地域との連携」については、P.114の内容も、立案の参考にしてください。

	前月の子どもの姿 ○	ねらい★・内容☆
口に残った粒を吹き出す **A児**(8か月) 	○ホウレンソウやシラスなど、口に粒が残ると、「プー」と吹き出す。 ○四つばいになろうとして、しりを少しの間上げる。 ○保育者がいないいないばあをすると、顔をじっと見つめる。	★いろいろな食感を味わえるようにする。 ★特定の保育者とのふれあい遊びを楽しむ。 ☆少しずつ食べさせてもらい、いろいろな食感に慣れる。 ☆四つばいで腕で体を支えたり、保育者とのかかわりを楽しんだりする。
眠くなると目をこする **B児**(12か月) 	○コップを自分で持とうとし、支えてもらいながら飲み物を飲んでいる。 ○眠たくなると、目をこすったり、ぐずったりしている。 ○つかまり立ちを十分にし、ひとりで手を離して立ったり、伝い歩きをしたりする姿が見られる。	★満足するまで食べ、ぐっすり眠る。 ☆食事に興味を持ち、たくさん食べようとする。 ☆心地良い雰囲気の中で、ぐっすり眠る。
きれいになるのが気持ち良い **C児**(16か月) 	○戸外遊びのときに、衣服に付いた砂を手で払おうとしている。 ○興味のあるところに向かって、歩いていくことを楽しんでいる。	★保育室や戸外で、いろいろなものに興味を持って遊ぶ。 ☆自分から衣服についた砂を払おうとしたり、手を洗おうとしたりする。 ☆保育者に見守られながら、興味のあるところに向かって歩く。

	第1週	第2週
生活と遊び	A児 いないいないばあで遊ぶ。 B児 つかまり立ちをする。 C児 ひとり歩きをする。	A児 保育者とふれあい遊びをする。 B児 食事をよく食べる。 C児 介助されて手を洗う。
行事生活遊びの計画	月 ハンカチ遊び 火 戸外探索、ハンカチ遊び 水 戸外探索、なぐり描き 木 戸外探索、トンネル遊び 金 戸外探索 玩具・大型積み木、ハンカチ、バンダナ、巧技台、マット 歌・『まつぼっくり』 絵本・『だるまさんが』	月 内科検診、戸外探索 火 戸外探索、なぐり描き 水 戸外探索、ままごと 木 戸外探索 金 戸外探索、ハンカチ遊び 玩具・大型積み木、ハンカチ、バンダナ 歌・『まっかな秋』 絵本・『くっついた』

書き方のヒント いい表現から学ぼう！

衣服の汚れが取れたり、手を洗ったりしたときは、「見てみて、きれいになったね、うれしいね」など声をかけ、きれいになったことを気持ち良いと感じられるようにする。

理由

気持ち良いね

清潔の習慣づけの基本は、感覚的に気持ち良いということをわからせることからの出発です。気持ち良さがわかると、汚れる気持ち悪さを知るようになります。意識づけが大切です。

健康・食育・安全

- 朝夕は肌寒くなるので、ベストや上着などで体温調節するとともに、体調の変化に気をつける。
- 旬の食材をおいしく味わえるように、食べやすい献立を工夫する。
- 戸外の石を取り、転ばないようにする。

保育者間の連携

- ひとりひとりの子どもの興味を持っている遊びや、運動機能の発達過程について話し合い、かかわりについて共通理解しておく。
- 室内と戸外に分かれて過ごすときの役割分担を確認しておく。

家庭・地域との連携

- 内科検診の結果を報告する。
- 朝夕と日中の気温差などにより、かぜ症状の子どもが増えるので体調の変化に気をつけてもらう。
- 運動会での赤ちゃん体操の参加について日程や服装、注意事項などを連絡する。

10月 月案

環境づくり◆と保育者の援助◇	子どもの発達◎と評価・反省・課題✹
◆ホウレンソウをすりつぶしたり、シラスをみじん切りにしたりして、食べやすいように調理する。 ◇保育者も口を動かしながら、少量ずつスプーンに乗せて、食べさせる。 ◆床の周囲の玩具をかたづけ、広い空間を作っておく。 ◇四つばいになって移動すると、体を支えきれず、顔を打つことがあるので、すぐ支えられるようにそばで見守る。	◎口の中でざらつく食材も、少しずつ食べるようになった。 ◎いないいないばあをすると、声を立てて笑うようになった ✹まだハイハイを十分に経験したほうがよいが、四つばいをさせてしまったので、反省している。ハイハイで、十分に背筋や、腕の力、太ももの筋肉を鍛えていきたい。
◇「いっぱい食べたね、おいしかったね」など言葉をかけ、食べ終わった後の満足した気持ちに共感する。 ◆保護者に家庭での睡眠時の環境を聞いておき、できるだけ同じようにして、安心して眠れるようにする。 ◇ふれあい遊びをしたり、おんぶをしたりして、リラックスして入眠できるようにする。	◎フォークを持ち、自分で食べようとしている。手づかみでも食べており、食事の量も増えている。 ◎布団に横になりトントンしてもらい、眠っている。
◆危険のない環境を整え、C児のテンポでゆっくり歩いたり、立ち止まったりしながら、楽しめるようにしておく。 ◇転びそうになったときは、手を差し伸べて支えられるようにする。 ◇衣服の汚れが取れたり、手を洗ったりしたときは、「見てみて、きれいになったね、うれしいね」など声をかけ、きれいになったことを気持ち良いと感じられるようにする。	◎歌をうたうと体を揺らして楽しんでいる。 ◎自分の名前を言ったり、「ハイ」と玩具を渡したりして、言葉が出てきている。

第3週	第4週
A児 四つばいで遊ぶ。	A児 「いないいないばあ」で遊ぶ。
B児 ふれあい遊びをする。	B児 フォークや手づかみで自分で食べる。
C児 歩いたり、立ったりして遊ぶ。	C児 歌を聴いて体を揺らして遊ぶ。
月 体育の日 火 戸外探索、ちぎり紙遊び 水 戸外探索、ハンカチ遊び 木 戸外探索、トンネル遊び 金 戸外探索、指スタンプ	玩具・フラワーペーパー、布トンネル、絵の具 歌・『どんぐりころころ』 絵本・『くっついた』	月 身体計測、戸外探索 火 戸外探索、楽器遊び 水 誕生会、マット遊び 木 戸外探索、ままごと 金 戸外探索、シールはり	玩具・缶太鼓、ばち、マラカス、巧技台、シール 歌・『木登りコアラ』 絵本・『いいおかお』

評価・反省・課題 (P.116でくわしく説明!)

朝夕と昼間の気温差が大きいため衣服で調節したが、鼻水やせきが出る子どもが出た。朝の受け入れ時や午睡前後などには、ていねいに健康観察を行なうと同時に、体調の変化を示した子どもには、早めに受診を勧めたので、大事には至らなかった。戸外での活動が活発になり、保育者の役割分担をしたが、運動の発達過程に応じた園庭の環境づくりが課題である。

10月 個人案

11月 P.120 へ

9月 P.100から

	大型積み木にはい上がる D児（9か月）	食べ物を手で握る E児（10か月）	意味ある一語文を話す F児（11か月）
前月の子どもの姿 ○	○イスに座って、片手にスプーンを持ち、もう片方の手で離乳食を食べる。 ○オマルに泣かずに座るようになったが排尿はまだない。 ○大型積み木にはい上がり、座ってニコニコ笑っている。 ○ラッパが吹けるようになる。	○豆腐、バナナなどが口に入ると「ベー」と出す。好きな物はよく食べる。 ○時々食べ物を手でクチュと握る。 ○玩具箱につかまり、立ち上がろうとしている。 ○絵本を読み出すと、ハイハイで近づき、座ってじっと見ている。	○大きく切って柔らかく煮たニンジンなどを歯茎で潰しながら、よく食べている。 ○午前睡をしなくなるが、食後眠くなる。 ○片手にものを持って、両ひざと片手で高ばいで移動する。 ○意味のある一語文が出るようになる。
ねらい★・内容☆	★離乳食を時々スプーンで食べ満足する。 ★オマルで排尿する気持ち良さを知る。 ★全身で移動運動を楽しむ。 ☆スプーンの持ち方、使い方に関心を持つ。 ☆オマルに落ち着いて座って排尿する。 ☆脚や手を使って、はい上がって喜ぶ。	★いろいろな味に慣れていく。 ★絵本を読んでもらって楽しむ。 ☆いろいろな食べ物の味や感触に慣れて、おいしく食べる。 ☆認識絵本の知っているものを指さし喜ぶ。	★歯茎で潰して野菜類をよく食べる。 ★きげん良く午睡をする。 ☆味がわかり、おいしそうに食べる。 ☆昼食後、自分の布団で熟睡する。 ☆保育者と玩具のやりとり遊びをする。
環境づくり◆と保育者の援助◇	◆スプーン、前掛け、おしぼりを用意し好きなランチョンマットを敷いておく。 ◇手づかみでも食べる意欲を大切にしながら、スプーンを使っている友達のようすを見せ、時々スプーンを持たせる。 ◆オマルに座っているそばに保育者がつく。 ◇安心して排尿できるように見守りながら、時々「シーシー」と声をかける。 ◆室内スペースを広くし用具を設置する。 ◇ひとりでよじ登れたうれしさに共感する。	◆トマト、バナナなどの実物を触りやすいところに用意し、自由に触れるようにする。 ◇少しでも食べられたときはおおいに褒め、いろいろな味や食感に慣れさせる。 ◆安定感のある箱を用意しておく。 ◇箱の縁を持って、立ち上がろうとするので、後ろに倒れないようそばで見守る。 ◇好きな絵本を選ばせ、繰り返し見せる。	◆イモ掘りで掘ってきたサツマイモを見たり、触ったりできる場所に置いておく。 ◆ホットプレートで焼いているのをみんなで見て、少し食べさせるが、のどを詰まらせないように、お茶を飲ませるようにする。 ◇食後すぐに眠れるようにベッドを整え、ゆったりと眠れるようにする。 ◇「どうぞ」「ありがとう」と言い合う。
子どもの発達◎と評価・反省・課題＊	◎時々スプーンを使えるようになる。 ◎タイミングが合えば、オマルで排尿し、不思議そうにのぞき込んでいる。 ◎頭を上げ、胸を高くして両手を交互に出し、ハイハイが活発になる。 ＊大事そうに持っているラッパを友達に取られ泣いたが、気づきが遅かった。	◎豆腐をつぶしてすりゴマであえると食べるようになった。 ◎つかまり立ちをするようになった。 ◎絵本を見て指さししたときに、タイミングよく「ワンワンね」と言うと「アーアー」と声を出して喜んでいる。	◎両手、両足を巧みに動かしてハイハイし、好きな玩具を取りに行く。 ◎食べ物を見ると「マンマ」など決まった音声で言う。 ＊ハイハイが盛んになると午前睡が必要になるので、疲れのようすを注意する。

	生活と遊び	生活と遊び	生活と遊び
第1週	オマルに座ってみる。	トマト、バナナなどを触る。	野菜を歯ぐきで潰して食べる。
第2週	時々スプーンを持って食べる。	絵本を読んでもらう。	ハイハイで遊ぶ。
第3週	ラッパを吹いて遊ぶ。	つかまり立ちをする。	保育者とやりとり遊びをする。
第4週	ハイハイで大型積み木に上る。	知っているものを指さして遊ぶ。	一語文で話す。

 育ちメモ

投げ座りができ、ハイハイするようになると、脳神経が足先まで通りますので、オマルに座って安定して排尿します。

トマトやバナナなどの実物を触ることは、感触や香りを知り、食べたいという意欲につなげる大切な体験ですね。

特定の物に同じ音声で反応した場合、それは言葉とみなされます。人間だけに備わった言葉を獲得したのですね。

ひとり歩きを始めた **G児（13か月）**	自分のペースがある **H児（14か月）**	しりもちをつく **I児（15か月）**
○食べ物の種類や量も増え、いろいろな味に慣れ、何でも食べる。 ○しりもちを着きながらも、何度も立ち上がり歩く。 ○指さしをしては「ウーウー」などと声を出し、何かを伝えようとする姿が多くなる。	○コップを両手で持ち、飲み物を飲んでいる。 ○戸外に出て、手を持ってもらいながら、ゆっくり歩いている。	○食べ物に手を伸ばし、手づかみで食べたり、スプーンやフォークを持って食べようとしたりしている。 ○ひとりで立ったり、伝い歩きしたりすることを繰り返し楽しんでいる。 ○立ち上がり、数歩あるいてはしりもちを着く。
★年少幼児食に慣れ、よく食べる。 ★自分の足で、ひとりで歩くことを楽しむ。 ☆「甘い」や「辛い」などの味を表情で表し、共感してもらって、いろいろな味を覚える。 ☆転んでも怖がらずに、ひとりで歩く。	★保育者に見守られながら、自分のペースで食事や運動を楽しむ。 ☆自分のペースで食事を進め、満腹感を味わう。 ☆好きなところにハイハイで向かったり、支えてもらって歩いたりする。	★自分で食べたいという気持ちを受け止めて食事を楽しめるようにする。 ★保育者のそばで、体を動かし楽しむ。 ☆手づかみや、スプーンやフォークで、自分で食べようとする。 ☆しりもちを着きながら伝い歩きをする。
◆「おいしいね」など言葉をかけ、食事をする楽しい雰囲気づくりをする。 ◇食べ物を口に入れたときの表情から、「甘いね」「しょっぱい？」など言葉にして、味を覚えるようにかかわっていく。 ◆足元がまだ不安定なので、室内を広くし、転んでも危なくないようにする。 ◇転びかけたときには受け止め、安心させる。	◆こぼし受けの付いた前掛けを用意しておく。 ◇大きいイモなどは、スプーンですくいやすい大きさにしたり、スプーンの上に乗せたりして、自分で食べやすいようにする。 ◇両手で支えて、ゆっくり歩けるように介助したり、ハイハイの追体験も取り入れるようにしたりする。	◆野菜スティックなど手で持って食べられる形状の食べ物を用意する。 ◇スプーンやフォークを握っている手に、後ろから手を添え、自分で食べた満足感を味わえるようにする。 ◆危険がないように床にマットを敷いておく。 ◇歩きたい気持ちに共感し、そばで見守る。
◎旬の食材（サツマイモ）に直接触れ、興味を持ったことで、意欲的に食べだした。 ◎転びかけたときに抱き止めると、声を立てて喜び、両手を挙げて歩いている。 ✳歩き出した第一歩をいっしょに見て、喜びを共有したかったと母親から言われた。	◎スプーンを持ち、自分で給食をゆっくりと食べている。 ◎午睡前、午睡後に泣くことがあるが、だっこをすると落ち着いている。	◎給食を喜んで食べている。 ◎園庭や保育室の中を、興味のあるところに向かって歩くことを、楽しんでいる。

生活と遊び	生活と遊び	生活と遊び
いろいろな味に慣れ、よく食べる。	コップを両手で持ってお茶を飲む。	手づかみやスプーン、フォークでひとりで食べる。
甘い、辛いなどの味がわかり、食べる。	保育者に手を持ってもらい歩く。	スプーンやフォークを使って食べる。
立ち上がって歩くことを繰り返す。	ハイハイで好きなところに行く。	ひとりで立ったり歩き出したりする。
指さしして遊ぶ。	スプーンで食べる。	ひとり歩きで遊ぶ。

指さしは言語の原型だといわれています。言葉は出さないのですが、伝えたいことを指さしで視線の共有をしてほしいのです。

ハイハイから立ち上がり、ひとり歩きを始めますが、足運びが不安定ですので、手を持ってもらい、歩き始めます。

食べることに意欲が出て、スプーンやフォークで食べようとしていますが、うまく使えないので手づかみでも食べるのです。

10月 個人案

9月 P.102から / 11月 P.122へ

	J児（11か月）指さしをよくする	K児（12か月）保育者とのやりとりが楽しい	L児（14か月）友達をよしよししている
前月の子どもの姿	○つかまり立ちや伝い歩きをすることが多くなり、いろいろなところに移動することを楽しんでいる。 ○音楽に合わせて手をたたいたり、体を揺らしたりしながら、喜んでいる。 ○保育室内の装飾を指さして喜んでいる。	○パクパク期の離乳食をよくかんで食べている。 ○つかまり立ちや伝い歩きをすることが多くなり、移動することを楽しんでいる。 ○少しずつ一語文を話すようになり、保育者の問いかけにも反応を示す姿がある。	○抱かれて戸外に出ると喜ぶ。 ○友達に興味を持ち、玩具を渡したり、友達の頭やおなかを触りに行き、「よしよしして」と言われると、優しくなでたりするなど、かかわりを持とうとする。
ねらい★・内容☆	★好きな遊びや場所で遊ぶことを楽しむ。 ☆保育者といっしょに、音楽や絵本や戸外遊びをする。	★保育者と気持ちのやりとりをして、安心して楽しく過ごす。 ★意味のある一語文を話す。 ☆食べさせてもらったり、言葉をかけてもらったりして、楽しく食事をする。 ☆「マンマ」と言って食べ物を指さす。	★他児に興味を持ったり、繰り返し身体を動かしたりして楽しむ。 ☆自分の好きな場所や遊びを見つけて歩いて行き、自然のものに目を向けたり発見したりして戸外遊びを十分にする。 ☆他児のようすを見て、かかわろうとする。
環境づくり◆と保育者の援助◇	◆興味をひくような色の絵本や、装飾を見える位置に置いておく。 ◇「おもしろいね、きれいね」など、指さしに対して温かく反応する。 ◇興味も持っている歌や手遊びを把握し、保育者もいっしょに繰り返し楽しむ。	◆いろいろな食事をバランスよく食べられるように配慮していく。 ◇食べ物を少量ずつ口に入れ、「もぐもぐ」「おいしいね」など、声をかけながら、よくかんで食べられるようにする。 ◇「Kちゃん」と言って、振り向いたときには、「そうね、Kちゃんね」と認める。 ◇「どうぞ」「ありがとう」のやりとりをする。	◆床にマットを敷いておき、転倒など安全に気をつける。 ◇子どもの行きたいところ、したい遊びを受け止め、体をたくさん動かし、十分に休息を取れるようにする。 ◇子どもが伝えたいことを受け止め保育者もいっしょに共感したり、喜んだりする。
子どもの発達◎と評価・反省・課題✴	◎伝い歩きをするようになった。 ◎絵本を読んでもらって喜ぶ。 ◎好きな歌をうたうと、リズムを取るように体を揺らしている。 ◎抱いてもらって戸外へ出ると、興味のあるものを指さして知らせる。	◎口をつむってよく動かし、かんで食べている。 ◎伝い歩きでよく動くようになる。 ◎名前を呼ぶと、呼ばれたほうを見て笑う。 ◎食べ物を見ると「マンマ」と一語文で表現する。	◎よちよち歩きで園庭で遊ぶことを喜ぶ。 ◎友達に興味を持ちだし、かかわろうとしたり、玩具で遊んだりするようになる。 ◎ボディサインでいろいろなことを伝えようとする。 ✴他児に関心を持つが、かかわり方がわからず、たたくことがある。

	生活と遊び（J児）	生活と遊び（K児）	生活と遊び（L児）
第1週	伝い歩きをして遊ぶ。	離乳食をよくかんで食べる。	歩いて体を動かして遊ぶ。
第2週	戸外へ出ていろいろなものを見て遊ぶ。	伝い歩きで遊ぶ。	園庭で遊ぶ。
第3週	手遊びをしたり歌を聴いたりして遊ぶ。	玩具でやりとり遊びをする。	友達と同じことをして遊ぶ。
第4週	絵本を読んでもらう。	戸外へ出て遊ぶ。	保育者とボディサインで遊ぶ。

育ちメモ

音楽やリズム感は、胎児期からわかるといわれていますが、体の動きを伴うころがいちばん身につきます。よい音を聴かせます。

保育者とのやりとりは、交互に言葉を話す時の基本的な会話なのです。ボールや玩具に言葉を添えて、遊びましょう。

友達の存在に関心を持ち出すのは、集団生活ができる園ならではのことです。友達とのかかわりに仲立ちして広げます。

9月 P.103から　　　CD-ROM 10月 ▶ 個人案_2　　　**11月** P.123へ

言葉のやりとりを楽しむ **M児**（15か月）	シールはりが大好きな **N児**（16か月）	好き嫌いがある **O児**（14か月）
○手づかみで食べることもあるがスプーンやフォークを使って食べようとする。 ○オマルに座って排せつしようとしている。 ○音楽に合わせてマラカスを振ったり、身体でリズムを取りながら、手を動かしたりして遊んでいる。	○オマルに座って、タイミングが合うと排せつしている。 ○戸外に出る際、靴を自分で履こうとする姿があったり、服を自分で脱ごうとする姿があったりする。 ○シールをめくったり、はったりするのを繰り返し楽しんでいる。	○スプーンを持って、自分で食べようとしている。 ○好き嫌いがあり、進んで食べようとする姿はあまりない。 ○保育者に玩具を渡したり自分が受け取ったりしながら、保育者や友達とのやりとりを楽しんでいる。
★ものの名前を知ったり言ったりする。 ☆絵本を見たり、歌をいっしょに歌ったりしながら、保育者との言葉のやりとりをして遊ぶ。	★自分でするという喜びを感じる。 ★シールはりを楽しむ。 ☆服を自分で着ようとしたり、自分の靴や靴下を持ってきて履こうとしたりする。 ☆指先を使って、シールをめくったりはったりすることを繰り返す。	★食べることに興味を持つ。 ★体調に気をつけながら、ゆったりと過ごす。 ☆スプーンやフォークを持つことに興味を持てるようにする。 ☆無理のない範囲で戸外遊びをする。
◆笑顔で目を合わせるなど、話したくなるような雰囲気をつくる。 ◇絵本をいっしょに見ながら「これ何かな？」と問いかけながら、言葉のやりとりを楽しめるようにする。 ◇子どもが発した言葉を受け止め、保育者もその言葉を繰り返し発し、共感する。	◆自分でしようとする気持ちを受け止め、見守りながら補助していく。できたときにはおおいに褒め、いっしょに喜ぶ。 ◇いろいろな色のシールをはることができる場所を用意しておく。 ◇夢中になっているときは、声をかけずにそっと見守るようにする。目が合ったときは、笑顔でうなずいて安心して遊べるようにする。	◆よく食べている友達の近くで食べられるようにする。 ◇「おいしいね」と話しかけながら、食べることに興味を持てるようにする。食べられたときにはおおいに褒め、いっしょに喜ぶ。 ◇園庭のいろいろなところに行ってみたいという気持ちを受け止め、探索活動を楽しめるようにする。
◎スプーンやフォークを使って食べる。 ◎オマルにいやがらずに座り、排せつする。 ◎言葉に関心を持ちだし、絵本を好み、ものの名前を知ろうとする。 ◎「ワンワンよ」と言うと「ワンワン」と模倣して言う。 ◎音楽に興味を持ち、体を揺すっている。	◎自分でしようとする自立の欲求が出だし、着脱衣に意欲が見られる。 ◎しっかり歩けるようになったので、脳神経が脚まで通じ、排せつの自立が進む。 ◎指先の巧緻性が増し、小さいものをじょうずにつまんで、シールはがしを楽しんでいる。	◎好き嫌いがあり、食事に興味が薄かったが、食欲旺盛な友達のそばに座ると、引き込まれて食べるようになった。 ◎歩きだして、園庭での探索活動を楽しむようになった。 ✴嫌いな食材の味なのか感触なのか家庭で食べ慣れていないのか、原因を探る。

10月 個人案

生活と遊び	生活と遊び	生活と遊び
スプーンやフォークを持って食べる。	服を着せる介助に協力する。	よく食べる友達のそばで食事する。
オマルに座り排せつする。	自分で靴下を履く。	スプーンやフォークで食べる。
保育者と言葉のやりとりをする。	自分で靴を履き、園庭に出る。	園庭へ出て、探索活動をする。
歌を聴いたり、マラカスを振ったりする。	シールをはがしたり、はったりして遊ぶ。	保育者や友達とのやりとり遊びをする。

絵本を見て指さすのは、これは何？　と知ろうとするのと、知ってるよと伝える2つです。よく見極めて応答しましょうね。

遊びに集中しているときは見守り、何かができて伝えたいと顔を見たときには、笑顔で「できたね」と共感しましょうね。

初秋の心地良い戸外で、菜園の実物の野菜などを見たり触ったり、食物に関心を持たせる探索活動はいかがでしょうか。

これも！おさえておきたい 10月の計画のポイントと文例

本指導計画の月案では、A〜O児に合った今月のねらいなどを掲載しています。より参考にしていただけるように、ここでは、この月によくある、ほかにも押さえておきたいポイントを紹介しています。

CD-ROM　10月 ▶ 文例

今月のねらい

朝夕気温も下がり、動きやすくなったこともあり、避難車に乗ったりだっこされて戸外へ出ることを喜ぶ子どももいれば、靴を履いてトコトコ歩き回る子どももいます。年上の子どもたちの運動会に向けての体を使った遊びにも影響を受け、またいだりくぐったり戸外遊びを楽しみます。

文例
体の動きが活発になってくるころなので、戸外で探索したり自然にふれて楽しめるようにしたりする。また、楽しんで食事をする。

健康・食育・安全

朝の戸外遊びは、体を動かせて楽しいものですが、転倒したり砂をかぶったり、けがや事故につながらないように注意が必要です。事前に砂場が動物の汚物で汚れていないか点検して消毒したり、砂をほぐしたりしておきます。遊具や玩具の破損はないか、安全点検や修理をしておきましょう。

文例
戸外での活動が十分に楽しめるように、砂場の衛生管理や、遊具・玩具などの安全点検をする。戸外遊びの後は手を洗う。

保育者間の連携

戸外で遊ぶ機会が多くなりますが、その日の体調によって室内で過ごす子どもがいます。戸外遊びの誘導をする保育者、室内の援助に立ち会う保育者の役割を確認したり、環境の工夫などを話し合ったりして安全に過ごせるようにします。旬の食材が出るころなので調理師と連携を取ります。

文例
子どもの発達や体調によって、室内、戸外と別れて過ごすことがあるので、役割や手順、連携のしかたを話し合っておく。

家庭・地域との連携

子どもの靴を選ぶとき、デザインやブランド物に目が行きがちですが、子どものとってよい靴の選び方を話し合います。軟らかい素材、つま先にゆとりがある、マジックテープなどで調節や着脱がしやすい、靴底にクッションがある、など情報を提供し共通理解します。

文例
戸外遊びが活発になるので、初めて靴を履く子どもについては、適切な靴の選び方などの情報を提供し共通理解をする。

10月 日の記録

保育を振り返るために、また仕事の証として、日々の記録は欠かせません。ここでは例として、違う日の3人を抜き出して掲載しています。次の計画に生かしましょう。

CD-ROM 日の記録フォーマット

10月2日（木） L児（14か月）

- 健康状態・異常 無・有（　　）
- 朝体温：36.8℃　与薬：無・有（　　）

時刻	食事	排せつ	睡眠	SIDSチェック	子どものようす
8					
9	果汁(全)	小			登園 戸外探索
10	茶	オ			トンネル遊び
11	給(全)	小			
12		小	12:15 ↓	✓	
13				✓	
14			14:48	✓	検温 37.5℃
15	間食(全)	小大			37.6℃
16					38.3℃ 降園
17					
18					

生活と遊び：好きな場所や遊びを見つけて、十分に体を動かして遊ぶ。トンネル遊びでは、スペースを広く取り、安全面に配慮する。

準備物：トンネル、ブロック、床に敷くマット

子どもの発達と評価反省課題：午睡後から体温が高く（37.5℃）、食欲はあるようなのでようすを見たが、16時ごろに高熱が出ている。受診するとのことなので、明朝にようすを尋ねたい。

10月15日（水） I児（15か月）

- 健康状態・異常 無・有（　　）
- 朝体温：36.5℃　与薬：無・有（　　）

時刻	食事	排せつ	睡眠	SIDSチェック	子どものようす
8		小大			登園
9	果汁(全)	小			戸外探索
10		小			コーナー遊び（ままごと）
11	給(全)	大			
12			12:05 ↓	✓	
13				✓	
14			14:45	✓	
15	間食(全)	小			
16		小			降園
17					
18					

生活と遊び：こまめに窓を開閉、毛布を用意してぐっすり眠れるようにする。ままごとセットは、口に入れても安全なよう消毒する。

準備物：毛布、ままごとセット（食べ物、皿、スプーン）、机、イス

子どもの発達と評価反省課題：間食のリンゴをひと切れ丸ごと口に入れて食べにくそうにしている。小さく切ったり、前歯で一度かんでから口に入れるよう知らせていく。

10月27日（月） G児（13か月）

- 健康状態・異常 無・有（　　）
- 朝体温：36.7℃　与薬：無・有（　　）

時刻	食事	排せつ	睡眠	SIDSチェック	子どものようす
8					登園
9	果汁(全)	小 小			戸外探索
10	茶	小			身体計測
11	給(全)	小大	11:55 ↓	✓	
12				✓	
13				✓	
14		オ	14:45	✓	
15	間食(全)				
16		小			
17					降園
18					

生活と遊び：日ざしの強いときはカーテンを引き、快適に過ごせるようにする。探索活動を楽しめるように足元の玩具を整理する。

準備物：身長計、メジャー、記入用紙

子どもの発達と評価反省課題：戸外に出ると、さまざまな物に興味を示している。水たまりを興味津々に見つめていた。探索活動を十分に楽しめるよう安全な環境をつくっていきたい。

小：排尿　大：大便　オ：オムツ交換　離：離乳食　給：給食　ミ：ミルク　茶：お茶

実践ポイント：ひとり歩きを始めて外界が広がったG児は、見る物触る物に興味津々、旺盛な探索活動を始めたのですね。安全に注意して好奇心を満たしましょう。

※ SIDS（シッズ）とは「乳幼児突然死症候群」と呼ばれる、睡眠中突然死する病気です。一定時間ごとに睡眠中の子どものようすを確認しましょう。ここでは5分ごとに複数の保育者でチェックしています。SIDSについて詳しくはP.170をご覧ください。

10月のふりかえりから11月の保育へ

今月のねらい (P.108参照)
- 朝夕と日中の気温差があるので、衣服の調節を行ない、ひとりひとりの子どもの健康状態を観察しつつ、快適に過ごせるようにする。
- 保育者とのふれあい遊びや戸外で探索活動を楽しむ。

ふりかえりポイント
- ★ ねらいの設定は？
- ◆ 環境構成・援助は？
- ◎ 子どもの育ちは？
- 次月へのつながりは？

私たちの保育はどうでしょう。
場面を思い浮かべて振り返ってみましょう。

T先生(5年目) / S先生(2年目)

例えば…

子どもの健康管理

「暑いから脱いでおこうね」

昼間と朝夕の気温差が激しいので、★気温や体調に合わせて、衣服を調節できるように、◆ベストや上着を用意してもらうよう保護者に伝えたわね。

 はい。何人か鼻水が垂れている子もいましたが、ようすを見て、過ごし方に配慮しました。

 そうね。子どもたちは言葉で不調を訴えられないことも多いから、よく観察して異変に気づけるようにしないとね。

 早期発見が大切ですよね！発熱が見られたNちゃんには、すぐに保護者に連絡して、受診してもらえて、ホッとしています。

これからどんどん朝夕が寒くなるから、引き続きていねいな健康観察を心がけていきましょう。

G児(13か月)の場合

「アッ アッ」

ひとりで歩けるようになったGちゃんですが、★戸外での探索活動を楽しめるように、◆発達状態の近い友達といっしょに、戸外に出て遊べるようにしました！

 ◎戸外には、おもしろくて興味をそそるようなものがたくさんあったようね。

 はい。◎歩くことが楽しいようで、興味があると、どんどん向かおうとするんですが、こけそうになることも多くて、ヒヤッとする場面もありました。

目を離さないようにして、けがのないようにしないといけないわね。

 Gちゃんが行ける範囲を考えたり、地面の石を拾っておいたりして、安全に十分楽しめるような環境を整えていきたいです。

伝えたい!! 園長先生のおはなし

キーワード　夏の疲労

日中の気温も下がり、朝夕涼しくなるにつれて、日焼けは薄くなり肌はもとの健康を取り戻します。しかし熱が出たり、ゴロゴロしたり、食欲が落ちたりする子どもが見られますよね。これはいずれも夏の疲労と抵抗力が弱っている姿ですね。栄養が高く消化のよい食事で(カボチャポタージュ　など)体調を回復させてきました。食育を大切にしましたね。

クラス全体では

次月の指導計画に生かせます！

 先月に引き続き、気温の変化に合わせて、子どもたちの健康管理が行なえたわね。

 そうですね。暖かい時間には、戸外で活発に遊んでいましたね。

 そうね。寒くなるけれど、戸外での活動にも力を入れていきたいわね。

 はい。発達に合った戸外の環境について考えてみます。

今月の評価・反省・課題 (P.109参照)

朝夕と昼間の気温差が大きいため衣服で調節したが、鼻水やせきが出る子どもが出た。朝の受け入れ時や午睡前後などには、ていねいに健康観察を行なうと同時に、体調の変化を示した子どもには、早めに受診を勧めたので、大事には至らなかった。戸外での活動が活発になり、保育者の役割分担をしたが、運動の発達過程に応じた園庭の環境づくりが課題である。

11月

ねらいより
気温に合わせて室温や衣服の調整を行ない、快適に過ごせるように

月案（A～C児） ･･････ P.118

ゆっくりカミカミする
A児（9か月）

食事中に眠くなる
B児（13か月）

玩具で繰り返し遊ぶ
C児（17か月）

個人案（D～I児） ･･････ P.120

一瞬つかまり立ちをする
D児（10か月）

伝い歩きを始めた
E児（11か月）

自分で飲めるようになった
F児（12か月）

オマルで排尿ができた
G児（14か月）

戸外でよく遊ぶ
H児（15か月）

自分で食べたい
I児（16か月）

個人案（J～O児） ･･････ P.122

苦手なものがある
J児（12か月）

探索を楽しんでいる
K児（13か月）

オマルで排せつをする
L児（15か月）

やりとりを楽しむ
M児（16か月）

自分で食べたい
N児（17か月）

よく体を動かす
O児（15か月）

これも！おさえておきたい
11月の計画のポイントと文例 ･･･ P.124

日の記録 ･･････ P.125

11月のふりかえりから12月の保育へ ･･ P.126

11月 月案

CD-ROM　11月 ▶ 月案

* 💡マークのマーカーが引いてある部分は、ページ下部の解説とリンクしているのでご覧ください。

*「今月のねらい」「健康・食育・安全」「保育者間の連携」「家庭・地域との連携」については、P.124の内容も、立案の参考にしてください。

今月のねらい（クラス全体としてのねらいです）

- 朝夕と日中の寒暖の差が大きくなるので、気温に合わせて室温・湿度や衣服の調節を行ない、快適に過ごせるようにする。
- 日中の暖かい時間には、戸外に出て、秋の自然にふれる。

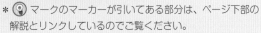

	前月の子どもの姿○	ねらい★・内容☆
ゆっくりカミカミする **A児**（9か月）	○食べ物を口に入れてもらうと、舌を横に動かしてから飲み込む。 ○腹ばいの姿勢で、足で床をけりながら前に進み、B児のそばへ行く。 ○保育者が「いないいないばあ」をすると、保育者の顔や口の動きを見たり、声を出して笑ったりする。	★いろいろな食感を味わい、楽しみながら食べる。 ★特定の保育者とのふれあい遊びを、繰り返し楽しむ。 ☆保育者の口の動きを見ながら食べ、まねようとする。 ☆保育者にかかわってもらい、喜んで遊ぶ。
食事中に眠くなる **B児**（13か月）	○パクパク期に移行し、食べる量が増えてきている。 ○伝い歩きをしたり、ひとりで数歩あるいたりしている。 ○食事中に眠くなり、ぐずることもある。	★いろいろな食材を意欲的に食べようとする。 ★十分に体を動かすことを楽しむ。 ☆眠たくなりながらも、自分のペースで食事をとる。 ☆ハイハイや伝い歩きなどを繰り返し行なう。
玩具で繰り返し遊ぶ **C児**（17か月）	○幼児初期食を食べている。 ○さまざまな玩具に興味を持ち、遊ぶことを楽しんでいる。 ○自分の名前がわかり、名前を呼ばれると、「ハイ」と返事をする。	★十分にかかわりを持ちながら、好きな遊びを繰り返し楽しめるようにする。 ☆幼児初期食を食べる。 ☆保育者とやりとり遊びをする。 ☆遊びたい玩具、興味のある玩具で満足するまで遊ぶ。

		第1週	第2週
生活と遊び	A児	ゆっくりカミカミして離乳食を食べる。	ハイハイで遊ぶ。
	B児	パクパク期の食事を食べる。	伝い歩きをしたり、歩いたりして遊ぶ。
	C児	幼児初期食を食べる。	保育者とやりとり遊びをする。
行事生活遊びの計画		月 文化の日 火 戸外探索、トンネル遊び 水 戸外探索、ちぎり紙 木 戸外探索、なぐり描き 金 戸外探索、ハンカチ遊び 玩具・大型積み木、花紙、ハンカチ、ボール、バケツ 歌・『やきいもグーチーパー』 玩具・『だるまさんと』	月 戸外探索、なぐり描き 火 戸外探索、シールはり 水 戸外探索 木 戸外探索、空き箱遊び 金 戸外探索、楽器遊び 玩具・シール、画用紙、空き箱、牛乳パック 歌・『大きな栗の木の下で』 絵本・『いないいないばあ』

書き方のヒント いい表現から学ぼう！

初めて見る玩具には、「おもしろそうなおもちゃね」と言って笑顔で触って、安心して遊べるようにする。　**理由**

社会的参照

乳児、低年齢児は、初めての玩具に警戒心や不安を持ちますが、信頼する大人が「おもしろそうね」など言うと、その表情や態度を見て安心します。これを社会的参照といい、意識してかかわることが大切です。

健康・食育・安全	保育者間の連携	家庭・地域との連携
●ウイルス性下痢症発生時の嘔吐や下痢の処理のしかたを再確認し、感染拡大の防止に努める。 ●旬の食材を使った調理法を工夫する。 ●戸外の遊具の霜をふき取ったり、石を拾ったりして安全に遊べるようにする。	●気温や体調に合わせて衣服の調節ができるよう、ひとりひとりの健康状態を把握して確認する。 ●他児や保育者への関心が広がっているので、ひとりひとりの興味や関心について共通理解する。	●家庭での味付けや形状について話し合うようにする。 ●全身を使って遊ぶので、動きを妨げない衣服にするよう話し合ったり、確認し合ったりする。 ●ウイルス性下痢症について知らせる。

環境づくり◆と保育者の援助◇	子どもの発達◎と評価・反省・課題✻
◆保育者の口の動きがよく見えるように、向かい側に座る。 ◇食事中、急いで飲み込みむせたときは、口の中のものを吐き出させ、お茶を飲ませる。「カミカミ」と声をかけゆっくりかむように注意する。 ◆活動範囲が広がってきたので、安全に遊べる手作り巧技台などを用意する。	◎食べ物をゆっくりかんで、飲み込むのがスムーズになった。 ◎足の親指でける力が強くなり、ハイハイが早くなった。 ◎戸外へ出たがり、園庭を指して「ウン、ウン」と言う。 ✻家庭での離乳食の味付け・形状が進みすぎ、連携が課題である。
◇食事中に眠くなったときには、一度休憩を取ってから食事ができるようにする。 ◆園庭や保育室内にマットを敷いておき、転倒してもけがしないようにしておく。 ◇ハイハイを楽しめるように、保育者もいっしょにハイハイして、足腰の筋肉が十分につくようにする。	◎給食のとき、眠くなってきげんが悪くなることもなくなり、食事に意欲的になっている。 ✻さまざまな食材にも自分から手を付けるようになり、食べているので、褒めて、食べられるようにしていきたい。
◆C児の好きな玩具を把握し、繰り返し遊べるように用意しておく。 ◇夢中になって遊んでいるときは、声をかけずに優しく見守るようにする。 ◇初めて見る玩具には、「おもしろそうなおもちゃね」と言って笑顔で触って、安心して遊べるようにする。	◎鼻水が出て、軟便が3日続いた。 ◎楽器遊びやままごと遊びなど十分に遊びを楽しんでいる。 ✻好きな遊びをひとりで遊び楽しむ姿が見られるので、ひとり遊びを十分に楽しめるような環境づくりをしていきたい。

11月 月案

第3週	第4週
A児 いないいないばあをしてもらって遊ぶ。	A児 戸外へ連れてもらい、いろいろなものを見る。
B児 ハイハイをしたり、伝い歩きをしたり体を動かして遊ぶ。	B児 さまざまな食材に慣れ、食べる。
C児 ままごと遊びをする。	C児 楽器で遊ぶ。
月 戸外探索、なぐり描き 火 戸外探索、洗濯バサミで遊ぶ 水 身体計測、戸外探索、ハンカチ遊び 木 戸外探索、紙遊び 金 戸外探索、シールはり 玩具・洗濯バサミ、ハンカチ、トンネル、大型積み木 歌・『あたまかたひざポン』 絵本・『おひさま あはは』	月 園振替休日 火 戸外探索 水 戸外探索、楽器遊び 木 眼科検診、誕生会、戸外探索 金 戸外探索、なぐり描き 玩具・缶太鼓、バチ、マラカス 歌・『ごんべさんの赤ちゃん』 絵本・『くだもの あ〜ん』

評価・反省・課題 (P.126でくわしく説明!)	日中は薄着を心がけて過ごすようにした。朝夕の寒暖の差からか、鼻水が出始める子どももおり、保護者から厚着の要望があった。薄着や衣服の調節の必要性を伝えるように努め、理解を広めた。さらに寒さも増すので、体調の変化に注意していく。戸外で落ち葉を拾ったりドングリを集めたりする姿が見られ、秋の自然にふれられた。

11月 個人案

10月 P.110から → / 12月 P.130へ →

	D児（10か月） 一瞬つかまり立ちをする	E児（11か月） 伝い歩きを始めた	F児（12か月） 自分で飲めるようになった
前月の子どもの姿 ○	○イスに背中を伸ばして座り、スプーンで食事を口に運んだり、コップを持ってこぼしながらもひとりで飲んだりする。 ○友達から玩具を渡されると礼をする。 ○「Dちゃん」と名前を呼ばれると、保育者のほうを見て右手を上げる。	○前掛けを着けると「マンマ」と言って足をバタバタさせて喜んでいる。 ○立ち上がり伝い歩きを始める。 ○座った姿勢から立ち上がろうとする。 ○親指とほかの指が対向して物をつかむ。 ○「バイバイ」と言うと手を振る。	○コップを持ちたがり、手助けするといやがって横を向く。 ○つかまり立ちが安定し、伝い歩きをしては片手を離して手を上げる。 ○戸外へ出ると喜び、少しでも段差があると両手をついてすぐに登りたがっている。
ねらい ★ ・内容 ☆	★スプーンで離乳食を食べ満足する。 ★つかまり立ちや腹ばいで移動を楽しむ。 ☆食べ物を、舌を使って寄せ、かむ。 ☆一瞬つかまり立ちをして喜ぶ。 ☆保育者や友達とかかわり遊びをする。	★自分から進んで満足するまで食べる。 ★手足を十分に使って活動する。 ☆手づかみで好きな物をつかんで食べる。 ☆立ち上がったり伝い歩きをしたりする。 ☆小さなものを見つけ、指でつまみあげる。	★自分でコップを持ってこぼさず飲む。 ★つかまり立ちや伝い歩きを十分楽しむ。 ☆コップに少しだけお茶を入れてもらい、自分で飲む。 ☆ベッドのさくにつかまって伝い歩きをする。
環境づくりと保育者の援助 ◆ ◇	◆食材をひとりで食べやすい大きさに切り、食べやすい食器を用意する。 ◇口の中の物をよくかみ、飲み込んでから、次を口に入れるよう見守る。 ◆つかまりやすいさくを用意し、周囲に転倒のとき、クッションになるような敷物を置く。 ◇安全面に気をつけながら「たっちしたね」と喜ぶ。倒れ込んだら抱き止める。	◆手づかみで食べやすいように、ニンジンやカボチャなどをスティック状に切っておく。 ◇「カミカミね」と言葉をかけ、かむようすを見せ、かむことを促す。 ◆伝い歩けるようなさくを用意しておく。 ◇疲れて足がぐっとなったときは抱く。 ◇指先でつまんだものを口に入れないよう注意する。	◆持ち手の扱いやすいコップを用意する。 ◇コップに入れる量を一度に飲み切ることのできるくらいの少量を入れ、自分で飲めるようにする。 ◆安定感のあるミカン箱などを用意する。 ◇箱の中におもりとして積み木を入れ、押していっしょに遊ぶ。 ◆大型のスポンジ積み木やマットを置く。 ◇安全を見守りながら、段差遊びを楽しむ。
子どもの発達と評価・反省・課題 ◎ ※	◎腹ばいにすると、両手、両ひざ、つま先を使って移動する。 ◎ひとさし指と、親指をピンセットのように向かい合わせ、小さいものをつまむ。 ※つかまり立ちをするが、すぐに座る。 ※玩具が無くなり、探しているのに気づかなかったことが反省点である。	◎手づかみで口に入れた食べ物を、カミカミしているようすを、保育者に見せている。 ◎少し伝い歩きをしては、座り込む。 ◎はりつけたシールを指ではがしている。 ※家でも伝い歩きをするが、ハイハイの経験も十分にすることを伝えていきたい。	◎コップのお茶をこぼさないで傾け、自分で飲めるようになった。 ◎段差を登るなど、全身を使った遊びを喜んでいる。 ※自分の思いどおりにならないとだだをこねるようになる。

	生活と遊び	生活と遊び	生活と遊び
第1週	スプーンで離乳食を食べる。	手づかみでカミカミして食べる。	コップを持って自分でお茶を飲む。
第2週	腹ばいやつかまり立ちをして遊ぶ。	赤ちゃん体操をしてもらう。	赤ちゃん体操をしてもらう。
第3週	シールを指先でつまんではがす。	ハイハイからつかまり立ちをする。	低い段差を手をついて登る。
第4週	保育者や友達とかかわって遊ぶ。	指先でシールをはがして遊ぶ。	保育者と箱を押して遊ぶ。

育ちメモ

持っていた玩具を落とすなどして消えてしまったとき、10か月になると、かなりの記憶を示し、探そうとします。

「ありがとう」と言うと頭を下げるなど、言葉を聞いて行動するのは、口で言えなくても意味のある言葉を理解しています。

ものを押す動作は、足がしっかり踏ん張り、手で支えることができる運動機能です。十分に押す遊びをしましょうね。

CD-ROM　11月 ▶個人案_1

G児（14か月） オマルで排尿ができた	H児（15か月） 戸外でよく遊ぶ	I児（16か月） 自分で食べたい
○オマルで排尿ができるようになり、小便の出ているようすを見ている。 ○食事の前、友達が流水で手を洗うのを見る。 ○保育者の後方から「バー」と言いながら顔をのぞき込み、笑っている。 ○玩具を「マンマ」といって友達に渡す。	○スプーンを持ちながら、手づかみで食べている。 ○午睡前後に泣くことがある。だっこすると落ち着いて眠っている。 ○探索活動を楽しんでいる。	○スプーンを持ち、自分で食べている。 ○歩いて興味のある場所に移動している。
★食事前、自分から流水で手を洗う。 ★オマルで排尿する。 ☆オマルで排尿し、気持ち良さがわかる。 ☆友達と共に手を洗いタオルでふく。 ☆保育者との情緒的交流を喜び、愛着を持つ。	★興味のある場所で保育者といっしょに遊ぶことを楽しむ。 ☆戸外で興味のあるところまで歩いて行く。 ☆戸外でいろいろなものに興味を持って遊ぶ。	★意欲的に食べる。 ★探索活動を楽しむ。 ☆自分で食べることを喜び、満足するまで食べる。 ☆戸外でさまざまなものにふれて遊ぶ。
◆保育者から見える位置にオマルを並べる。 ◇「おしっこ出たね」「気持ち良かったね」と排尿したことを共に喜ぶ。 ◆蛇口に手が届くように、足台を準備しておく。 ◇「Gくんもいっしょに手を洗おうね」と誘い、水に慣れさせ、介助する。 ◇自分からかかわろうとしている気持ちを受け止め、「Gちゃんパー」と笑顔で応答する。	◆心地良い疲労感を持ち、リラックスして眠れるように、戸外で体を動かす時間を十分に取る。 ◆安全面に配慮し、H児のテンポでゆったりと歩いたり、立ち止まったりして、興味のあるところでの遊びを見守る。	◆食材をスプーンにすくいやすい大きさにしておく。 ◇好きな物をたくさん食べて、満足できるようにする。 ◇子どもが指さしをしたときは、ひとつひとつ言葉にして返し、ものと言葉が関連づくようにしていく。
◎オマルに座ると、必ず尿が出るようになり、達成感を感じている。 ◎家庭でも手洗いを習慣づけてもらったことで、手を洗えるようになった。 ＊玩具の箱に入りたがり、出られなくなって泣いたことがあった。適当な箱を用意すべきだった。	◎歩くことを楽しんでいる。戸外では、さまざまな場所に歩いていき、探索活動を楽しんでいる。 ＊落ち葉や花にも興味を示しているので、自然物にも触れていきたい。	◎スプーンを持って意欲的に食べている。自分で食べることがうれしくて喜んでいる。 ＊こぼすことが多いので、食べ方、スプーンの使い方も徐々に知らせていきたい。

生活と遊び	生活と遊び	生活と遊び
流水で手を洗う。	スプーンを持って介助されて食べる。	スプーンを使って自分で食べる。
オマルに座り、排尿する。	室内で歩き、探索活動をする。	室内で歩き、探索活動をする。
友達や玩具のやりとりをして遊ぶ。	戸外で歩き、探索活動をする。	戸外へ出て歩き、探索遊びをする。
保育者にかかわってもらい遊ぶ。	戸外で自然物に触れて遊ぶ。	戸外で自然物に触れて遊ぶ。

保育者との情緒的交流を喜び、自分からかかわろうとしています。これは子どもの認知と情緒の発達を表しているものです。

歩き始めの平均は15か月ですが、体の平衡感覚が悪く両足を広く開け歩幅も不規則です。戸外で歩く遊びは大切ですね。

指さし行動は、子どもの確認行動からの延長といわれ、言葉へと発達していく過程での、象徴行動の重要な段階です。

11月 個人案

		J児（12か月） 苦手なものがある	K児（13か月） 探索を楽しんでいる	L児（15か月） オマルで排せつする
前月の子どもの姿	○	○苦手なものを口に入れると「ベー」と出すことがある。 ○園庭を歩くことを楽しんでいる。 ○絵本の中の犬を指さして「アッア！」と喃語を話す。	○スプーンを使って食べようとするがうまく使えないと手づかみで食べている。 ○靴下を自分で脱ぎ「ハイ」と保育者に渡している。 ○園庭を歩くことを楽しんでいる。 ○手遊びの歌に合わせて体を揺らしたり、手振りをしたりして楽しんでいる。	○苦手なものを「ベー」と口から出すこともあるが苦手なものも食べ始めている。 ○「シーシー」と言いながらオマルに座って排せつしようとする。 ○靴下を自分で脱ごうとするが、できないと「せんせ」と言ったりしぐさで知らせたりする。
ねらい★と内容☆		★好き嫌いなく食べるようにする。 ★保育者に気持ちを受けてもらう。 ☆苦手な食材も少しずつ食べる。 ☆保育者に気持ちを受けてもらい伝える喜びを共感する。	★よくかみながら食事を食べる。 ★自分の好きなところへ行き、遊ぶことを楽しむ。 ☆スプーンを持って食べようとする。 ☆園庭探索を楽しみ、秋の自然にふれる。	★オマルに座ることに慣れようとする。 ★保育者に気持ちを受け止めてもらい伝える喜びを感じる。 ☆オマルに座って排せつする。 ☆保育者に十分に思いを伝える。
環境づくり◆と保育者の援助◇		◆J児の隣に、よく食べるS児を座らせて、J児も食べたくなるようにする。 ◇「マンマ、おいしいね」と話しかけながら苦手な食材を食べられたことを褒めながら、食事ができるようにする。 ◆やりとりを楽しめる絵本を準備しておく。 ◇「ばぁ」と保育者もいっしょに姿勢を低くしてのぞき込むなどして繰り返しいっしょに遊びを楽しむ。	◆「もぐもぐ、かみかみ」と口を動かしてみせながらよくかむことを知らせていく。 ◇スプーンに食材をすくっていっしょにスプーンを握り、口へ運ぶなどしてスプーンの握り方などを知らせていきながら食事ができるようにする。 ◆園庭の探索をして、秋の自然にふれられるようにしておく。 ◇子どもが指さししたものを言葉で補い、楽しめるようにする。	◆便座にカバーを付けるなどして、いやな気持ちを抱かないようにしておく。 ◇「しーしーでるかな」などと話しかけながら排せつを促していく。 ◇脱ぎやすいところを知らせ、引っ張ってわかるようにする。
評価・反省・課題 子どもの発達◎と※		◎苦手な食材を少しずつ食べている。 ◎絵本の中の知っているものを指さしして伝えようとしている。 ◎喃語を受け止めて「そうねワンワンね」と、応答すると笑顔になる。 ※園庭で歩きたがるが、すぐ疲れて下に座り込み、砂を触って遊んでいる。	◎スプーンで食べさせてもらいながらも、時々手づかみで食べる。 ◎くちびるを結びよくかんで食べている。 ◎靴下を自分で引っ張って脱ぎ、「はい」と保育者に渡す。 ◎手遊びの歌に合わせて手遊びを楽しんでいる。	◎苦手な食材も実物に触れることでだんだん食べられるようになってきた。 ◎オマルに自分で座り「シーシー」と言いながら、排せつしている。 ◎靴下の先を引っ張って脱げるようになり、脱いだものを保育者に渡す。 ◎保育者とベビーサインでやりとりする。
		生活と遊び	生活と遊び	生活と遊び
第1週		S児のそばで食事をする。	スプーンを持つ手を支えてもらいながら、カミカミして食べる。	食事を楽しんで食べる。
第2週		園庭で少しの時間遊ぶ。	園庭で探索し、秋の自然に触れて遊ぶ。	自分からオマルに座って排せつする。
第3週		保育者に絵本を読んでもらい、指さしして遊ぶ。	伝えたいものを指さしする。	自分でできる服の脱ぎ着をする。
第4週		保育者とやりとり遊びをする。	手遊びや歌で体を動かして遊ぶ。	保育者とやりとり遊びをする。

育ちメモ

園での食事の献立を家庭に伝え、家庭での苦手な食材と共通のものがあるか調べ、試食会や調理法を話し合いましょうね。

乳児期は、手と同じように口を使って外界を探っていきます。スプーンは口に入れても良いものだとわかり、口を開けます。

やりとりは自分の番、人の番を知り、役割の交替を楽しみながら、聞く、話す会話の基本的態度の元を身につける遊びです。

	やりとりを楽しむ M児（16か月）	自分で食べたい N児（17か月）	よく体を動かす O児（15か月）
○	○スプーンを持ち自分で食べようとする。 ○自分の布団がわかり、寝ようとする。 ○絵本の中の食べ物を「どうぞ」と友達や保育者の口に手を持っていくしぐさをしてやりとりを楽しんでいる。 ○シールはりなど、遊ぶことを楽しんでいる。	○スプーンやフォークを使って自分で食べている。 ○オマルに座って排せつしている。 ○「いないいないばあ」をして友達や保育者とかかわることを楽しんでいる。 ○指先を使った遊びを楽しんでいる。	○スプーンを使って食べようとするがうまく使えないと手づかみしようとする。 ○食べたいものを指さしで知らせている。 ○靴や靴下を自分で脱いでいる。 ○はしごをまたいだり、斜面をハイハイで上ったりして体を動かして遊ぶことを楽しんでいる。
★☆	★少しずつスプーンに慣れひとりで食べようとする。 ★保育者とのやりとりを楽しむ。 ☆スプーンやフォークで自分で食べる。 ☆「どうぞ」「ありがとう」のやりとりを友達や保育者として遊ぶ。	★スプーンを使って自分で食べる。 ★友達や保育者とかかわることを楽しむ。 ☆フォークやスプーンを使って自分で食べようとする。 ☆友達や保育者とのやりとりをする。	★体を動かして遊ぶことを楽しむ。 ★自分の思いを伝えることができるようにする。 ☆園庭を歩いたり、アスレチックなどで体を動かしたりして遊ぶ。 ☆自分の思いを動作で表す。
◇◆	◇「おいしいね」など話しかけながら自分で食べられたことをおおいに褒めていく。また、手を添えながらスプーンの使い方を知らせていけるようにする。 ◆やりとりを楽しめるように、ボールやバケツを用意しておく。 ◇「どうぞ」「ありがとう」のやりとりを楽しめるようにいっしょに遊んでいく。	◇「おいしいね」と優しく話しかけながら食材をすくったスプーンを手渡ししたりして、スプーンの持ち方など知らせていく。 ◇子どものしぐさや表情を受け止めていき、保育者とのやりとりを楽しめるようにする。 ◇戸外で歩き回り、探索するので、転ばないように見守る。	◇戸外での探索やハイハイアスレチックやマット遊び、ホールでの遊びなどを十分に取り入れる。 ◇体をたくさん動かし遊べるようにし、"いっしょに"の気持ちを受け止めて保育者も体を動かして遊ぶ。
◎※	◎スプーンで食べることに慣れてきた。 ◎フォークで食べやすい物は自分からフォークを使おうとする。 ◎自分の布団がわかり、寝る姿勢になる。 ◎「どうぞ」「ありがとう」の言葉を言いながらやりとり遊びをしている。	◎スプーンやフォークを使って、自分で食べている。 ◎友達に関心を持ちだし、いっしょに遊ぼうとかかわりにいく姿が見られる。 ◎ごっこやりとりをするようになった。 ◎歩行が自由になり、園庭へ出て探索を盛んにしている。	◎自分で手づかみで食べている。 ◎ハイハイしたり、歩いたり、またいだり、よく体を動かして遊ぶようになる。 ◎靴や靴下を自分で脱いでいる。 ◎指さしや、意味づけた動作で、保育者と交流している。 ※オマルに座るがすぐに立ち上がる。

生活と遊び	生活と遊び	生活と遊び
スプーンを使って食べる。	スプーンやフォークで食べる。	スプーンを持ちながら手づかみで食べる。
自分の布団を見つけて寝る。	友達とごっこ遊びを楽しむ。	保育者に見守られ、園庭で歩く。
絵本を読んでもらい、象徴遊びをする。	園庭へ出て探索をする。	保育者といっしょにアスレチックで遊ぶ。
ボールでやりとり遊びをする。	保育者と模倣遊びをする。	ベビーサインや指さしで保育者と交流する。

ボールは子どもの好きな遊び道具ですが、手にするとなかなか人に渡さなかったのが、共有物だとわかり相手に渡すようになってきます。

ごっこや模倣遊び（怪獣ごっこ　など）は、社会性の豊かになった低年齢幼児の想像の世界での遊びで、社会規範を学びますよ。

社会的言語がまだ身についていない子どもでも、信頼できる保育者に自分だけの意味づけた動作で、伝達しようとします。

今月のねらい

11月に入ると朝夕の気温の変動が大きく、外気温に適応しにくい低年齢児には厚着にする保護者がいます。厚着は自律神経の働きを鈍くし、抵抗力も落ちますので、こまめに衣服の調節をし、薄着を励行します。暖かい日は戸外遊びをし、室内ではごっこ遊びや絵本を楽しみます。

> **文例**
> 寒さに向かう季節の変わり目なので、室温・湿度や衣服の調節を行ない快適に過ごせるようにし、暖かい日は園庭で遊ぶ。

健康・食育・安全

室内遊びが多くなってくる時期に備えて、暖房器具などの機械類のカビや汚れなどを掃除し、正常に運転するか点検をしておきます。冬の下痢症が発生する時期ですので、登園時の検温、健康状態の観察をていねいにするとともに、手洗い、うがいを保育者が介助しながら励行しましょう。

> **文例**
> 暖房器具や加湿器、空気清浄機などの点検や整備をし、常に清潔で安全に使用できるようにしておく。

これも！おさえておきたい 11月の計画のポイントと文例

本指導計画の月案では、A〜O児に合った今月のねらいなどを掲載しています。より参考にしていただけるように、ここでは、この月によくある、ほかにも押さえておきたいポイントを紹介しています。

CD-ROM 11月 ▶文例

保育者間の連携

この時期の散歩や戸外での活動は、月齢や発達によって変わりますので、それぞれの子どもの興味・関心に応じて遊びを工夫し、そばにつく保育者の役割分担について、話し合っておきます。体調により室内遊びをする子どもについても、役割や遊び方の確認をしていきます。

> **文例**
> 子どもの体調に合わせて、戸外と室内に分かれて過ごせるように、役割分担など話し合っておく。

家庭・地域との連携

秋から冬にかけて流行る感染症は、普通、脱水、せき、発熱などの症状が起こり、1〜2週間で治ります。しかし乳児は肺炎にかかったり重症化しやすく、治ってもかぜをひくとのどや胸がゼイゼイするのが残ったり、注意が必要です。家庭でもこまめに手洗い、うがいを励行します。

> **文例**
> クラスで発生した感染症（RSウイルス　など）の情報を提供し、家庭でも手洗い、うがいを励行してもらう。

11月 日の記録

保育を振り返るために、また仕事の証（あかし）として、日々の記録は欠かせません。ここでは例として、違う日の3人を抜き出して掲載しています。次の計画に生かしましょう。

CD-ROM 日の記録フォーマット

		11月5日（水）H児（15か月）	11月18日（火）A児（9か月）	11月27日（木）I児（16か月）
受入れ		健康状態・異常 無・有（　） 朝体温：36.7℃　与薬：無・有（　）	健康状態・異常 無・有（　） 朝体温：36.5℃　与薬：無・有（　）	健康状態・異常 無・有（　） 朝体温：36.6℃　与薬：無・有（　）
		食事／排せつ／睡眠／SIDSチェック／子どものようす	食事／排せつ／睡眠／SIDSチェック／子どものようす	食事／排せつ／睡眠／SIDSチェック／子どものようす
8		オ／／／／登園　小	／／／／登園	小／／／／登園
9		果汁（全）／小／／／戸外探索	茶・離（全）／小／／／洗濯バサミで遊ぶ	果汁（全）／小・大／／／戸外探索
10		／小／／／ちぎり紙で遊ぶ	ミ100cc／小／／10:40	
11		給（全）／小／／		給（全）／オ／／11:50
12		／／12:00／✓✓		／／／✓✓
13		／／／✓✓	果汁（全）／小・大／13:00	／／／✓✓
14		／小／14:35	離（全）／／	／小／15:00
15		間食（全）／／	ミ100cc／小・大／／絵本の読み語り	間食（全）／小／
16		／小／	／小／	
17		／／／降園	／／／降園	／／／降園
18				
生活と遊び		自分で靴を履きやすいように、間隔を空けて並べておく。指先を使って、紙をちぎって遊ぶ。	適度にエアコン、加湿機を使い、時々窓を開けて、空気を入れ替える。洗濯バサミをつかんだり引っ張ったりして遊ぶ。	室温計をチェックして、気持ち良く過ごせるように、適度にエアコンを使用する。広い場所で、ボールを追いかけ遊ぶ。
準備物		包装紙、フラワーペーパー、新聞紙	台紙、洗濯バサミ	戸外用ボール、砂場のシートを上げておく。
子どもの発達と評価反省課題		ちぎり紙の遊びでは、ちぎったものを紙吹雪のようにするととても喜び、自分でもやろうとしたり、もう1回と保育者に指さしで伝えようとしていた。	眠りが浅い日が続いていたので、足を温めるようにすると、今日はよく眠っていた。これからも続けていきたい。	家庭では、便が硬いと保護者から聞いた。園で見る限りでは良便のように思われ、便をする際に痛がる姿がないが、ようすを見ていく。

小：排尿　大：大便　オ：オムツ交換　離：離乳食　給：給食　ミ：ミルク　茶：お茶

実践ポイント　情緒不安のときは手を握って安心感を与えます。A児のように寝つきが悪い場合は、おなかがすく、喉が渇く、オムツがぬれている、暑い、寒いなど生理的な不快感を見届け充足します。

※SIDS（シッズ）とは「乳幼児突然死症候群」と呼ばれる、睡眠中突然死する病気です。一定時間ごとに睡眠中の子どものようすを確認しましょう。ここでは5分ごとに複数の保育者でチェックしています。SIDSについて詳しくはP.170をご覧ください。

11月のふりかえりから12月の保育へ

今月のねらい (P.118参照)
- 朝夕と日中の寒暖の差が大きくなるので、気温に合わせて室温・湿度や衣服の調整を行ない、快適に過ごせるようにする。
- 日中の暖かい時間には、戸外に出て、秋の自然にふれる。

私たちの保育はどうでしょう。
場面を思い浮かべて振り返ってみましょう。

T先生(5年目) ／ S先生(2年目)

ふりかえりポイント
★ ねらいの設定は？
◆ 環境構成・援助は？
◎ 子どもの育ちは？
次月へのつながりは？

例えば…

薄着の励行

ズボン／セーター／半そでシャツ／ベスト／カーディガン／長そでシャツ
調節用

衣服の調節を心がけ、★子どもたちが快適に過ごせるよう、◆ひとりひとりの健康状態を把握して、できるだけ薄着で過ごすようにしたわね。

複数の保護者から、子どもがよく鼻水を出すので厚着をさせてください、と言われました。意見を受け止めながら、脱ぎ着しやすい服を持参してもらうように伝えたんです。

そのとおりよ。中に着込むのではなく、ベストなど脱ぎ着しやすい服だと、調節しやすいものね。

はい。

子どもは大人と比べて、エネルギーの消費が大きく体温調節もうまくできないの。ひとりひとりの体調に合わせて、子どもたちが過ごしやすいように整えてあげることが保育者の役目よ。そのような情報も、保護者に伝えて、理解を深めていきましょう。

H児(15か月)の場合

★戸外で秋の自然にふれられるように、◆日中の暖かい時間帯に戸外に出るよう、保育者間で共有しました。

◎落ち葉やドングリに興味を示している子が多かったわね。

はい。◆落ち葉の山を作っておいたら◎Hちゃんがそこに行って、何度も手で落ち葉を押していたんです。

◎感触やパリパリする音を楽しめたんじゃないかしら。

そうですね。ほかにも自然物に興味を持っている子がいて、来月も遊べたらいいなと思うんです。

寒くなってくると、秋の自然物を使って室内で遊ぶということも考えられるわよ。

なるほど！ 今楽しんでいる遊びをヒントに、自然物を取り入れて遊んでみます！

> ケント紙にスプレーのりをかけると、ドングリをくっつけて遊べますよ。

伝えたい!! 園長先生のおはなし

キーワード　衣服の調節

体温調節の未熟な乳児には、寒くなるとつい厚着にさせてしまう親が多いものです。子どもは大人より熱の生産量が高く、運動量も多いので暑がりなのです。また肌で寒いと感じる機会がないと、体温調節などをつかさどる自律神経の調節機能が育ちません。薄手のものを重ね着したほうが、空気層ができて温かく調節しやすいのです。

クラス全体では
次月の指導計画に生かせます！

衣服の調節をするなど、子どもの体調を管理する大切さを保護者と共通認識でしたわね。

寒さが増すにつれて、乾燥にも気を配っていかないといけませんね！

そうね。室内でも温度・湿度を調節しながら、子どもたちが過ごしやすい環境を整えていきましょう。

今月の評価・反省・課題 (P.119参照)

日中は薄着を心がけて過ごすようにした。朝夕の寒暖の差からか、鼻水が出始める子どももおり、保護者から厚着の要望があった。薄着や衣服の調節の必要性を伝えるように努め、理解を広めた。さらに寒さも増すので、体調の変化にご注意していく。戸外で落ち葉を拾ったりドングリを集めたりする姿が見られ、秋の自然にふれられた。

12月

ねらいより
体を使って活発に遊べる室内遊びの環境を工夫しよう

月案 (A〜C児) ･･･ P.128

 ハイハイで起伏を楽しむ
A児 (10か月)

 指先を使って遊ぶ
B児 (14か月)

 鼻水、下痢でよく休む
C児 (18か月)

個人案 (D〜I児) ･･･ P.130

 固形食を食べている
D児 (11か月)

 スプーンに興味がある
E児 (12か月)

 リズムに乗って遊ぶ
F児 (13か月)

 顔をふいてもらって気持ち良い
G児 (15か月)

 好きな絵本を自分でめくる
H児 (16か月)

 遊びの途中で眠る
I児 (17か月)

個人案 (J〜O児) ･･･ P.132

 やりとりを楽しむ
J児 (13か月)

 眠りが浅い
K児 (14か月)

 なぐり描きをする
L児 (16か月)

 絵本や歌を楽しむ
M児 (17か月)

 やりとりを楽しんでいる
N児 (18か月)

 友達と遊ぶ
O児 (16か月)

これも！おさえておきたい
12月の計画のポイントと文例 ･･･ P.134

日の記録 ･･･ P.135

12月のふりかえりから1月の保育へ ･･･ P.136

12月 月案

CD-ROM 12月▶月案

今月のねらい（クラス全体としてのねらいです）

● 室内で過ごすことが多くなるが、子どもたちが体を使って活発に遊べる室内遊びの環境を工夫して楽しめるようにする。
● 外気の暖かい日には、寒さ対策や衣服の調節などをし、散歩や、外遊びで外気に触れる機会をつくって楽しめるようにする。

* マークのマーカーが引いてある部分は、ページ下部の解説とリンクしているのでご覧ください。
*「今月のねらい」「健康・食育・安全」「保育者間の連携」「家庭・地域との連携」については、P.134の内容も、立案の参考にしてください。

	前月の子どもの姿〇	ねらい★・内容☆
ハイハイで起伏を楽しむ **A児（10か月）** 	〇イモ団子を手で握ったり口に入れようとしたりする。 〇特定の保育者に絵本を読んでもらったり、歌を歌ってもらったりすると、手足をバタバタさせて喜ぶ。 〇マットの山に上っている他児の遊ぶようすをハイハイで見に行く。	★特定の保育者に楽しい気持ちを受け止めてもらい、安心して過ごす。 ☆起伏のあるところでのハイハイを楽しむ。 ☆保育者と絵本やふれあい遊びや、わらべうたで遊ぶ。
指先を使って遊ぶ **B児（14か月）** 	〇さまざまな食材に興味を持ち、食べようとしている。 〇小さなスポンジなどをつまんで穴に落としたり、なぐり描きをしたりして遊んでいる。	★意欲的に何でも食べようとする。 ★玩具に興味を持ち、遊ぶことを楽しむ。 ☆手づかみやスプーンを使って食べる。 ☆指先を使って十分に遊ぶ。
鼻水、下痢でよく休む **C児（18か月）** 	〇鼻水が出て、下痢になり、休みが続いている。 〇楽器遊びを楽しんでいる。	★特定の保育者に気持ちを受け止めてもらい、安心して過ごす。 ☆病後はゆったりと過ごす。 ☆曲に合わせて楽器遊びをする。

12月 月案

	第1週	第2週
生活と遊び	A児 手づかみで自分で食事をする。 B児 手づかみやスプーンを使って食事をする。 C児 スプーンやフォークを使って、自分のペースで食事をする。	A児 保育者に絵本を読んでもらう。 B児 シールはりをしたり、牛乳パックを積んだりして手を使って遊ぶ。 C児 室内で絵本を見たり、玩具でゆったりと遊んだりする。
行事 生活 遊び の 計画	月 なぐり描き 火 シールはり 水 もちつきごっこ（小麦粉粘土） 木 ふれあい遊び 金 戸外探索、布遊び 玩具・ブロック、シール、小麦粉粘土 歌・『おもちつき』『ゆらゆらタンタン』 絵本・『くだもの あ〜ん』	月 ふれあい遊び 火 なぐり描き 水 楽器遊び 木 シールはり 金 戸外探索、ふれあい遊び 玩具・缶太鼓、マラカス、シール 歌・『サンタはいまごろ』『ゆらゆらタンタン』 絵本・『どうぶつどれがすき』

書き方のヒント いい表現から学ぼう！

> 保育者などは、感染源にならないよう清潔の励行、汚物の処理のしかたに注意する。

理由 •••

保育者は感染源にならない

保育者等は、園の子どもを取り巻く人的環境です。保育者が手洗いを怠って病原菌を持ち込まない、手袋をして汚物処理をして感染拡大しないなどは、基本的な確認事項です。

健康・食育・安全

- 暖房中は換気、室温、湿度に気を配り、快適に過ごせるようにする。
- スティック状に切った野菜など食べやすい調理方法を取り入れていく。
- 保育者等は、感染源にならないよう清潔の励行、汚物の処理のしかたに注意する。

保育者間の連携

- 室内遊びや遊びの内容について環境の工夫や遊び方を話し合う。
- 暖かい日は戸外遊びの時間を取り入れるよう共通認識していく。
- 子どもの思いが行動やしぐさに現れるので対応を共通理解する。

家庭・地域との連携

- 冬の行事の参加を呼びかけ、注意事項を連絡する。
- 年末に向けて多忙なころなので、子どもの体調を相互に注意し合う。
- よく体を動かすので、適切なサイズの衣服や安全対策を話し合う。

環境づくり◆と保育者の援助◇	子どもの発達◎と評価・反省・課題✸
◆ひと口サイズのイモ団子や、野菜など手で持ちやすいスティック状のものを用意して、自分で食べようとする気持ちを大切にする。 ◇イモ団子はのどに詰まらないように、水分といっしょに食べさせる。 ◇好きな歌を歌ったり、語りかけを繰り返したりして、満足いくまでいっしょに楽しむ。	◎床にシートを敷いて安全に配慮し、十分にハイハイできるようにしたので、起伏のあるところや、マットの山を上れるようになった。 ◎手づかみだが、食事を楽しそうに食べるようになった。 ✸絵本を見るとき、特定の保育者を独占しようとする。
◇「モグモグ、カミカミね」と声をかけて、ゆっくり食べることを伝えながら、意欲的に食べられるようにしていく。 ◆指先を使って遊べるように、シールはりや牛乳パックを積む遊びを用意しておく。 ◇「いっぱいつめたね」など、遊びの楽しさに共感する。	◎食べ物に興味を持ち、手づかみで食べたり、スプーンにすくって渡すと自分で口に運んだりする。 ◎探索活動を楽しみ、保育室や園庭を歩いている。
◆十分な睡眠と、消化のよい食事や水分補給など、健康に配慮し、換気や暖房の温度設定を行ない、環境を整える。 ◇病後には、退行現象が見られるので、安心して過ごせるように特定の保育者がかかわるようにする。 ◇「カンカンカンカン」「ゆらゆらね」など、保育者もいっしょに楽しさを共有する。	◎スプーンやフォークを使い、自分のペースで食事をとっている。 ◎缶太鼓をたたいて楽器遊びを楽しんでいる。曲に合わせて体を揺らしたりしている。 ✸保護者と健康状態について、密に連絡を取り合うことができた。今後も徹底していきたい。

第3週		第4週	
A児 保育者とふれあい遊びを楽しむ。		A児 好きな歌をうたってもらい、体を揺らして遊ぶ。	
B児 なぐり描きをして楽しむ。		B児 室内や園庭を歩き、探索を楽しむ。	
C児 好きな曲を聞きながら、リズム楽器で遊ぶ。		C児 布を使ってゆらゆらさせて、穏やかな遊びをする。	
月 ふれあい遊び 火 ふれあい遊び、パペット遊び 水 クリスマス会参加、楽器遊び 木 牛乳パック遊び 金 戸外探索、なぐり描き	玩具・クリスマスのパペット、缶太鼓、マラカス、牛乳パック 歌・『サンタはいまごろ』『いとまき』 絵本・『ねずみくんのチョッキ』	月 布遊び 火 スタンプ遊び 水 身体計測、楽器遊び 木 楽器遊び 金 戸外探索、紙遊び	玩具・素材（紙、箱、布）、缶太鼓、マラカス 歌・『ゆき』『お正月』 絵本・『もこ もこもこ』

評価・反省・課題（P.136でくわしく説明！）

朝夕の気温が低くなったが、朝の受け入れの家庭連絡や健康状態の観察、体温計測をていねいにし、保育者の清潔を徹底したので、冬特有の感染症を防止し、元気に過ごせた。動きが活発になり、室内でも戸外でも自分の行きたいとこに向かって、行動していた。室内では子どもの発達に合わせて、起伏のある環境で足腰の筋肉をつけていきたい。

12月 月案

12月 個人案

11月 P.120から　　　　1月 P.140へ

12月 個人案

	D児（11か月） 固形食を食べている	E児（12か月） スプーンに興味がある	F児（13か月） リズムに乗って遊ぶ
前月の子どもの姿 ○	○固形食を食べるようになった。 ○食べ物を見ると「マンマ」と言う。 ○ハイハイが少なくなり立とうとする。 ○靴を履くのをいやがる。 ○歌遊びや手遊びを喜び、繰り返す。	○食事中、足をバタバタさせながら、皿に入った食べ物を手づかみで食べる。 ○きげんが悪く、耳垂れが出ている。 ○ハイハイから立ち上がり、ゆっくりしゃがみ、保育者の顔を見て笑う。 ○動物の歌をうたうと、うれしそうに体を揺すっている。	○うどんを親指とひとさし指でつまんで食べる。 ○保育者が手遊びや歌をうたっていると手をたたき、体を揺らしたりして喜ぶ。 ○玩具を箱から出して、その中に入ろうとするが、箱ごとひっくり返る。
ねらい★・内容☆	★固形食をよくかんで食べる。 ★足のつま先でけってハイハイする。 ☆固形食に慣れよくカミカミして食べる。 ☆腕や足を十分に使ってハイハイする。 ☆靴を履き、園庭へ出て景色を見る。	★スプーンを持つことに慣れる。 ★体調に気をつけてもらいゆったり過ごす。 ☆スプーンを持ち、手づかみで食べる。 ☆しんどいときは横になって体を休ませる。 ☆好きな歌を聞いたり体を動かしたりする。	★指先を使って自分で食べることで満足する。 ★音楽を聴いたり、リズムや歌を楽しんだりする。 ☆親指とひとさし指で、うどんを食べる。 ☆自分なりの動きやリズムで歌を感じる。
環境づくりと保育者の援助 ◆◇	◆ニンジンやダイコンなどを食べやすい大きさに切り、皮をむいて柔らかく煮ておく。 ◆よくかんで食べているか口もとをよく見、皮が口に残っていないか注意する。 ◆興味を持つ玩具を床に置き、ハイハイしたくなる意欲を引き出す。 ◇すぐ立とうとするが、保育者もいっしょにはって、動く玩具を追って楽しむ。	◆食材を手づかみで食べやすい大きさに調理するが、こぼしやすいので敷物を用意しておく。 ◆口の中に入れすぎないように、ひと口量を皿に取り、知らせていく。 ◆持ちやすいスプーンを用意しておく。 ◇スプーンの持ち方を知らせるが、無理には使わせないようにする。 ◇保育者も共有しながら音楽を楽しむ。	◆太めのめんやぬるめの汁を用意する。 ◆「つまめたね」と認め、汁でぬれた口もとや顔をおしぼりでふく。 ◆『おおきなたいこ』などリズムにのりやすい音楽を用意したり、楽器を置いたりする。 ◇「ドンドンね」と言葉をかけながら、いっしょに歌やリズムの楽しさを共有する。 ◇安定感のある箱を用意し、見守る。
子どもの発達の評価・反省・課題 ◎★	◎固形物をいやがらずに食べるようになる。 ◎家庭とも連携し、立つことを焦らず十分にハイハイするよう見守ったので、手足の使い方が力強くなってきた。 ◎手遊びが終わり、「もう1回するの？」と言うと、頷くようになった。	◎スプーンを使って時々食べるようになる。 ◎伝い歩きから、一瞬ひとり立ちをする。 ◎戸外遊びのとき、上着を着せようとすると手を動かして協働する姿があった。 ★耳垂れの原因が解らず、受け入れたが、きげんが悪く、しんどかったのかと反省する。	◎一歩ずつあるいては、座り込む。 ◎小さなものをつまんでは落とし入れる遊びを好んでいる。 ◎小太鼓をばちでトントンたたいて笑っている。 ◎箱の縁を押さえ、入ったり出たりする。 ★友達の持っている玩具を取ろうとする。

	生活と遊び	生活と遊び	生活と遊び
第1週	固形食をよくカミカミして食べる。	自分で手づかみやスプーンで食べる。	指先を使って麺類を食べる。
第2週	ハイハイで動く玩具を追って遊ぶ。	休み休みハイハイで遊ぶ。	歌を聞き、体を揺すって楽しむ。
第3週	靴を履き、園庭で遊ぶ。	体調のよいときは戸外で遊ぶ。	小太鼓をバチでたたいて遊ぶ。
第4週	手遊びを楽しむ。	体を休めて音楽を聞く。	箱の中へ出たり入ったりして遊ぶ。

育ちメモ

うつぶせの姿勢で両手、四肢で体を支え、手と脚を交互に出してはう行動は、腕や脚の力が養われ、歩行に大切です。

手づかみで食べながら、片方の手でスプーンを握っているのは、興味を持った証ですね。徐々に使っていきます。

歩行開始の平均的な発達が確認されます。いよいよひとり歩きを楽しめるようになりますので、保護者と共に喜びましょう。

12月 ▶ 個人案_1

G児（15か月）　顔をふいてもらって気持ち良い

- 食後の顔ふきタオルを見せると、瞬きしてふかれるのを待ち、ふいてもらい喜ぶ。
- 乳児用すべり台の手すりを持って階段を登り、座って滑る。
- 牛乳パック積み木を数個自分で積む。
- 散歩のとき友達といっしょに歩けるようになる。

- ★食後の顔ふきで清潔の習慣を身につける。
- ★手足の協応性が増し、安全に遊ぶ。
- ☆顔をふいてもらい、気持ち良さを感じる。
- ☆手足をしっかり使って、すべり台で遊ぶ。
- ☆散歩の楽しさを味わいながら歩く。

- ◆机の上に清潔なおしぼりを用意しておく。
- ◇「きれいきれいバー」と声を合わせ、顔をふく気持ち良さを共感する。
- ◆すべり台の降りる場所に、柔らかいマットを敷いておく。
- ◇手をしっかり握っているか注意し、危険がないようにそばで見守る。
- ◇足元に危険な物がないか注意し、歩かせる。

- ◎家庭でも顔をふいてもらうようにしたので顔ふきに慣れてきた。
- ◎クリスマスやおもちつきなどの行事に、元気良く参加でき、きげん良く過ごせた。
- ＊散歩のときのひとり歩きは、短距離にしたが、途中で何度も転びそうになった。

生活と遊び
- 食後、手や顔をふいてもらう。
- 乳児用すべり台で遊ぶ。
- クリスマス会に参加する。
- 園外を散歩する。

歩き始めて間が無いので、脚の筋肉、骨格系の発達が十分でなく、歩幅も不規則です。戸外での歩行には注意が必要です。

H児（16か月）　好きな絵本を自分でめくる

- 園庭で、ダンゴムシをじっと見たり、落ち葉を触ったりしている。
- 絵本を自分でめくって見ている。

- ★保育者のそばで、保育室内や戸外で、興味のある遊びを楽しむ。
- ☆戸外に出て、自然物にふれて遊ぶ。
- ☆絵本を通して、言葉のやりとりをしたりふれあって遊んだりする。

- ◇「ダンゴムシまるまるね、かわいいね」など言葉をかけ、自然とのふれあいの楽しさを共感する。
- ◆好きな絵本を、表紙が見えるようにして、取りやすいところに置いておく。
- ◇保育者の顔を見て、絵本を読んでほしそうにしているときは、気持ちを受け止め、読むようにする。

- ◎絵本の絵を指さし、「アーアー」など言っている。
- ◎音楽に合わせ体を揺らしたり、手をたたいたりしている。
- ◎『ぞうさん』の歌に合わせ腕を動かし、ゾウのまねをする。

生活と遊び
- 戸外に出て、自然物に触れて遊ぶ。
- 絵本を見て、言葉のやりとりをする。
- クリスマス会に参加する。
- 音楽を聞いたり、手をたたいたりする。

子どもが親しんだものがたくさん描かれている絵本を見て「アーアー」と指さすのは「知っているよ」というサインですね。

I児（17か月）　遊びの途中で眠る

- 遊んでいる途中に、コックリコックリしはじめることがある。
- 砂や小麦粉粘土、紙遊びなどの感触遊びを楽しんでいる。

- ★一定時間ぐっすりと眠り、安心して過ごせるようにする。
- ★さまざまな遊びに興味を持ち、遊ぶことを楽しむ。
- ☆ゆったりと午睡する。
- ☆保育者のそばで、好きな遊びをする。

- ◇目覚めているときは、いっしょに遊びながら楽しむようにし、心地良い疲労感のもと、安心して眠れるようにする。
- ◇思う存分遊べるように、十分な数の遊具や教材を用意し、遊びの進みぐあいに応じて適宜出していく。
- ◇遊びの中での、「できた！」という気持ちを受け止めるようにする。

- ◎園庭を歩いて探索している。
- ◎紙を広げたり、丸めたりしている。
- ◎「あーあー」と言いながら、遊びたい玩具や欲しいものを指さしている。
- ＊友達に関心を持ち、かかわろうとするが、玩具を取るなど泣かしてしまう。

生活と遊び
- 小麦粉粘土や、布遊びを楽しむ。
- 園庭で歩き、探索を楽しむ。
- 好きな玩具で遊ぶ。
- 友達と同じ玩具で遊ぶ。

小麦粉粘土は、柔らかい感触が気持ち良いだけではなく、自分の力で伸ばす、たたくなど形を変化させるおもしろさです。

12月 個人案

	J児（13か月） やりとりを楽しむ	K児（14か月） 眠りが浅い	L児（16か月） なぐり描きをする
前月の子どもの姿 ○	○苦手なものがあると顔を背けて食べようとしないことがある。 ○自分で靴下を脱いでいる。 ○保育者と玩具を「はい」と渡すなどしてやりとりを楽しんでいる。	○スプーンを使って食べようとするが、うまく使えないと手づかみで食べている。 ○体を動かすことを楽しんでいる。 ○「どうぞ」、「ありがとう」のやりとりを保育者や友達と楽しんでいる。 ○眠りが浅く、13時半から14時ごろに目覚めることが多い。	○ズボンを「ギュー」と言いながら自分で上げようとしている。 ○友達の顔をのぞき込んで笑い合ったり、抱き付いたりして友達とかかわることを楽しんでいる。 ○なぐり描きを楽しんでいる。
ねらい ★・内容 ☆	★いろいろな食材を喜んで食べる。 ★保育者とのやりとりを楽しむ。 ☆自分で食べ、満足する。 ☆ハイハイで移動して遊ぶ。 ☆保育者とふれあって遊ぶ。	★安心してゆったりと眠れるようにする。 ★体を動かすことを楽しむ。 ☆一定の時間ぐっすりと眠る。 ☆園庭探索をし、冬の自然にふれて遊ぶ。 ☆指先を使った遊びをする。	★自分でするという喜びを感じる。 ★表現することを楽しむ。 ☆衣類を自分で着衣しようとする。 ☆なぐり描きをして遊ぶ。
環境づくりと保育者の援助 ◆・◇	◆食材の大きさや調理のしかたを工夫し、少しずつ食べられるようにする。 ◇「マンマ、おいしいね」と話しかけながら、苦手な食材を食べられたことを褒めながら、食事ができるようにする。 ◆保育者が14か月のK児と「どうぞ」「ありがとう」のやりとりをして、手本になってみせる。 ◇やりとりを楽しめるようにごっこ遊びを十分に取り入れていく。	◆乾燥に注意しながら、室温を16℃〜20℃に保ち、快適な環境にしておく。 ◇安心して眠ることができるように、目覚めたときにはすぐにそばについて"トントン"できるようにする。 ◆園庭探索をして、冬の自然にふれられるように事前に確認しておく。 ◇保育者も手をつないで園庭に出て、子どもの思いに共感する。	◆座って着脱しやすいように、低い台などを用意しておく。 ◇自分でしようとする姿を見守りながら、さりげなく手助けしていくようにする。 ◆八つ切りだったが四ツ切りにして大きな画用紙に描くことを楽しめるようにしていく。 ◇「おもしろい線だね」「きれいな色だね」と描線を十分に認め、描く意欲につなげる。
子どもの発達と評価・反省・課題 ◎・✱	◎苦手な食べ物も少しずつ食べている。 ◎自分で靴下を脱ぐようになった。 ◎ハイハイで移動して遊んでいる。 ◎保育者の動作をまねてごっこをする。 ◎保育者にかかわってもらい、やりとり遊びをしている。	◎保育者に手をつないでもらい園庭へ出て、冬の自然に触れるなど、探索を楽しんでいる。 ◎歩けるようになり、自由になった手を使い、指先に力を入れてシールはがしをして遊んでいる。 ✱眠りが浅く、30分ぐらいで目覚める。	◎ズボンを脱いだり、はいたりできるようになった。 ◎友達に関心を持ちだし、自分からかかわってごっこ遊びをしている。 ◎表現する意欲を持ちだし、のびのびとなぐり描きを楽しんでいる。

	生活と遊び	生活と遊び	生活と遊び
第1週	苦手な物を少しずつ食べる。	保育者に手をつないでもらい、園庭を歩く。	ズボンを脱いだり、はいたりする。
第2週	ハイハイで遊ぶ。	園庭に出て、自然にふれて遊ぶ。	友達とごっこ遊びをする。
第3週	ごっこ遊びをする。	保育者とやりとり遊びをする。	パスやフェルトペンでなぐり描きをする。
第4週	「どうぞ」「ありがとう」のやりとりを楽しむ。	シールをはがして遊ぶ。	四ツ切りケント紙になぐり描きをする。

育ちメモ

ごっこ遊びができるということは、発達してきた象徴機能を働かせて、身近なネコになるなど、「ふり」を楽しむことです。

手を使うことは、脳の発達を促す重要な働きです。自由になった手でシールをはがす遊びで、指の器用さが増しますよ。

描画材を持って、手を動かすことで思いがけない跡を見つけた子どもは、点々を描いたり、腕を動かすなぐり描きを始めます。

絵本や歌を楽しむ M児 (17か月)	やりとりを楽しんでいる N児 (18か月)	友達と遊ぶ O児 (16か月)
○スプーンを持ち自分で食べようとする。 ○自分でズボンを上げてはこうとしている。 ○「ワンワン」「ニャンニャン」と絵本の中の絵を見ながら指をさして保育者に伝えようとしている。 ○手遊びや歌を聞くと、体を揺らしたり手をたたいたりして楽しんでいる。	○スプーンやフォークを使って自分で食べている。 ○自分でズボンに足を入れて、はこうとしている。 ○「ブーブー」と言って鼻に指を当てたり、友達や保育者とかかわったりしながら遊ぶことを楽しんでいる。	○スプーンを使って食べようとするがうまく使えないと手づかみしようとする。 ○「ここ！」と言いながら、自分の布団に寝転んで、寝ようとしている。 ○「イナイイナイ」とハンカチで顔を隠して「バア」と顔を出して保育者や友達と遊ぶことを楽しんでいる。
★保育者に絵本を読んでもらい喜んで見る。 ★季節の歌や手遊びを聞いて楽しむ。 ☆絵本を見ながら指さしたり、まねをしたりして遊ぶ。 ☆歌を聞いて体を揺らしたり手をたたいたりする。	★自分の思いを伝えようとする。 ★保育者や友達とふれあいながらかかわることを楽しむ。 ☆一語文を話して、保育者とかかわる。 ☆ふれあいながら、友達や保育者とのやりとりをして遊ぶ。	★フォークやスプーンを使って自分で食べようとする。 ★友達や保育者とかかわることを楽しむ。 ☆フォークやスプーンを持って食べる。 ☆「いないいないばあ」ややりとりなどして遊ぶ。
◆『だあれかな』『おとなりだあれ』など動物が出てくる絵本を準備しておく。 ◇絵本の中の動作をいっしょにまねをするなどして楽しんでいく。 ◆季節に合った歌（『サンタは今ごろ』『ゆき』など）や楽器遊びを取り入れて音楽を楽しめる環境をつくる。 ◇いっしょに歌をうたったり、手遊びをしたりして楽しめるようにする。	◆「○○ちゃんと遊びたいのね」など、気持ちを代弁するようにして友達とのやりとりが広がるようにする。 ◇子どもの思いを受け止めて、共感しながら返答するようにする。	◆スプーンにすくいやすい量の離乳食を用意しておく。 ◇「おいしいね」と優しく話しかけながら食材をすくったスプーンを手渡ししたりして、スプーンの持ち方などを知らせていく。 ◆身近で安全な素材を並べたり積んだりして遊べるように用意しておく。 ◇子どものしぐさや表情を受け止め、保育者とのやりとりを楽しむようにする。
◎スプーンを持って自分で食べている。 ◎絵本に興味を持ち、読んでもらうと、登場人物の動作を模倣をして、友達と楽しんでいる。 ◎保育者や友達といっしょに、歌をうたったり、体を揺らしたり、手遊びをして楽しく遊んでいる。	◎スプーンやフォークを使って自分で食べている。 ◎自分でズボンをはくようになった。 ◎一語文で保育者に伝達できるようになってきた。 ◎友達に関心を持ち、保育者に仲立ちをしてもらい、やりとり遊びをしている。	◎スプーンやフォークを使って自分で食べようとしているが、時々介助が必要である。 ◎保育者や友達と、布で「いないいないばあ」や、やりとりを楽しんでいる。 ◎牛乳パックの手作りの積み木を積んで、遊んでいる。

生活と遊び	生活と遊び	生活と遊び
スプーンを使って自分で食べる。	スプーンやフォークを使って食べる。	スプーンやフォークを使って食べる。
絵本を読んでもらう。	まねっこ遊びをする。	いないいないばあをしてもらい、遊ぶ。
絵本の中の動作をまねて遊ぶ。	自分でズボンをはく。	手作り積み木を積んで遊ぶ。
歌をうたったり、手遊びをしたりして楽しむ。	友達とやりとり遊びをする。	保育者とやりとり遊びをする。

体の動きも自由になり、イメージも豊かになると、絵本の動物をまねて振り遊びをしたり楽器を鳴らしたり表現しますね。

このころになると自他の区別が明確になり友達の存在に気づき、いっしょに遊ぼうとします。やりとりはよく好む遊びですね。

子どもがいないいないばあを喜ぶのは、記憶が働き始め、顔を隠しても不安はなく、ばあと出てくるのを喜ぶのです。

12月の計画のポイントと文例

本指導計画の月案では、A～O児に合った今月のねらいなどを掲載しています。より参考にしていただけるように、ここでは、この月によくある、ほかにも押さえておきたいポイントを紹介しています。

CD-ROM
12月 ▶ 文例

今月のねらい

外言（言葉）がまだ発達していない乳児の要求は、ボディランゲージと呼ばれるしぐさや、ベビーサインといわれる特定の意味を持ったコミュニケーション手段によります。保育者はそれぞれの子どもの伝達を理解し、コミュニケーションを取って応答し情緒的に安定させ、楽しく遊びましょう。

文例
保育者とコミュニケーションを取ったり、やりとりをしたりして遊ぶことを楽しむ。

健康・食育・安全

インフルエンザウイルスは、どんどん形が変わりますが、飛沫感染により強力な感染力を持ちます。突然39～40度の発熱、悪寒、全身倦怠で発症し、頭痛、関節痛、下痢などの症状もあります。乳児は肺炎や脳炎を起こすので恐ろしいです。園へ持ち込まないよう注意します。

文例
インフルエンザや冬の下痢にかかりやすい時期なので、健康観察を十分に行ない早期発見に努める。午睡布団の清潔を保つ。

保育者間の連携

絵本をよく読んでもらったり、探索操作で知っている物が増えると、イメージが豊かになり、まねっこ、ごっこに興味を持ちだします 子どもの発達に応じてごっこの取り組みや環境づくり、かかわる保育者の役割についてよく話し合い、十分に遊び込めるようにしていきます。

文例
ごっこ遊びに興味を示す子どもが増えているので、ごっこ遊びの設定などをよく話し合って用意ができるようにする。

家庭・地域との連携

寒さも本格的になって、かぜひきを不安がる保護者の中には、ぶくぶくに着膨れた厚着で登園させるのを見かけます。園の室内は常に室温や湿度を快適になるように整えており、薄着で上に重ね着をするほうが体によいことを伝えます。ニットのベスト、カーディガンを用意してもらいましょう。

文例
厚着してくる子どもの保護者には室内が暖かいことを知らせ、保育者による調節や自分で着脱しやすく動きやすい衣服を用意してもらうように呼びかけていく。

ニットのベスト など

12月 日の記録

保育を振り返るために、また仕事の証として、日々の記録は欠かせません。ここでは例として、違う日の3人を抜き出して掲載しています。次の計画に生かしましょう。

CD-ROM 日の記録フォーマット

12月9日(火) L児(16か月)

受入れ
- 健康状態・異常 無・有( )
- 朝体温：36.4℃ 与薬：無・有( )

時刻	食事	排せつ	睡眠	SIDSチェック	子どものようす
8					
9	果汁(全)	小			登園 戸外探索
10	茶	小 小			なぐり描き
11	給(全)	小			
12			12:08	✓✓	
13				✓	
14		小	14:40	✓	
15	間食(全)				
16					降園
17					
18					

生活と遊び：室温計を見て、体感を考慮しながら、気持ち良く過ごせるように温度管理をする。腕を使って、なぐり描きを十分に楽しむ。

準備物：画用紙(大小さまざまに、たくさん用意しておく)、クレヨン

子どもの発達と評価・反省・課題：腕を大きく動かして画用紙いっぱいになぐり描きすることを楽しんでいる。白い所を探して、塗りつぶそうとしている。

12月15日(月) N児(18か月)

受入れ
- 健康状態・異常 無・有( )
- 朝体温：36.5℃ 与薬：無・有( )

時刻	食事	排せつ	睡眠	SIDSチェック	子どものようす
8					登園
9	間食(全)	小			ふれあい遊び
10		小			戸外探索
11	給	小			魚、ごはん1/3残す
12			11:55	✓✓	
13				✓	
14		小	14:45	✓	
15	間食(全)	オ			
16		オ			
17					降園
18					

生活と遊び：鼻水をすぐにふけるように、複数か所にティッシュを用意しておく。ふれあい遊びをして、保育者とのやりとりを楽しむ。

準備物：ふれあい遊び用のハンカチ、イス

子どもの発達と評価・反省・課題：ふれあい遊びでは、保育者のひざの上に座り、1対1でかかわってもらおうとしている。かかわりを喜んでいるので、十分に楽しめるようにしていきたい。

12月24日(水) B児(14か月)

受入れ
- 健康状態・異常 無・有( )
- 朝体温：36.5℃ 与薬：無・有( )

時刻	食事	排せつ	睡眠	SIDSチェック	子どものようす
8		小 オ			登園
9	果汁(全)	小			戸外探索
10		小			楽器遊び
11	給				パン1/3、サラダ残す
12			12:10	✓✓	
13				✓	
14		小	14:25	✓	
15					
16		オ			
17					降園
18					

生活と遊び：エアコンや加湿器を、気温・湿度に合わせて使用して快適に過ごせるようにする。クリスマスソングに合わせて体を使って遊ぶ。

準備物：手作りマラカス、クリスマスソングのCD

子どもの発達と評価・反省・課題：音楽を流すとデッキの方に行き、クリスマスソングに合わせて、しりを振って喜んでいる。季節の歌を用意し、親しめるようにしていきたい。

小：排尿　大：大便　オ：オムツ交換　離：離乳食　給：給食　ミ：ミルク　茶：お茶

実践ポイント：歩き始めると探索操作が盛んになりますが、母親との愛着が不十分の場合、保育者に愛着関係を求めることがあり、N児のようにふれあい遊びを喜びます。

※ SIDS(シッズ)とは「乳幼児突然死症候群」と呼ばれる、睡眠中突然死する病気です。一定時間ごとに睡眠中の子どものようすを確認しましょう。ここでは5分ごとに複数の保育者でチェックしています。SIDSについて詳しくはP.170をご覧ください。

12月のふりかえりから 1月の保育へ

今月のねらい (P.128 参照)
- 室内で過ごすことが多くなるが、子どもたちが体を使って活発に遊べる室内遊びの環境を工夫して楽しめるようにする。
- 外気の暖かい日には、寒さ対策や衣服の調節などをし、散歩や、外遊びで外気に触れる機会をつくって楽しめるようにする。

ふりかえりポイント
- ★ ねらいの設定は？
- ◆ 環境構成・援助は？
- ◎ 子どもの育ちは？
- 次月へのつながりは？

私たちの保育はどうでしょう。
場面を思い浮かべて振り返ってみましょう。
T先生（5年目） / S先生（2年目）

例えば…

K児（14か月）の場合

★冬ならではの空気の冷たさや日だまりの暖かさを味わえるように、◆日当たりのよい場所を把握してタイミングを見て、戸外に出るようにしました。

- ◎Kちゃんは興味のあるところに向かってよく歩いているからとても楽しんでいたわね。
- はい。◎日だまりに出たときに、目を細めてすごく気持ち良さそうにしていました。冬の自然を楽しめたのではないかな〜と思います。
- そうなの。とても経験になったと思うわ。外気に触れると、体の抵抗力も上がるのよ。保育者で連携して、できるだけ戸外で遊ぶ時間を来月からも大切にしていきたいわね。

L児（16か月）の場合

なぐり描きが好きなLちゃんだけど、★もっと大きく体を使って楽しめるように、◆ケント紙を四つ切りの大きさで用意してみたの。

折れたパスやクレヨンを熱して固めると、手作りのブロックパスができます！

- ◎腕を大きく左右の動かして、線を描いていたの。
- ◎T先生に褒められてすごくうれしそうに何度も描いてましたね。
- 自分の動きが跡になって、目に見えるから、すごく喜ぶのよ。
- 表現するうれしさも芽生えてきてるんですよね。楽器遊びを楽しんでいる子どもたちも、すごく楽しそうでした。
- 近ごろ寒くてなかなか戸外で遊べないでしょう。体を使って表現遊びをすることは、気分の発散にもなるのよ。

伝えたい!! 園長先生のおはなし

キーワード　冬の戸外遊び

日本の四季の変化は多彩であり、暑い夏の次は寒い冬を迎えます。子どもは風の子と言われるように、戸外遊びでかえって抵抗力がつくものです。小春日和の時間帯、日だまりのベランダにカーペットを敷き、でんぐりがえりをしたり、積み木をまたいだり、フープをくぐったり体を動かす遊びを十分にしましょう。体が暖まる経験をします。

クラス全体では

次月の指導計画に生かせます！

- 室内でも戸外でも、活発に動くので、こまめに衣服を調節したり、水分をとったりして、体調管理に努めたわね。
- はい。どんどん寒くなると、室内遊びが増えますよね。表現遊びのほかに、室内でできる運動遊びも考えていきたいです。
- そうね。それぞれの発達に合わせて、存分に体を動かせるような環境を整えたいわね。

今月の評価・反省・課題 (P.129 参照)

朝夕の気温が低くなったが、朝の受け入れの家庭連絡や健康状態の観察、体温計測をていねいにし、保育者の清潔を徹底したので、冬特有の感染症を防止し、元気に過ごせた。動きが活発になり、室内でも戸外でも自分の行きたいとこに向かって、行動していた。室内では子どもの発達に合わせて、起伏のある環境で足腰の筋肉をつけていきたい。

1月

ねらいより
休み明けは、ひとりひとりの体調に気を配り、心地良く過ごせるように

月案（A～C児） ・・・・・・ P.138

食べ物の感触を楽しむ
A児（11か月）

かぜぎみである
B児（15か月）

パンツをはこうとする
C児（19か月）

個人案（D～I児） ・・・・・・ P.140

あいさつをしぐさでする
D児（12か月）

おやつを楽しみにする
E児（13か月）

肌荒れが目だつ
F児（14か月）

着せ替え人形に興味津々
G児（16か月）

ゾウのまねをする
H児（17か月）

思いをしぐさで表す
I児（18か月）

個人案（J～O児） ・・・・・・ P.142

のびのび体を動かす
J児（14か月）

着脱に興味を持ち始めた
K児（15か月）

友達に関心を持つ
L児（17か月）

いろいろな食材を食べる
M児（18か月）

自分でしようとしている
N児（19か月）

自分の気持ちを伝える
O児（17か月）

これも！おさえておきたい
1月の計画のポイントと文例 ・・・・ P.144

日の記録 ・・・・・・・・・・ P.145

1月のふりかえりから2月の保育へ ・・ P.146

1月 月案

CD-ROM ◎ 1月 ▶月案

今月のねらい（クラス全体としてのねらいです）

- 年末・年始の休み明けは、家庭との24時間のリズムを考慮しながら、ひとりひとりの体調に気を配り、心地良く過ごせるようにする。
- お正月らしい遊びで、のびのびと園庭で遊ぶ。

＊マークのマーカーが引いてある部分は、ページ下部の解説とリンクしているのでご覧ください。

＊「今月のねらい」「健康・食育・安全」「保育者間の連携」「家庭・地域との連携」については、P.144の内容も、立案の参考にしてください。

	前月の子どもの姿 ○	ねらい ★・内容 ☆
食べ物の感触を楽しむ **A児**（11か月） 	○食べ物を手で握りつぶして感触を確かめている。 ○伝い歩きをして移動するようになり、保育者と目が合うと、笑顔になり、足を屈伸し喜びを表現している。 ○『ゆらゆらとんとん』の手遊びをするとまねをして、パチパチ手をたたく。	★いろいろな感触を味わえるようにする。 ★保育者といっしょに、手遊びを楽しむ。 ☆満足するまで手づかみで食べる。 ☆特定の保育者に手遊びや語りかけをしてもらうことを喜ぶ。
かぜぎみである **B児**（15か月）	○食事に興味を持ち、手づかみで食べている。 ○かぜをひき、気持ち悪さもあってむずかることがある。	★特定の保育者にかかわってもらい、安心してきげん良く過ごす。 ☆スプーンやフォークを使い、介助されながら食べる。 ☆鼻汁をふいてもらったり、温かく受け止めてもらったりしてきげん良く過ごす。
パンツをはこうとする **C児**（19か月） 	○衣服のそでに腕を通そうとしたり、ズボンやパンツに足を通そうとしたりする。 ○歩く足元がしっかりしてきた。 ○音楽に合わせて、楽器遊びをしたり、体を揺らしたりする。	★衣服の脱ぎ着に興味を持ち、ズボンやパンツの脱ぎ着をしようとする。 ☆保育者に介助されながら、ズボンやパンツを自分ではこうとする。 ☆晴れて暖かい時間帯に園庭でたこ揚げをして走ってみようとする。

1月 月案

		第1週	第2週
生活と遊び	A児	手づかみで自分で食べる。	保育者と手遊びで楽しく過ごす。
	B児	スプーンやフォークを使い、介助されながら食べる。	鼻汁をふいてもらい、きげん良く過ごす。
	C児	自分でズボンや紙パンツに足を通してはく。	音楽を聞いて、体を揺らして遊ぶ。
行事生活遊びの計画		月 ハンカチ遊び 火 トンネル遊び 水 楽器遊び 木 なぐり描き 金 戸外でたこ揚げ、ふれあい遊び 玩具・網ボール、ハンカチ、バンダナ、缶太鼓、マラカス 歌・『げんこつ山のたぬきさん』 絵本・『やさい　もぐもぐ』	月 成人の日 火 ままごと 水 シールはり 木 バスごっこ、空き箱遊び 金 戸外でたこ揚げ、なぐり描き 玩具・大型積み木、シール、画用紙、バス 歌・『ごんべさんの赤ちゃん』 絵本・『やさい　もぐもぐ』

書き方のヒント いい表現から学ぼう！

食べ物を手で握りつぶして感触を確かめている。 理由

感覚的運動的探索を肯定しよう

子どもは見るものを次から次に触って確かめることで、柔らかい硬いなどいろいろな感触が解り、物の意味を発見していきます。食べ物であっても握りつぶすのは大切な探索する姿です。

1月 月案

健康・食育・安全	保育者間の連携	家庭・地域との連携
●インフルエンザ等の感染症が流行する時期なので、室温、湿度、換気に気をつけながら、検温もこまめに行なう。 ●自分で食べたいという気持ちを大切に一定量の食事ができるようにする。 ●地震や災害を想定しながら準備する。	●個々の年末・年始中の家庭での過ごし方など、担任間で把握し、課題を話し合う。 ●子どもの移動手段が多様なので死角をつくらないよう声をかける。 ●お正月らしい雰囲気を話し合う。	●地震や災害の時の避難経路についてマップを用意し、確認し合う。 ●非常食や保管場所を通知する。 ●インフルエンザの流行の情報は、園からも地域からも伝え合う。 ●登園時に健康状態を知らせ合う。

環境づくり◆と保育者の援助◇	子どもの発達◎と評価・反省・課題✻
◆握りつぶした食べ物が、胸や床を汚すので、前掛けや敷物、おしぼりを用意する。 ◇自分で食べる気持ちを受け止めながら介助し、満足するまで食べることを見守る。 ◆伝い歩きできるパーティションやさくを用意し、足元の安全に注意する。 ◇転倒しないようにそばで見守り、伝い歩きの楽しさを味わえるようにする。	◎柔らかく煮たダイコンやニンジンも、手で持って食べた。完食すると喜ぶ。 ◎伝い歩きをしては立ちどまって、「オーオー」と声を出して屈伸している。 ◎保育者をまねて、手を振ったり、両手を打ち合わせたりする。 ✻指さしで伝達しようとするが、音声による表現が少ない。
◆食材に応じて、スプーンやフォークのどちらでも食べることができるように、準備しておく。 ◇手づかみで食べているときも、その意欲を十分に認めるようにする。 ◆室温や温度に気をつけ、快適に過ごせるようにする。 ◇温かいガーゼで鼻汁をふくようにし、清潔にする心地良さを味わえるようにする。	◎手づかみで食事する姿も見られるが、スプーンやフォークを持ち、食事をしたいという姿も見られる。こぼしながらであるが食べている。 ◎体調の悪そうな不機嫌なときは、横になって静かな音楽が聞けるようにしたので、落ち着いて過ごせた。
◆落ち着いて履けるように、座れる台を用意したり、ズボンやパンツの前後がわかりやすいように、マークや絵などを付けておいたりしておく。 ◇自分でしようとする気持ちを大切にして見守りながら、できないときはさりげなく介助し、自分でする喜びを味わえるようにする。 ◆ビニールだこを用意しておく。 ◇早足で歩き、ビニールだこを揚げているときは、転ばないように見守る。	◎みずからズボンや紙パンツに足を通してはこうとしている。着衣しにくいときは保育者に知らせていっしょに着衣をしている。 ◎歩行がしっかりし、早足でたこを揚げることができた。

第3週	第4週
A児 ハイハイしたり、伝い歩きをしたりして遊ぶ。 B児 食材に応じて、スプーンやフォークを使い、自分で食べようとする。 C児 音楽をかけてもらい、リズム楽器を振って遊ぶ。	A児 保育者に手を持ってもらい、足を屈伸して遊ぶ。 B児 体を横にし、好きな音楽を聞いて過ごす。 C児 園庭でビニールだこを揚げる。
月 ふれあい遊び 火 なぐり描き、シールはり 水 楽器遊び 木 ふれあい遊び、布遊び 金 戸外でたこ揚げ、紙遊び	玩具・スポンジ積み木、ブロック、包装紙、クラフト、ビニールだこ 歌・『ゆき』 絵本・『どうぶつどれがすき?』
月 ままごと 火 ふれあい遊び 水 なぐり描き 木 戸外でたこ揚げ 金 戸外探索、ハンカチ遊び	玩具・大型積み木、ビニールだこ 歌・『コンコンクシャンのうた』 絵本・『どうぶつどれがすき?』

評価・反省・課題（P.146でくわしく説明!）

年末・年始休暇の後は、大きく体調の変調の子どもはいなかったが、久しぶりの登園を嫌がったり、保護者に過度に甘えたり、寝つきが悪かったりする子どもが見られた。子どもの気持ちに寄り添い、いっしょにたこ揚げで気分を解放したので、きげん良く過ごせた。また、寒さで戸外遊びがなかなかできない日もあったので、暖かい時間帯に園庭で遊べるようにしていきたい。

1月 個人案

	あいさつをしぐさでする D児（12か月）	おやつを楽しみにする E児（13か月）	肌荒れが目だつ F児（14か月）
前月の子どもの姿 ○	○「いただきます」と言うと手を合わせて何度もうなずく。 ○タイミングが合うと、オマルで排せつするようになる。 ○散歩の途中で動物を見ると、すべてに「ワンワン」と言って指さす。	○朝の補食（おやつ）の準備をしていると、テーブルをたたいてニコニコしている。 ○立ち上がり、手を上げて足を踏み出すが、すぐにぐらつき、ハイハイになる。 ○他児の保護者や保育者に「バッバーイ」と言って手を振り、笑っている。	○こぼしながらもスプーンで食べる。 ○ひとりで床から直接立ち上がる。中腰の姿勢を取っている。 ○鼻の下やあごの周りが赤く荒れて、ふこうとすると、顔をそむけていやがる。 ○絵本を持って読んでほしそうにしている。
ねらい ★ 内容 ☆	★食前、食後のあいさつを進んでする。 ★オマルで排尿する気持ち良さを知る。 ☆「いただきます」や「ごちそうさま」を動作で表す。 ☆態度やしぐさで排尿を知らせる。	★補食を喜んで食べる。 ★安全に見守られながらひとり歩きをする。 ☆パンケーキなどの補食を喜んで食べる。 ☆伝い歩きから、さくの手を放しひとりで歩く。 ☆手を振り、振り返してもらって遊ぶ。	★満足するまで自分で意欲的に食べる。 ★荒れた肌をふいてもらい、気持ち良くなる。 ☆手づかみやスプーンを使って食べる。 ☆荒れている肌をいやがらずにふいてもらい、気持ち良く過ごす。
環境づくり◆と保育者の援助◇	◇子どもの動作に合わせて、「いただきます」などの言葉を添え、あいさつができた満足感を与える。 ◆明るく気持ち良い場所にオマルを置く。 ◇オマルで排尿できたときは「気持ち良いね」と言葉をかけ、うれしさを共有する。 ◆散歩を楽しみ、いろいろな経験ができるようにする。 ◇「そうね、ワンワン、犬ね」と応答する。	◆エネルギーになりやすく消化のよい、サツマイモの甘煮や粉ふきイモなどの補食を用意する。 ◆のどに詰まらせないように注意し、水分を忘れないようにとらせる。 ◆繰り返し伝い歩きが楽しめるように、安定性のあるサークルやボックスを置く。 ◇倒れないようにそばで見守り、足の運びに合わせて声をかけたり、楽しさに共感したりする。	◇汁物は器に手を添えたり、スプーンに具を入れたりして、食べるようにする。 ◆温かい湯で絞ったガーゼや、肌保護のクリームを用意する。 ◇「きれいにしようね」とガーゼで優しく押さえるようにふいてクリームを塗る。 ◆好きな絵本を開架式の棚に並べておく。 ◇F児の思いを受け止め絵本を読み語る。
子どもの発達◎と評価・反省・課題✻	◎オマルで時々排尿うれしそうにする。 ◎つかまり立ちを喜び、「オー」と言う。 ✻歩きだす気配があるので、絶えず動きに注意し、けがのないようにする。 ✻突然大きな音がしたり、声が聞こえたりすると、驚いて泣いてしがみつく。	◎1日2回補食しているレシピを保護者に紹介したところ、家庭でも実施された。 ◎歩き始めの一歩を保護者といっしょに見ることで、感動を共有できた。 ✻「いただきます」と保育者が言うと、頭を下げ、「ス」と言って手を合わせている。	◎床に手を突いてひとりで立ち上がり歩く。 ◎汁物椀に手を入れて具を食べようとしていたが、スプーンですくおうとする。 ◎沐浴をしたり肌をガーゼでふいたりしたので、荒れが治まってきた。 ✻家庭での肌の手入れの連絡が不足だった。

	生活と遊び	生活と遊び	生活と遊び
第1週	手を合わせていただきますのあいさつをする。	補食を喜んで食べる。	手づかみやスプーンを使って食べる。
第2週	オマルで排尿する。	赤ちゃん体操をしてもらう。	床に手を突いて立ち上がり、少し歩く。
第3週	赤ちゃん体操をしてもらう。	手を合わせていただきますの「ス」を言う。	沐浴などで荒れた肌を清潔にしてもらう。
第4週	散歩に出ていろいろな動物を見る。	バイバイなど模倣遊びをする。	絵本の読み語りをしてもらう。

 育ちメモ

「ワンワン」と言って指すのは、Dちゃんが犬を見て指さししたとき、保育者が「ワンワンね」と繰り返しこたえてくれたことで、記号的意味を持ったのです。

13か月の子どもは、まだ1回の食事量が少なく、エネルギー不足になりますので、栄養を補う意味で補食が必要になります。粉物など消化のよい物がいいです。

1月ごろの乳児は、よだれが多くなったり鼻汁がよく出たり、抵抗力の弱い肌を痛めやすくなります。温かいガーゼなどできれいにふき、クリームを付けましょう。

1月 個人案_1

G児 (16か月) 着せ替え人形に興味津々	H児 (17か月) ゾウのまねをする	I児 (18か月) 思いをしぐさで表す
○食事前に手洗い場で自分から腕をたくしあげ、手を洗おうとするが「ツメタイ」と言う。 ○人形の服に付いているマジックテープを付けたり、外したりして遊んでいる。 ○絵本のゾウを見つけ、指さして「ゾウタン」と言って喜んでいる。	○室内で好きなところへ歩いて行っては、探索している。 ○『ぞうさん』の歌に合わせて、腕を大きく揺らして動かし、ゾウのまねをして楽しんでいる。 ○「パパ」「アーアー」など、繰り返し言葉を発し、楽しそうにしている。	○食材によってスプーンやフォークを使って食べている。 ○「シーしようか」と声をかけると、自分からパンツを脱ごうとしている。 ○欲しいものや欲求を指さしで伝えている。
★食事前に手を洗う習慣を身につける。 ★指先を使った遊びを楽しみ巧緻性を養う。 ☆食事前に指示されなくても手を洗う。 ☆人形の服を触り、着脱衣に関心を持つ。 ☆絵本の中の知っている物を、言葉で言う。	★保育者や友達を、言葉のやりとりや模倣遊びを繰り返し楽しむ。 ☆知っている言葉を何度も言う。 ☆まねっこ遊ぶをする。	★自分から排せつしようとする。 ★保育者に思いを受け止めてもらい、遊びを楽しむ。 ☆欲求を受け止めてもらい、遊びたいもので満足できるまで遊ぶ。 ☆介助してもらいながらも、パンツを脱いでオマルに座ろうとする。
◆落ち着いて遊べるコーナーを設け、着せ替え人形をいろいろ並べておく。 ◇人形に服を着せ、マジックテープを留められたときは「できたね」と褒める。 ◆興味を持っている動物や乗り物などの認識絵本を、開架式絵本立てに並べておく。 ◇指さしているものをいっしょに見たり、おしゃべりに共感を持ってこたえたりする。	◆楽しく話している気持ちを受け止め、うなずきながら見守る。 ◆好きな音楽に乗せて、体を使って、保育者や友達といっしょに楽しむ機会を多く取り入れるようにする。 ◇「おおきなおはなね」などまねして遊ぶ楽しさに共感する。	◆低い台を出したり、オマルに便座カバーを付けたりして、意欲的に排せつできるようにする。 ◇できないところはさりげなく手助けをして、自分でできた満足感を味わえるようにする。 ◇子どもの欲求や感情の変化をひとつひとつていねいに受け止め、ごっこの場面で安心して行動できるようにする。
◎水が冷たくても後で温かい湯に手をつけられるのを知って、自分から手を洗う。 ◎落ち着いて、手先を使って遊ぶ。 ◎虚構の場面でも、知っている物を指さし、幼児音で名前を言うようになった。 ✳同じ本を見るので違う本を渡し、怒らせた。	◎絵本の中の動物などを指さし、名前を言ったり、泣き声をまねたりしている。 ◎保育者が尋ねたことに対してうなずいたりこたえたりしている。	◎自分でスプーンやフォークを選んで食べている。 ◎鼻が気持ち悪いと、みずからティッシュペーパーを取りに行き、かもうとしている。 ◎介助してもらいながら自分からパンツを脱ぎ、オマルに座っている。

生活と遊び

G児	H児	I児
自分で食事前に手を洗う。	室内で探索遊びをする。	スプーンやフォークを使って食べる。
人形の着せ替え遊びをする。	音楽に合わせて動物の動きをまねる。	自分でパンツを脱ぎ、オマルに座って排せつする。
絵本を見て指さしをして、言葉で言ってもらう。	絵本を読んでもらい、動物の名前を言う。	天気のよい日は園庭でたこ揚げをする。
絵本の中の知っているものを幼児音で言う。	保育者と言葉のやりとりを楽しむ。	ごっこ遊びを楽しむ。

手を洗うというのは大切な文化ですが、手先が器用になると、安心して手を洗い気持ち良さがわかるようになります。清潔の習慣づけに適切で重要な時期ですね。

低年齢児の探索欲求は身近な動物や物の模倣から広がります。模倣は単なる模写ではなく、自分のイメージに沿って、能動的に行動に表す喜びがあり、表現です。

人と人とのコミュニケーションとは、一体となり通じ合うことですが、感覚運動的な乳児期は、ボディランゲージといわれるしぐさで、思いを伝えるのですね。

1月 個人案

（12月 P.132から → 2月 P.152へ）

	のびのび体を動かす J児（14か月）	着脱に興味を持ち始めた K児（15か月）	友達に関心を持つ L児（17か月）
前月の子どもの姿 ○	○スプーンで持ち、自分で口に運んで食べようとする。 ○いろいろな場所を歩いて移動することを楽しんでいる。 ○戸外遊びを楽しんでいる。 ○保育者の言葉をおうむ返ししながらかかわることを楽しんでいる。	○スプーンを使って食べようとしたり、手づかみで食べたりと、自分のペースで食べている。 ○自分で衣服を脱ごうとしている。 ○「どうぞ」と言われると、「ありがとう」とおじぎをし、保育者とのかかわりを楽しんでいる。	○自分でスプーンを持ち、ご飯やおかずをすくって口へ運んでいる。 ○音楽が流れると、身体を揺らしたり手をたたいたりして、リズムを取りながら楽しんでいる。 ○「バア」と言って、保育者や友達の顔を覗き込み、かかわりを楽しんでいる。
ねらい ★ と内容 ☆	★スプーンやフォークを使おうとする。 ★広い場所で歩く、走るなどして楽しむ。 ☆食具を使い、自分で食材を口へ運ぶ。 ☆戸外で体を動かして遊ぶ。 ☆室内でボールを転がし合ったり、箱の中に入って、出たり入ったりして遊ぶ。	★自分で衣服の着脱をすることに興味を持つ。 ★コミュニケーションの楽しさを味わう。 ☆自分から着替えに参加する。 ☆保育者とのかかわりの中で言葉を知り、発する。	★ひと口の量を知り、よくかんで食べようとする。 ★保育者や友達に興味を持ち、かかわることを楽しむ。 ☆食べ物をきちんとかんでから飲み込む。 ☆保育者や友達のしていることをよく見て、同じことをするなどして遊ぶ
環境づくり ◆ と保育者の援助 ◇	◆子どもがスプーンをすくう量を加減したり、大きいものを切ったりして食べやすくする。 ◇進んで食べられるように、「おいしいね」などとことばがけをしていく。 ◆段差や斜面があるところでは、転んでけがをしないように見守る。 ◇子どもが行きたいところに行かせるなどして、やりたい思いを満たせるようにする。	◇自分でしようとする姿を見守り、そでから手を出すときや、ズボンを上げるときは、さりげなく手助けする。 ◇子どもが伝えたいことや言葉を受け止め、発する言葉を引き出していく。	◇食べたい気持ちを大切にし、よくかんで食べられるように、スプーンを持つ手に手を添えたり、すくう量を加減したりする。 ◇子どもが友達を指さしたときには、「○○ちゃんだね」と名前を呼んだり、ふれあい遊びをしたりして、いっしょにいることを楽しめるようにする。
子どもの発達 ◎ と評価・反省・課題 ✹	◎スプーンやフォークを使い、自分で食べるようになった。 ◎戸外で歩いて探索している。 ◎室内で座って向かい合った保育者にボールを転がしたり、受けたりする。 ◎段ボール箱の中へ、縁に手を付いて入ったり、出たりして遊んでいる。	◎スプーンを使って食べようとしたり、自分のペースで手づかみで食べたりする。 ◎自分のパンツやズボンを脱ごうとしたり、上着を着ようとしている。 ◎保育者の言っていることがわかるようになり、態度で受け渡しをするとき、頭を下げる。	◎自分でスプーンを持ち、よくかんで食べている。 ◎オマルに座り、時々排せつしている。 ◎友達に関心を持ちだし、平行遊びをするようになった。 ◎音楽が流れると、リズムを取りながら楽しんでいる。

	生活と遊び	生活と遊び	生活と遊び
第1週	スプーンを使って食べる。	スプーンや、手づかみで食べる。	食べ物をよくかんで食べる。
第2週	赤ちゃん体操をしてもらう。	自分でパンツやズボンをはく。	オマルに座って時々排せつをする。
第3週	保育者にそばについてもらって歩く。	自分で上着を脱ぐ。	音楽を聞いて、体を揺すって遊ぶ。
第4週	保育者とボールの転がし合いをする。	保育者と言葉でやりとりをする。	保育者や友達をふれあい遊びをする。

育ちメモ

赤ちゃん体操は、今発達しつつある部位に、赤ちゃんと保育者の共同作業で運動刺激を与え、スムーズに発達を促す運動であり赤ちゃんの欲求に合わせてします。

衣服を身につけるのは人間だけの文化ですが、脱ぎ着するには、手足の共同作業、握力などの発達が要求されます。子どもの自立要求が起こったときは見守りましょう。

自我が芽生えると、自分以外の存在に気がつくようになり、友達に関心を示しますね。同じことをしたがったり、いっしょにいたがったり、社会性の目覚めです。

CD-ROM　1月　▶個人案_2

いろいろな食材を食べる M児（18か月）	自分でしようとしている N児（19か月）	自分の気持ちを伝える O児（17か月）
○スプーンを持って自分で食べようとしている。 ○オマルに座って排せつすることもある。 ○音楽が流れると、体を揺らしながら楽しんでいる。 ○「ブーブー」「ゾーリン」など、動物の絵やぬいぐるみを見て言葉を発している。	○スプーンやフォークで、食べ物をこぼしながらも自分で食べようとしている。 ○排せつのときは、自分でオムツやズボンを脱ごうとしている。 ○一語文を話すようになり、動物の絵が載っている絵本を見て、「ブーブー」と言いながら、自分の鼻を指さして模倣遊びを楽しんでいる。	○スプーンで食べようとし、うまく使えないと手づかみで食べようとしている。 ○紙オムツに排せつしているが、オマルに進んで座っている。 ○自分で靴下やズボンを脱ごうとしている。 ○「ナイナイ」と言いながら玩具をかたづけ、「ありがとう」と言われるとおじぎをしてうれしそうにしている。
★いろいろな食材を進んで食べ、食べることにも興味を持つ。 ★コミュニケーションを楽しむ。 ☆スプーンやフォークを使って、ご飯やおかずをすくって食べる。 ☆身ぶりや発声で、自分の気持ちを伝える。	★自分でする喜びを感じる。 ★一語文を話し、保育者とのかかわりを楽しむ。 ☆紙オムツや衣服の着脱、食事をできる部分は自分でする。 ☆自分の気持ちを、しぐさや態度で伝える。	★自分で衣服の着脱をすることに興味を持つ。 ★コミュニケーションを楽しむ。 ☆自分から着脱をしようとする。 ☆身振りや態度で自分の気持ちを伝える。
◆スプーンやフォークに、ひと口分の量のご飯やおかずを乗せて、子どもが食べやすい場所に置く。 ◇進んで食べられるように必要なときに介助して見守る。 ◆動物や乗り物など、子どもの興味に合った絵本を用意しておく。 ◇「ブーブー」「うん、ブタさんだね」など、子どもの言葉を受け止め、発語を引き出していく。	◆スプーンにご飯やおかずをよそって手渡したり、ズボンに足を入れるときなどさりげなく手助けしたりして、なるべく自分でできるよう見守っていく。 ◇子どもが伝えたいことも言葉を受け止め、言葉にして返したり（パラレルトーク）、動作をまねたり（ミラーリング）する。 ◇絵本を見て、模倣遊びをするときには、いっしょに動いて共有する。	◆ズボンを脱ぎやすいように、低い高さの台を用意しておく。 ◇自分で衣服を脱ごうとする姿を見守り、できたときはおおいに褒め、いっしょに喜ぶ。 ◇子どもが絵本を見て指さししたり、言ったりしたときは、「○○ね」と言葉にして返す。
◎自分でスプーンを持ち、意欲的に食べている。 ◎オマルに座って排せつしようとしている。 ◎自分からコミュニケーションを取ろうとするようになり、身ぶりや擬音で伝えている。応答してもらうと喜ぶ。 ◎体を揺らしながら音楽を楽しんでいる。	◎スプーンやフォークを使いながら自分で進んで食べるようになった。 ◎必要なときは自分でズボンなどを脱ぐ。 ◎一語文で伝達したり、絵本から模倣遊びを始めたりするようになる。 ◎保育者といっしょに模倣遊びを楽しみ、動作に合わせて、擬音で表現している。	◎スプーンや手づかみで、食べている。 ◎オマルにみずから座り、時々排せつしている。 ◎自分で靴下やズボンを脱ぐようになる。 ◎保育者と身ぶりや態度でコミュニケーションを楽しんでいる。 ◎玩具のかたづけに興味を持ち出した。

生活と遊び	生活と遊び	生活と遊び
スプーンやフォークを使って食べる。	自分でスプーンやフォークで食事する。	スプーンを持ちながら、手づかみで食べる。
オマルに座って排せつする。	紙オムツや衣服の着脱をする。	オマルに座って排せつする。
身ぶりや声で気持ちを伝えて遊ぶ。	保育者と音声のやりとりをする。	ズボンや上着を脱ぐ。
絵本を見て知っているものの名前を一語文で言う。	絵本を見て、まねっこ遊びをする。	絵本を見て一語文で話して遊ぶ。

子どもは初めて出会うものに対して、警戒します。命を守る本能的なものですが、大人が「おいしいね」と食べるのを見て安心して食べます、社会的参照ですね。

生活習慣の自立は、大人に依存していた生活から、自分で生きていける自信につながる重要な転機です。自分でしようとしている姿を認め、励ましましょう。

乳児は言葉の発達は不十分ながら、親しい人とコミュニケーションしたい気持ちをボディランゲージや一語文で伝えます。気持ちを受容し応答することが大切です。

これも！おさえておきたい 1月の計画のポイントと文例

本指導計画の月案では、A～O児に合った今月のねらいなどを掲載しています。より参考にしていただけるように、ここでは、この月によくある、ほかにも押さえておきたいポイントを紹介しています。

今月のねらい

年末年始の休み明けは、生活リズムが不安定になることもありますが、暖かい日ざしの時間帯に、園庭へ出て遊ぶのも気分転換になります。走ることができるようになった子どもは、ビニールだこを手にしてたこ揚げを楽しむ子どももいます。園庭の氷や霜を見つけたり息の白さを見たりします。

文例
戸外では園庭探索をしたり、体を十分に動かしたりしながら遊び、自然のものに触れ、楽しむ。

健康・食育・安全

歩行が始まった子どもが多くなり、室内での探索や体を動かして遊ぶことを喜びます。遊具や玩具の破損はないか、周りに危険な場所がないか、十分に安全点検をしておきます。遊具を口にしますので、清潔と消毒を心がけます。靴下に滑り止めを付け、転倒しないようにします。

文例
室内でも行動範囲が広がるので、スペースを確保し、安全面に関して再度確認しておく。

保育者間の連携

室内での遊びが多くなりますが、保育者が歌うと子どもたちが喜んで聞く季節の歌や、いっしょに遊べる手遊びなどの、情報を交換して、準備しておきましょう。ピアノの演奏やハモニカを吹くなど、それぞれの得意なものを役割分担して、楽しく気分が高揚するひとときを過ごしましょう。

文例
季節の歌や手遊びについて話し合い、共通理解しておく。

家庭・地域との連携

子どものつめは薄く、柔らかい皮膚に触れると、思いがけない裂傷になることがあります。友達とのかかわりが多くなり、楽しく遊んでいますが、玩具の取り合いなどでトラブルになり、相手につめを立てることがあります。保護者に状況を伝え、つめを切ることを心掛けてもらいましょう。

文例
友達とのかかわりの中で、危なくないようにつめが伸びてきたら切ってもらう。

1月 日の記録

保育を振り返るために、また仕事の証として、日々の記録は欠かせません。ここでは例として、違う日の3人を抜き出して掲載しています。次の計画に生かしましょう。

CD-ROM 日の記録フォーマット

1月7日（水） C児（19か月）

- 健康状態・異常：無・有（　　　）
- 朝体温：36.3℃　与薬：無・有（　　　）

時刻	食事	排せつ	睡眠	SIDSチェック	子どものようす
8					
8:50頃					登園
9	間食(全)	小			
9頃					ふれあい遊び
10		小／小			楽器遊び
11	給(全)	オ			
12			12:00〜	✓✓	
13			↓	✓✓	
14		小	14:45	✓✓	
15	間食(全)				
16		小			降園
17					
18					

生活と遊び：時々、窓を開けて換気し、空気を入れ替えて快適に過ごせるようにする。音楽に合わせて、楽器をたたいたり、振ったりする。

準備物：CD、缶太鼓、マラカス

子どもの発達と評価反省課題： 友達のほほを指でつまむことが多く、食事前に隣にいる子に対してすることが多い。注意をするだけでなく、座り方や場所にも気をつけるようにしたい。

1月13日（火） D児（12か月）

- 健康状態・異常：無・有（　　　）
- 朝体温：36.8℃　与薬：無・有（　　　）

時刻	食事	排せつ	睡眠	SIDSチェック	子どものようす
8					登園
9		小			戸外探索
10	離(全)／ミ100cc	小	10:56〜	✓✓	
11			↓	✓✓	
12		小	12:10	✓✓	着替え
12頃	果汁(全)				
13		小			
14	離(全)／ミ100cc				
15		小			ホールで遊ぶ
16					降園
17					
18					

生活と遊び：ホールを温めておき、快適に遊べるようにする。好きな遊びを見つけ、保育者のそばで安心して遊ぶ。

準備物：戸外遊び用のトレーナー、たこ、ハイハイアスレチック、マット

子どもの発達と評価反省課題：ハイハイアスレチックのトンネルに近づき、トンネルの中に入ろうとしている。物を手で押して歩くのが楽しいようだ。興味のある遊びを取り入れていきたい。

1月30日（金） M児（18か月）

- 健康状態・異常：無・有（　　　）
- 朝体温：36.8℃　与薬：無・有（　　　）

時刻	食事	排せつ	睡眠	SIDSチェック	子どものようす
8					登園
9	間食(全)	オ／小			ふれあい遊び
10		小			ハンカチ遊び
11	給	小	11:45〜	✓✓	きんぴら1/3残す
12			↓	✓✓	
13				✓✓	
14		小	14:30	✓✓	
15	間食(全)	小			
16		オ			
17					
18					降園

生活と遊び：こまめに換気し、気持ち良く過ごせるようにする。自分の気持ちを言葉やしぐさで伝えようとする。

準備物：CD、ハンカチ、バンダナ

子どもの発達と評価反省課題：オムツ交換マットを広げているので、どうしたのか聞くと、「ここ」とオムツを指さして、交換してほしいことを伝えていた。代弁してからオムツを交換した。

凡例：小：排尿　大：大便　オ：オムツ交換　離：離乳食　給：給食　ミ：ミルク　茶：お茶

実践ポイント：C児は自分の身の回りの子どもの存在に気づいて関心を持ち、かかわりたい欲求が相手を触りトラブルになります。保育者がかかわり方を仲介しましょう。

※SIDS（シッズ）とは「乳幼児突然死症候群」と呼ばれる、睡眠中突然死する病気です。一定時間ごとに睡眠中の子どものようすを確認しましょう。ここでは5分ごとに複数の保育者でチェックしています。SIDSについて詳しくはP.170をご覧ください。

1月のふりかえりから2月の保育へ

今月のねらい (P.138参照)
- 年末・年始の休み明けは、家庭との24時間のリズムを考慮しながら、ひとりひとりの体調に気を配り、心地良く過ごせるようにする。
- お正月らしい遊びで、のびのびと園庭で遊ぶ。

ふりかえりポイント
- ★ ねらいの設定は？
- ◆ 環境構成・援助は？
- ◎ 子どもの育ちは？
- 次月へのつながりは？

T先生(5年目)：私たちの保育はどうでしょう。
S先生(2年目)：場面を思い浮かべて振り返ってみましょう。

例えば…

D児(12か月)の場合

★年末・年始の家庭での生活を考慮した保育を考えるため、◆保護者にどんなお正月休みだったか、こまめに尋ねるようにしました。

- Dちゃんのおうちには、親戚がたくさん来て、いっしょにお祝いするんだったわよね。
- はい。母親とのコミュニケーションの時間が減ると、情緒不安が起こって、甘えたい気持ちが大きくなるかもしれないと思っていました。
- 実際のところ、月初めはなかなか寝つけないことが多かったわね。
- ゆったりと過ごせるように心がけて、今ではよく眠るようになって安心しました。

I児(18か月)の場合

歩ける子どもたちが喜んで、たこ揚げに外に出る中、Iちゃんはずっと私の足にしがみついていたの。

- 久しぶりの園で不安な気持ちが募っていたのね。★安心できるように、◆しばらく室内に残ってだっこしたり、ふれあい遊びをしたりして、ていねいにかかわるようにしたの。
- ◎T先生に受け止めてもらって満足したのか、戸外に出てからは、たこ揚げをすごく楽しんでいましたね。
- そうね。このころの子どもたちは、一度心が満たされると、自分で遊べるようになるのね。
- 忙しさで、つい心の余裕がなくなってしまいますが、子どもたちにもしっかり向き合ってかかわる時間を大切にしていきます！

伝えたい!! 園長先生のおはなし

キーワード　年末・年始の情緒不安

年末・年始の保護者の休暇中は、人との交流が非日常的に豊かになり、刺激にさらされた乳児にとっては、情緒不安になりがちです。休み明けに登園した子どもの中には、生活習慣が後退したり、ぐずったり、異常に甘えたりする姿が見られます。家庭での過ごし方をよく聞き取ると共に、不安定な子どもの気持ちを受け止め、スキンシップなどをします。

クラス全体では

次月の指導計画に生かせます！

- 今月は、子どもの気持ちをていねいに受け止め、きげん良く過ごせるように努めたわね。
- 戸外に出ると、やっぱり気分が晴れるみたいですね。よく眠っていました。
- そうね。寒さにも気をつけながら、来月もなるべく戸外で遊べるようにしていきましょう。

今月の評価・反省・課題 (P.139参照)

年末・年始休暇の後は、大きく体調の変調の子どもはいなかったが、久しぶりの登園を嫌がったり、保護者に過度に甘えたり、寝つきが悪かったりする子どもが見られた。子どもの気持ちに寄り添い、いっしょにたこ揚げで気分を解放したので、きげん良く過ごせた。また、寒さで戸外遊びがなかなかできない日もあったので、暖かい時間帯に園庭で遊べるようにしていきたい。

2月

ねらいより
子どもの健康状態を把握し、予防や早期発見に努めよう

月案（A〜C児）・・・P.148

指先でつまんで食べる
A児（12か月）

おしぼりできれいにする
B児（16か月）

いっしょがうれしい
C児（20か月）

個人案（D〜I児）・・・P.150

保育者のまねをする
D児（13か月）

友達といっしょに楽しく食べる
E児（14か月）

デザートの果物が好き
F児（15か月）

嫌いな食べ物に口を付けない
G児（17か月）

絵本を読んでほしい
H児（18か月）

シールはりを楽しむ
I児（19か月）

個人案（J〜O児）・・・P.152

体を動かすのが好きな
J児（15か月）

清潔にしようとしている
K児（16か月）

表現を楽しむ
L児（18か月）

音楽が好き
M児（19か月）

意欲的に生活する
N児（20か月）

着衣をしようとする
O児（18か月）

これも！おさえておきたい

2月の計画のポイントと文例・・・P.154

日の記録・・・P.155

2月のふりかえりから3月の保育へ・・・P.156

2月 月案

CD-ROM　2月 ▶月案

* 💡マークのマーカーが引いてある部分は、ページ下部の解説とリンクしているのでご覧ください。
*「今月のねらい」「健康・食育・安全」「保育者間の連携」「家庭・地域との連携」については、P.154の内容も、立案の参考にしてください。

今月のねらい（クラス全体としてのねらいです）

- かぜをひきやすい季節なので、ひとりひとりの子どもの健康状態を把握し、予防や早期発見に努めていく。
- 保育者とのかかわりや、他児との遊びに興味を示し、自分からかかわって、遊ぶことを楽しめるようにする。

	前月の子どもの姿 ○	ねらい ★・内容 ☆
指先でつまんで食べる **A児**(12か月)	○野菜ボーロを指でつまんでは、次々口に入れている。 ○壁で伝い歩きをし、立ち止まっては保育者の顔を確認する。 ○ペットボトルキャップを握り、箱にあけた穴に落とそうとする。 ○「バイバイ」と言うと手を振るなど、ベビーサインが増えてきている。	★手づかみで食べたり、食べさせてもらったりしながらかんで食べようとする。 ★手づかみでひとりで食べ、かむことを体験する。 ☆指先で物をつまんだり、穴に入れたりして遊ぶ。 ☆ベビーサインを受け止めてもらい、言葉で返してもらう。
おしぼりできれいにする **B児**(16か月)	○手づかみで食べるときもあるが、スプーンやフォークで食べている。 ○手や顔が汚れたら、自分でおしぼりを持ち、ふこうとしている。	★こぼしながらもスプーンとフォークで食べる。 ★きれいになる心地良さを感じる。 ☆スプーンやフォークを使って食べようとする。 ☆自分から顔や手をふこうとする。
いっしょがうれしい **C児**(20か月)	○ブロック遊びでは、ブロックをつないで電車のように走らせて遊んでいる。 ○同じ色の靴下を履いている他児に、「オンナシ！」と言っている。	★保育者に見守られて好きな遊びを楽しむ。 ★他児に興味を示し、同じことを喜ぶ。 ☆イメージを持って、ブロック遊びをする。 ☆他児のすることをまねる。

2月 月案

	第1週		第2週	
生活と遊び	**A児** 野菜ボーロを指でつまんで食べる。 **B児** スプーンやフォークを使って食べる。 **C児** ブロックをつないで遊ぶ。		**A児** 自分で手づかみ食べをし、時々かんで食べる。 **B児** 自分で顔や手をふく。 **C児** 友達のすることをまねて遊ぶ。	
行事生活遊びの計画	月 豆まき遊び 火 穴落とし 水 シールはり 木 なぐり描き 金 ふれあい遊び	玩具・豆、大型積み木 歌・『とんとんとん』『コンコンクシャンのうた』 絵本・『のせてのせて』	月 避難訓練、花紙遊び 火 ふれあい遊び(ハンカチ遊び) 水 ままごと遊び 木 シールはり 金 生活発表会	玩具・大型積み木、花紙、ハンカチ 歌・『コンコンクシャンのうた』『ゆき』 絵本・『いないいないばあ』

💡書き方のヒント いい表現から学ぼう！

子どもが自分でしようとする気持ちを十分に受け止めながらも、任せきりにせず、さりげなく手助けして清潔になった心地良さに満足できるようにする。

→ 理由

自分ですると気持ち良い

身辺を清潔にするのは生活環境やしつけの影響を受けるものです。手や顔が汚れたら自分でふく自立の姿が見られたとき、さりげなく援助しつつ満足させる配慮は、すがすがしいですね。

健康・食育・安全

- かぜをひいて鼻水が出る子どもがいるので、早期発見に努め、予防する。
- かむ習慣をつけるよう調理を工夫する。
- 子どもの動線を見て、安全点検をする。

保育者間の連携

- 1年間で最も寒い時期のため、保育者自身が感染源にならないように、手洗い、うがいなど健康管理に努め、共通理解する。
- 探索活動が活発になるので、安全に遊べるよう役割分担しておく。

家庭・地域との連携

- 帰宅時の手洗い、うがいを励行し、かぜの症状のときは必ず連絡してもらう。
- 参加保育の日程を知らせ、当日の服装、注意事項などを通知する。
- 薄着を奨励し、ベストを用意してもらう。

環境づくり◆と保育者の援助◇	子どもの発達◎と評価・反省・課題✺
◆目新しい野菜ボーロを作り、食べたくなるような盛り付けをする。 ◇ひと口量を確認し、口に物がなくなってから、次を食べさせる。 ◆後ろを向いたときに転倒しそうになるので、床の玩具をかたづける。 ◇誤飲防止のためペットボトルのキャップは繋げ、穴に入れたときの表情を受け止める。	◎力の加減がわかり、落としたりつぶしたりせずつまむ。 ◎壁の伝い歩きは横歩きだが、足を時々交差して歩いている。 ◎ベビーサインを次々作り、意味が通じたり受け止められたりすると応答する。 ✺あまりかまずに飲み込むので、家庭での食事を話し合ったが、もっと早くすべきだった。
◇ひと口量をスプーンに乗せて手渡したり、スプーンをいっしょに握って、持ち方を知らせたりして、徐々に慣れていくようにする。 ◆常に清潔なおしぼりを使用できるよう心がける。 ◇子どもが自分でしようとする気持ちを十分に受け止めながらも、任せきりにせず、さりげなく手助けして清潔になった心地良さに満足できるようにする。	◎スプーンやフォークを使い、自分で食べようとしている。 ◎好きなものを自分で食べることを楽しんでいる。
◆十分なスペースでひとり遊びができる環境を整えたり、同じ玩具を複数用意し、他児といっしょの遊びができるようにしたりしておく。 ◇「ガタンゴトン」など言葉をかけ、イメージを共有してブロック遊びを楽しめるようにする。 ◇「○○ちゃんといっしょね」など、他児と同じことをしたり、同じものを身に着けたりするうれしさを共感する。	◎自分でつなげたブロックを走らせることを楽しんでいる。 ◎つなげたブロックを他児に取られると泣いて訴える姿がある。

第3週	第4週
Ⓐ児 指先でペットボトルキャップをつまみ、箱の穴に入れる。	Ⓐ児 ベビーサインで保育者とやりとりをして楽しむ。
Ⓑ児 スポンジ積み木で遊ぶ。	Ⓑ児 ハンカチ遊びをする。
Ⓒ児 ままごと遊びをする。	Ⓒ児 友達とトンネル遊びをする。
月 スポンジ積み木、ままごと遊び 火 なぐり描き 水 身体計測 木 小麦粉粘土遊び、バスごっこ 金 シールはり 玩具・小麦粉粘土 歌・『ゆき』 絵本・『しろくまちゃんのホットケーキ』	月 弁当日、トンネル遊び 火 ふれあい遊び 水 なぐり描き 木 誕生会、ままごと遊び 金 ハンカチ遊び 玩具・トンネル、ハンカチ 歌・『ひなつまり』 絵本・『のせてのせて』

評価・反省・課題（P.156でくわしく説明！）

発熱やかぜで休む子どもがいたが、病後登園してもきげんが悪く甘えてきた。特定の保育者がていねいにかかわるよう努めたことで、子どもの気持ちが安定してきた。友達に興味を持ち、同じものを身に着けて喜んだり、同じ遊びを楽しんだりするようになった。友達とまねっこ遊びやごっこ遊びをして、友達関係を広げていきたい。

2月 月案

2月 個人案

← 1月 P.140から　　　3月 P.160へ →

2月 個人案

	D児（13か月） 保育者のまねをする	E児（14か月） 友達といっしょに楽しく食べる	F児（15か月） デザートの果物が好き
前月の子どもの姿	○「いただきます」「ごちそうさま」の言葉に合わせ、語尾だけを言う。 ○「おしっこしようね」と誘うと、ズボンを下ろそうとする。 ○『たまご』の手遊びで、保育者が手をたたくのをまね、自分も手をパチンとたたく。	○隣の席のA児に「もぐもぐね」と言葉を掛けると、E児も口を動かしている。 ○保育者が絵本を広げると、さっとひざに座りにきてニコニコ笑って見ている。 ○戸外へ散歩に行くと、ベビーカーから身を乗り出して消防車を見ている。	○デザートのミカンを食べ終わると、もっと欲しいと泣く。 ○歩き始めがヨロヨロとして、しりもちをつくが、立ち上がり4〜5歩あるく。 ○日曜日の休み明けは、午前中眠たくなり、ぐずることもある。
ねらい★・内容☆	★食前、食後のあいさつがわかり、進んでです。 ★保育者と共に興味のある遊びをする。 ☆手を合わせ「す」「ま」の部分を、声を出して言い、頭を下げる。 ☆保育者と喜んで手遊びをする。	★友達といっしょに食べることを楽しむ。 ★保育者に絵本を読んでもらって楽しむ。 ☆友達がモグモグと口を動かしているのを見て、いっしょに食べ物をかんで食べる。 ☆散歩に出て、車を見たり外気にふれたりする。	★食後、デザートを食べて、満足する。 ★バランスを取りながら立ち上がる。 ☆保育者に見守ってもらい、歩く。 ☆眠たくなると、午前も睡眠する。 ☆デザートをゆっくりかんで食べる。
環境づくり◆と保育者の援助◇	◆座ってズボンを脱ぎ着できる台を用意しておく。 ◇動作をよく見て「ズボン脱ぐのね」と言葉をかけ、必要な部分を介助する。 ◆よく見える場所に立ち、ゆっくりはっきりした口調で手遊びを見せる。 ◇子どものしぐさに合わせ、パチンと手をたたき、楽しさを共有する。子どもの要求にこたえて繰り返し遊ぶ。	◆仲よしのA児のそばに座らせ、友達と食事する楽しい雰囲気をつくる。 ◇「Eちゃんもいっしょね」とかんでいることを認め、うれしさを共感する。 ◆好きな絵本を用意し、落ち着いた場所で身近に対話できるようにする。 ◇戸外へ出るときは、ベビー毛布などを用意し、寒いときに子どもに掛ける。	◆食べたい気持ちを受け止めながら、少しずつ手渡してゆっくりと味わいながら食べるようにする。 ◆足元や周辺に玩具などの危険なものがないよう整理しておく。 ◇歩けることへのうれしさに共感し見守る。 ◆ついたてなどで静かな環境をつくる。 ◇不機嫌な気持ちを受け止め、眠れるようにする。
子どもの発達◎と評価・反省・課題※	◎ひとり歩きの足運びがしっかりして、トコトコとよく歩くようになった。 ◎オマルで排せつするのをいやがらなくなり、自分からズボンを脱ごうとする。 ◎玩具のピアノをひとさし指で押して、音を出し、喜ぶようになった。	◎友達といっしょに顔を見合わせながら、口を動かしてかんで食べている。 ◎乗り物絵本が好きで、指さしし、「ブーブー」と言って喜んでいる。 ※散歩は、興奮して疲れるのか、帰りはうとうと眠るので、寒さに注意していきたい。	◎家庭でも季節の果実を食べさせてもらうよう連携したので、泣かなくなった。 ◎室内の安全な環境の中で、よく歩くようになった。 ※休日の家庭での睡眠状態をよく話し合い、睡眠リズムを確認していきたい。

	生活と遊び	生活と遊び	生活と遊び
第1週	食前、食後のあいさつをする。	室温に注意し、静かな環境で眠れるようにする。	声や表情を感じ取り、保育者への愛着が深まるようにする。
第2週	自分でズボンを下ろそうとする。	睡眠中のようすが見えるように気をつけ、SIDSの予防に努める。	声や表情を感じ取り、保育者への愛着が深まるようにする。
第3週	保育室で手遊びをする。	静かな環境をつくり、だっこやおんぶを十分にしながら安心して眠れるようにする。	散歩や外気浴をする。
第4週	ピアノをたたいて遊ぶ。	静かな環境をつくり、だっこやおんぶを十分にしながら安心して眠れるようにする。	散歩や外気浴をする。

育ちメモ

特定の保育者のすることをまねるということは、その保育者をモデルとして愛着やあこがれを持った証です。よいことです。

物と言葉が結び付き、ある程度イメージできだすと絵本を好むようになりますね。「ブーブーね」と擬音で命名しましょう。

食べ物の味がわかるようになり、ご飯類にはない甘み、酸っぱさ、舌触りの違うデザートが好きになった成長の目安ですね。

CD-ROM 2月 ▶個人案_1

嫌いな食べ物に口を付けない G児(17か月)	絵本を読んでほしい H児(18か月)	シールはりを楽しむ I児(19か月)
○好きな物はよく食べるが、いやな物は「イヤ」と言って、口をつけないようになった。 ○衣服の脱ぎ着に興味を持ち、自分でズボンに足を入れようとする。 ○ボールを片手で投げては取りに行き、繰り返して遊ぶ。	○好きな絵本を保育者に持ってきて、ひざに座り読んでもらおうとする。 ○絵本の中の動物の泣き声をまねしたり、「ワンワン」「ゾウタン」と名前を言ったりする。	○シールを何度も繰り返しはって遊ぶことを楽しんでいる。 ○保育者に「シーシー」と尿意を知らせるようになる。
★嫌いな物も、少しだけ口に入れてみる。 ★介助してもらいながら衣服を着脱する。 ☆好き嫌いを受け止めてもらい、少し食べる。 ☆台に座り、片足ずつズボンに足を入れてはこうとする。	★安心できる保育者のそばで安心して過ごす。 ☆保育者とふれあい遊びをする。 ☆保育者に絵本を読んでもらい、動物などの名前を発する。	★指先を使う遊びを楽しむ。 ★自分の思いを伝えようとする。 ☆保育者に受け止めてもらいながら、繰り返ししぐさや態度で思いを伝える。 ☆指先を使って、シールをはったりめくったりして遊ぶ。
◇食べ物に好き嫌いが出てきたことを受け止め、無理強いせず「おいしいよ、少し食べてみる?」と言葉をかけ、食べられたときには褒める。 ◆座ってはける台を作り、置いておく。 ◇自分でしようとする気持ちを大切にして、できたときは「じょうずにはけたね」と喜びを共感する。 ◆握りやすいいろいろな材質のボールを用意する。	◇くすぐり遊びなどふれあえる遊びを繰り返し楽しむ。 ◆H児が知っている動物が出てくる絵本を用意しておく。 ◇「そうね、ワンワンね」など笑顔でこたえ、言葉のやりとりを繰り返し楽しむ。	◆シールはりや小麦粉粘土など指先を使う遊びを準備しておく。 ◇夢中になっているときは見守るようにし、できたうれしさを共感する。 ◇子どもの思いを受け止め、言葉にして代弁したり、満足できるようにかかわったりする。
◎嫌いな食材の調理方法を工夫することで、気づかない間に、少しずつ食べるようになる。 ◎指先の力がつき、ズボンの上をしっかり持って、片足ずつ足を入れている。 ✳ズボンの後ろへ手が回らず、上げにくいので、手助けを忘れないようにする。	◎絵本に出てきた動物を指さし、「ワンワン」「ウマ」と発して楽しんでいる。 ◎お気に入りの絵本を繰り返し見ている。	◎小さいシールにも興味を持ち、積極的にはっている。また、一度はったシールをはがすことも楽しんでいる。

生活と遊び	生活と遊び	生活と遊び
苦手なものも少し食べる。	保育者とふれあい遊びをする。	シールをはって遊ぶ。
自分でズボンをはく。	絵本を読んでもらう。	指先を使ってシールめくりをする。
大きいボールを転がして遊ぶ。	動物の名前を言ったり、鳴き声をまねたりする。	小麦粉粘土で遊ぶ。
小さいボールを片手で投げて遊ぶ。	友達とまねっこ遊びをする。	保育者に尿意を知らせ、トイレに行く。

ボールを投げては取りに行くという行為は、「〜ではない〜だ」という可逆操作が可能な発達レベルに達したのですね。

絵本に登場する動物の名前を言えることがうれしくて、声に出して言い、保育者に認めてもらうとどんどん言葉を覚えます。

脳の神経支配が末端の指まで到達すると指先を器用に使って、さまざまな遊びをします。そこでさらに脳の発達を促すのです。

2月 個人案

	J児（15か月） 体を動かすのが好きな	K児（16か月） 清潔にしようとする	L児（18か月） 表現を楽しむ
前月の子どもの姿	○スプーンを持ち、自分で口に運んで食べようとしている。 ○紙オムツに排せつしているが、オマルに進んで座っている。タイミングが合うと、排せつしている。 ○靴下や服を自分で脱ごうとしている。 ○体を動かすことを楽しんでいる。	○スプーンやフォークで食べようとし、うまく使えないと手づかみで食べている。 ○眠りが浅いときがあり、1時間ほどで目が覚めることもある。 ○鼻水が出ると、自分でティッシュペーパーを取って保育者に渡したり自分でふこうとしたりする。	○お皿に手を添えて、スプーンを持って食べている。 ○靴下やズボンを自分で脱ごうとしている。 ○動物の絵が載っている絵本を見て、「ワンワン」「ブーブー」と言いながら、動物の模倣を楽しんでいる。
ねらい★・内容☆	★自分で食べる喜びを感じる。 ★広い場所で運動遊びをすることを楽しむ。 ☆いろいろな食材を喜んで食べる。 ☆上る・下りる・くぐるなどの運動遊びをする。	★安心して過ごせるようにする。 ★清潔にする喜びを感じる。 ☆一定の時間ぐっすり眠る。 ☆自分の気持ちをしぐさや態度で伝える。	★ひと口の量を知り、よくかんで食べる。 ★コミュニケーションの楽しさを味わう。 ☆食べ物をきちんとかんで飲み込む。 ☆表現することを楽しめるようにする。
環境づくりと保育者の援助	◇「マンマおいしいね」と話しかけながら、自分で食べようとする姿を優しく見守る。また、スプーンを手渡してあげるなど、手助けしていく。 ◆室内では広いスペースを確保し、ハイハイアスレチックなどで遊ぶことを楽しめるようにする。 ◇危険がないように、必ずそばに保育者がついて万一の状況にそなえる。	◆入眠するのに適した明るさや室温を保つ。 ◇安心して入眠できるように手を握ったり体をさすったりする。 ◇子どものしぐさや態度を受け止めていく。また、清潔になったことを共に喜ぶ。	◆「モグモグ、カミカミ」など、保育者がいっしょに口を動かして、見本を見せる。 ◇「おいしいね」と声をかけるようにし、楽しい雰囲気で食事をできるようにする。 ◆さまざまな動物の模倣を楽しめるように、いろいろな絵本を用意しておく。 ◇「ワンワンだね」「ブタさんだね」など、伝えようとしていることを受け止め、いっしょに動物の模倣をすることを楽しむ。
子どもの発達◎と評価・反省・課題＊	◎介助されスプーンで離乳食を食べる。 ◎まだ紙オムツをしているが、オマルに座ろうとする。 ◎体を動かすのが好きで、ハイハイアスレチックで登ったり、くぐったりしている。 ＊足元が不安定なので動きに注意する。	◎鼻水が出ると気持ち悪い事がわかり自分でペーパーを取ってふき、気持ち良さを感じている。 ◎自分で手を洗ったり、顔をふいても気持ち良さそうにする。 ＊情緒不安定なのか、午睡時間が短い。ふれあって安定させるようにする。	◎皿に手を添えてスプーンを持ち、カミカミしながら食べている。 ◎靴下やズボンを脱ぐことに興味を持ちだした。 ◎イメージができだし、絵本の動物を見て、擬音を使いながら、模倣遊びを楽しんでいる。

	生活と遊び	生活と遊び	生活と遊び
第1週	スプーンを使って食べる。	スプーンや手づかみで食べる。	スプーンを持って自分で食べる。
第2週	オマルに座って排せつする。	鼻水を自分でふこうとする。	靴下やズボンをひとりで脱ぐ。
第3週	上る、くぐるなどの運動遊びをする。	保育者とふれあい遊びをする。	絵本を見る。
第4週	ハイハイアスレチックで体を動かす。	絵本を読んでもらう。	模倣遊びをする。

育ちメモ

子どもは今発達しつつある機能を使うことに興味が集中します。今は登るくぐるなど、体を動かすことが好きなのですね。

子どもは持って生まれた気性があり、K児は敏感で緊張が強いようです。警戒心や不安を受け止めるかかわりが大切です。

動物に興味を持ちだし、擬音や擬態で模様を楽しむのは、イメージができだした証（あかし）なので言葉を添えて楽しみましょう。

音楽が好き M児（19か月） 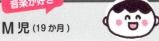	意欲的に生活する N児（20か月）	着衣をしようとする O児（18か月）
○自分でズボンを上げてはこうとする。 ○「ワンワン」「ニャンニャン」と絵本の絵を見ながら指さしをして保育者に知らせたり、模倣したりしている。 ○歌や手遊びを聞くと、体を揺らしたり、手をたたいたりして楽しんでいる。	○スプーンやフォークを使いながら、ご飯やおかずをこぼしながらも自分で食べようとしている。 ○自分でズボンに足を入れて、はこうとしている。 ○保育者のひざの上に乗って、ふれあい遊びをすることを楽しんでいる。	○皿に手を添え、スプーンやフォークを使って食べようとする。 ○オマルに座って排せつしようとしている。 ○紙パンツやズボンを自分ではこうと、足を通そうとする。 ○「ネー」「ナアー」と言いながら、保育者とのやりとりを楽しんでいる。
★コミュニケーションを取ることを楽しむ。 ★音楽にふれて楽しむ。 ☆保育者や友達といっしょにかかわることを楽しんで遊ぶ。 ☆季節の歌や手遊びを聞いたり遊んだりする。	★自分でするという喜びを感じる。 ☆お皿に手を添え、スプーンやフォークを使って自分で食べる。 ☆衣服を自分で着衣しようとする。 ☆自分なりの表現をする。	★自分でするという喜びを感じる。 ★保育者や友達とかかわることを楽しむ。 ☆衣服を自分で着衣しようとする。 ☆自分の気持ちを友達にしぐさや言葉で伝える。
◇犬のまねをしながら「ワンワン」と言うM児といっしょに、保育者もまねをしながら気持ちを十分に認めていく。 ◆『コンコンクシャンのうた』『ゆき』など、季節に合った歌を用意しておく。 ◇「いっしょに」の気持ちを大切にして、いっしょに歌をうたったり、手遊びをしたり、模倣遊びをしたりして楽しむ。	◆「自分で」の気持ちを受け止められるように、食事や着脱の場面で危険のないように、事前に点検をしておく。 ◆「おいしいね」などと話しかけながら、自分で食べられたことをおおいに褒めていく。また、皿に手を添えることを知らせていく。 ◆優しく見守りながら、さりげなく手助けをしていき、自分でできたことを大いに褒める。	◆ズボンをはくときの台を用意しておく。 ◆自分でしようとする姿が多く見られるので、優しく見守りながら、さりげなく手助けしていくようにする。 ◆ゆったりと気持ちを受け止めることができるように、1対1でかかわれるようにしておく。 ◆子どものしぐさや表情を受け止めていき、保育者とのやりとりを楽しめるようにする。
◎よくかんで食べようとしている。 ◎オマルに座って時々排せつしている。 ◎保育者や友達とかかわることができ、手遊びや、模倣遊びを楽しんでいる。 ◎音楽が流れると、体を揺らしたり、手をたたいたりして喜ぶ。	◎皿に手を添え、スプーンやフォークを使って、自分で食べている。 ◎自分でという気持ちが強くなり、衣服を脱いだり着たりしようとする。 ◎なぐり描きをして表現遊びを楽しむようになった。	◎オマルに座って排せつするようになる。 ◎衣服を自分で脱いだり、着たりしようとするようになった。 ※泣いてだっこを求めるようになったので、気持ちを受け止めだっこをし安心して遊べるようにしたが、保護者とも話し合う必要がある。
生活と遊び	**生活と遊び**	**生活と遊び**
よくかんで食事をする。	スプーンやフォークを使って食事をする。	スプーンやフォークを使って食事をする。
オマルで排せつする。	自分で上着やズボンを着衣する。	オマルに座って排せつする。
絵本を見て、模倣して遊ぶ。	なぐり描きをする。	ままごとで遊ぶ。
季節の歌をうたう。	ごっこ遊びをする。	保育者とやりとり遊びをする。

リズム感や音感は小さいときの経験が豊かな子どもほど、能力が開花します。音楽に敏感に反応するときに十分に楽しませます。

物事に向かう意欲を感じさせる自己性を持っている子どもですね。意欲の対象を見極めてN児の自立の応援をしましょう。

自分でという自立の芽生えがありますが、まだ依存との間で揺らいでいます。甘えを受け止めて自立の後押しをしましょう。

今月のねらい

1年中でいちばん寒い季節ですので、室内で過ごすことが多くなります。エネルギーの発散・解放のために、暖かい日には体調に合わせ、テラスへ出たり、園庭散歩をして、きげん良く過ごせるようにします。しっぽ取りなど体を動かすと温かくなることを体感できる遊びで楽しませましょう。

文例 寒い時期でも戸外で体を動かすことを楽しむ。

健康・食育・安全

乳児や低年齢幼児は、寒さに対する抵抗力が弱く、2月の冷気にさらされると、すぐ鼻水が出たり、くしゃみをしたりします。熱が高くなったりせき込んだりしているときは、なんらかの感染症にかかっています。受診してもらうとともに、室内を消毒して、蔓延を防ぎましょう。

文例 感染症の早期発見に努め、体調に異常が見られたときは、適切に対応するとともに、室内の消毒を徹底する。

これも！おさえておきたい
2月の計画のポイントと文例

本指導計画の月案では、A〜O児に合った今月のねらいなどを掲載しています。より参考にしていただけるように、ここでは、この月によくある、ほかにも押さえておきたいポイントを紹介しています。

CD-ROM　2月▶文例

保育者間の連携

来月の進級を控えて、新しい環境でのスムーズな適応ができるよう、徐々に慣れることを目標に、1歳児クラスへ遊びに行きます。1歳の環境の中でもオマルに慣れることは大きな課題ですので、1歳クラスの担当保育者とよく話し合い、手順などを共通理解しておきましょう。

文例 1歳児クラスへ遊びに行ったり、オマルを使用したりすることについて、1歳児クラスの担当とよく話し合い、共通認識しておく。

家庭・地域との連携

0歳の手のかかる時期、特定の保育者にていねいにかかわってもらった保護者の中には、、担当や部屋が変わることで、子どもが不安定にならないか、自分自身不安を持っている方がおられます。クラス懇談会などで、今月行なっている1歳児クラスへの体験について話し安心してもらいます。

文例 1歳児クラスとの交流について、目的や方法を伝え、保護者の進級への不安を払拭できるようにする。

2月 日の記録

保育を振り返るために、また仕事の証（あかし）として、日々の記録は欠かせません。ここでは例として、違う日の3人を抜き出して掲載しています。次の計画に生かしましょう。

CD-ROM 日の記録フォーマット

2月2日（月） F児（15か月）

受入れ
- 健康状態・異常 無・有（手、尻肌荒れ）
- 朝体温：36.2℃ 与薬：無・有（　）

時刻	食事	排せつ	睡眠	SIDSチェック	子どものようす
8					登園
9	間食（全）	オ			豆まき遊び
10		小			ふれあい遊び
11	給（全）	小 大			着替え
12			12:05↓	✓✓	
13				✓✓	
14		小	↓14:45	✓✓	
15	間食（全）	小			
16					降園
17					
18					

生活と遊び：ホール使用の際は、ストーブとカーペットで体が冷えないようにする。豆まきの歌に合わせて、節分らしい遊びを楽しむ。

準備物：鬼のお面、豆、豆まきの歌

子どもの発達と評価反省課題：豆まき遊びでは、豆をまくまねをして、保育者といっしょに歌遊びを楽しんでいた。いろいろな歌遊びを用意していきたい。

2月18日（水） O児（18か月）

受入れ
- 健康状態・異常 無・有（　）
- 朝体温：36.1℃ 与薬：無・有（　）

時刻	食事	排せつ	睡眠	SIDSチェック	子どものようす
8		オ 小			登園
9	間食（全）	小			身体計測
10		小			
11	給（全）	小			
12			12:05↓	✓✓	
13				✓✓	
14		小	↓14:35	✓✓	
15	間食（全）				牛乳2/3残す
16		小			降園
17					
18					

生活と遊び：窓など子どもたちが手で触る場所の消毒をしておく。保育者や友達とかかわることを楽しむ。

準備物：スポンジ積み木、ブロック

子どもの発達と評価反省課題：C児が『ゆき』の歌をうたっているとそばにきて、いっしょに歌おうとして口を開けている。友達といっしょに遊ぶ楽しさを代弁し、共有していきたい。

2月24日（火） N児（20か月）

受入れ
- 健康状態・異常 無・有（　）
- 朝体温：36.2℃ 与薬：無・有（　）

時刻	食事	排せつ	睡眠	SIDSチェック	子どものようす
8		小			登園
9	間食（全）	オ			ほぼ残す／戸外探索
10		オ			ふれあい遊び
11	給	オ			シュウマイ1/2、オレンジ1/2 残す
12			12:10↓	✓✓	
13				✓✓	
14		小	↓14:45	✓✓	
15	間食（全）				牛乳1/3残す
16		小			
17					降園
18					

生活と遊び：戸外ではトレーナーを着用し、時間に配慮する。保育者のひざの上で、ふれあい遊びを楽しむ。

準備物：戸外用トレーナー、手遊びのCD

子どもの発達と評価反省課題：戸外探索で、自分からアジサイのそばに行き、枝や葉を触っていた。これからもいっしょにいろいろな植物を見ていけるようにしたい。

小：排尿　**大**：大便　**オ**：オムツ交換　**離**：離乳食　**給**：給食　**ミ**：ミルク　**茶**：お茶

実践ポイント：鬼のお面を被った保育者に、作り物の豆をぶつけて盛り上がるようすは、遊びとしてときめくものです。伝統行事の意味はわからなくても楽しい記憶として残りますね。

※ SIDS（シッズ）とは「乳幼児突然死症候群」と呼ばれる、睡眠中突然死する病気です。一定時間ごとに睡眠中の子どものようすを確認しましょう。ここでは5分ごとに複数の保育者でチェックしています。SIDSについて詳しくはP.170をご覧ください。

2月のふりかえりから3月の保育へ

今月のねらい (P.148参照)
- かぜをひきやすい季節なので、ひとりひとりの子どもの健康状態を把握し、予防や早期発見に努めていく。
- 保育者とのかかわりや、他児との遊びに興味を示し、自分からかかわって、遊ぶことを楽しめるようにする。

ふりかえりポイント
- ★ ねらいの設定は？
- ◆ 環境構成・援助は？
- ◎ 子どもの育ちは？
- 次月へのつながりは？

T先生(5年目)：場面を思い浮かべて振り返ってみましょう。

S先生(2年目)：私たちの保育はどうでしょう。

例えば…

M児(19か月)の場合

★保育者や友達と"いっしょ"を楽しめるように、◆周りの人といっしょに手遊びをしたり、歌を楽しんだりできる時間を多く取りました！

◎『コンコンクシャンのうた』の最後の「クシャン」をしたあと、笑顔で私の顔を見ていたわ。とてもかわいらしかったわ。

"いっしょ"がうれしいという気持ちが表れていますね！ほかにも、◎転がっているボールを、友達といっしょに追いかけているなど、他人への興味が少しずつ出てきているようです。

そうね。"いっしょ"のうれしさに、保育者も共感していきたいわね。

はい！

N児(20か月)の場合

週末に体調不良になって月曜日に久しぶりに園に来たときのことなんだけど……。

登園時にお母さんから離れるのをいやがってすごく泣いていたのよ。★体調のようすを見ながら、ゆったりとかかわれるように、◆静かな所で目を見て語りかけたの。

◎お昼からは、きげん良く外で遊んでましたよね！不調のときにお母さんにかまってもらって、少しさみしくなったのもあるかもしれませんね。

そうね。病後に退行現象があるのは、よくあることなの。体調が悪くて不安になることもあるわ。病後は、子どもたちのようすを見て、ていねいにかかわることを心がけましょうね。

はい！ お母さんにもそのことを伝えて、いっしょに支えていかないといけませんね！

伝えたい！！ 園長先生のおはなし

キーワード　社会性の芽生え

乳児は歩行を開始し、好きな所を歩き回って探索操作をするようになると、自分以外の存在に気づくようになるわね。物への興味から人への関心を持つようになり、友達と同じを見つける「おんなし」と言って喜んだり、同じ動作をしたりします。また同じ玩具を使って遊びを共有し、顔を見合わせて笑い合います。社会性の発達の第一歩ですよ。

クラス全体では

次月の指導計画に生かせます！

熱や嘔吐など体調不良の子どもがいて、あらためてひとりひとりにていねいにかかわるよう努めたわね。

保護者といっしょに、子どもの健康を支援する大切さをとても感じました。

そうね。私たち保育者だけでなく、友達ともつながりができ始めているわね。まねっこ遊びなど、友達といっしょに楽しめる遊びを増やしていきましょうね。

今月の評価・反省・課題 (P.149参照)

発熱やかぜで休む子どもがいたが、病後登園してもきげんが悪く甘えてきた。特定の保育者がていねいにかかわるよう努めたことで、子どもの気持ちが安定してきた。友達に興味を持ち、同じ物を身に着けて喜んだり、同じ遊びを楽しんだりするようになった。友達とまねっこ遊びやごっこ遊びをして、友達関係を広げていきたい。

3月

ねらいより
ひとりひとりの成長を振り返り、次年度に引き継ぎ、新しい環境に慣れるように

月案 (A〜C児) ・・・・・ P.158

お茶を入れすぎてむせる
A児 (13か月)

自己主張が強くなってきた
B児 (17か月)

玩具を取られて泣く
C児 (21か月)

個人案 (D〜I児) ・・・・・ P.160

スプーンで食べたがる
D児 (14か月)

ひとり歩きが始まった
E児 (15か月)

食べにくい物を吐き出す
F児 (16か月)

名前を呼ばれて返事する
G児 (18か月)

紙破りを楽しむ
H児 (19か月)

嫌いなものを口から出す
I児 (20か月)

個人案 (J〜O児) ・・・・・ P.162

自分で食べようとする
J児 (16か月)

まねっこを楽しむ
K児 (17か月)

ハイハイを十分にする
L児 (19か月)

意欲的に食べる
M児 (20か月)

指さしする
N児 (21か月)

手遊びを楽しむ
O児 (19か月)

これも！おさえておきたい
3月の計画のポイントと文例 ・・・・ P.164

日の記録 ・・・・・・・・・・・・ P.165

3月のふりかえりから次年度へ ・・・ P.166

3月 月案

CD-ROM　3月 ▶ 月案

今月のねらい（クラス全体としてのねらいです）

- ひとりひとりの成長を振り返り、現在のようすをしっかりとらえ、次年度に引き継ぎながら、新しい環境にも慣れるようにする。
- 保育者にベビーサインで交流したり、友達とのかかわりが楽しくなるような遊びをしたりして、人間関係を深めていく。

* マークのマーカーが引いてある部分は、ページ下部の解説とリンクしているのでご覧ください。
* 「今月のねらい」「健康・食育・安全」「保育者間の連携」「家庭・地域との連携」については、P.164の内容も、立案の参考にしてください。

	前月の子どもの姿○	ねらい★・内容☆
お茶を入れすぎてむせる A児（13か月）	○コップを両手で持ち、こぼしながらも自分でお茶を飲むが、口に入れすぎてむせる。 ○靴を履いて園庭に出るようになり、園庭に座って両手で砂をなでたりつかんだりする。	★コップを自分で持ってお茶を飲む。 ★いろいろな感触を知って覚える。 ☆みずからコップを持ち、少しずつお茶を口に入れて飲む。 ☆つまむ、入れる、握るなど手先を使った遊びを十分にする。
自己主張が強くなってきた B児（17か月）	○自分で食べることを楽しみ、保育者の援助をいやがることがある。 ○同じ玩具をたくさん手に取り、「わたしの」と言って友達が持って行こうとすると泣く。	★自分で食べようとする。 ★保育者に気持ちを受け止めてもらい、満足する。 ☆苦手なものも自分で食べてみようとする。 ☆保育者に見守られながら、玩具にかかわって遊ぶ。
玩具を取られて泣く C児（21か月）	○鼻水が出ていると自分でティッシュペーパーを持ってくることがある。 ○遊んでいたブロックを他児に取られて泣いている。	★自分の思いを、保育者に受け入れてもらう喜びを味わう。 ☆自分の気持ちや欲求を、保育者に言葉やしぐさで伝えようとする。

3月 月案

	第1週	第2週
生活と遊び	A児 両手でコップを持ち、自分でお茶を飲む。 B児 ままごとをする。 C児 ブロックで遊ぶ。	A児 指先を使ってシール遊びをする。 B児 ブロックで遊ぶ。 C児 大型積み木で遊ぶ。
行事・生活・遊びの計画	月 戸外探索、洗濯バサミ遊び 火 戸外探索、紙遊び 水 戸外探索、ままごと遊び 木 戸外探索、ハンカチ遊び 金 戸外探索、素材遊び 玩具・洗濯バサミ、花紙、新聞紙、ハンカチ、空き箱 歌・『ひなまつり』『電車にのって』 絵本・『いないいないばあ』	月 身体計測、トンネル遊び 火 戸外探索 水 誕生会、戸外でボール遊び 木 戸外探索、シールはり 金 戸外探索 玩具・トンネル、大型積み木、ボール 歌・『パンやさんにおかいもの』『電車にのって』 絵本・『のせてのせて』

書き方のヒント いい表現から学ぼう！

1年間のひとりひとりの発達過程を担任間で確認し、次年度への課題を新担当者に、引き継ぐ。

理由

次年度への課題を引き継ぐ

0歳児の発達のテンポは、人間の一生の中で質的にも重要な段階です。ひとりひとりの生活習慣の自立過程、自我、情緒、社会性に至るまで発達を確認し、引き継ぎが重要です。

健康・食育・安全	保育者間の連携	家庭・地域との連携
●この時期にはやる感染症の情報に注意し、健康観察をていねいに行なう。 ●ひな祭りなどの行事食を楽しめるように、献立を考える。 ●次年度の保育室での生活を経験し、危険な場所がないか、確認しておく。	●1年間のひとりひとりの発達過程を担任間で確認し、次年度への課題を新担当者に引き継ぐ。 ●食物アレルギーのある子どもの現状を調理担当者に伝える。 ●進級クラスの案内役を決める。	●歩行の開始など、動きが活発になる子どもが増えてきたので、家庭での安全管理に注意してもらう。 ●個別懇談などで、子どもの成長ぶりや、保育課題、進級の不安などを話し合う。

環境づくり◆と保育者の援助◇	子どもの発達◎と評価・反省・課題✴
◇お茶を口に入れ過ぎてむせることがあるので、ひと口ずつ飲めるようにさりげなく介助する。 ◆鍵穴に鍵を差せるものや、ポスティングボックスの中へ入れる物、いろいろな感触の布絵本などを用意しておく。 ◇安心して遊べるようにそばで見守り、指先を使った遊びを楽しませる。	◎コップの持ち方、傾け方、口に入れる量などが少しずつわかりだし、むせずにお茶を飲めるようになった。 ◎靴を履いて園庭で歩けるようになり、木の葉っぱを触ったり、砂をいじったりして感触を楽しんでいる。
◇「ジブンデ」の気持ちを大切にしてかかわり、満足するまで食べられるようにさりげなく手助けしていく。 ◆他児にも玩具が行き渡るように、十分な数を準備しておく。 ◇「欲しかったんだよね」と思いをまずは受け止める。満足してからどうしたいのか聞き「○○ちゃんにもかしてあげようね」と促していく。	◎欲しくないときは口を閉じ、顔を横に向けるが、苦手なものは保育者が勧めると食べようと口を開けることがあり、認めると喜んで食べている。 ✴自我が目覚め、自己主張が強くなり独占欲が見られることがある。友達と玩具の貸し借りができるようにしていきたい。
◇伝えられたときは、「鼻水ふいてほしいのね、教えてくれてありがとう」と気持ちを受け入れ、伝えられた喜びを味わえるようにする。 ◆同じ玩具を2、3個用意しておく。 ◇他児と玩具の取り合いが起こったときには、「○ちゃんもこれで遊びたかったのよね」など言ったり、相手にC児の気持ちを代弁したりして、双方の仲立ちをしていっしょに遊べるように援助する。	◎自分のしてほしいことがあると、しぐさで伝えようとしている。 ◎絵本に出てくる動物や虫に興味を持ち、保育者といっしょに動物の名前を言おうとしている。 ✴玩具を取られたら取り返す強さがないので、友達との関係を援助していきたい。

第3週		第4週	
A児 ポスティングボックスで物を落としたり、引っ張ったりして遊ぶ。		A児 シールはりをする。	
B児 ハンカチ遊びをする。		B児 なぐり描きをする。	
C児 ままごとをする。		C児 素材遊びをする。	
月 避難訓練、楽器遊び 火 戸外探索、洗濯バサミ遊び 水 戸外探索、洗濯バサミ遊び 木 修了式、ままごと遊び 金 戸外探索、ハンカチ遊び	玩具・マラカス、太鼓、洗濯バサミ 歌・『くいしんぼゴリラのうた』『パンパンパン』 絵本・『しろくまちゃんのホットケーキ』	月 戸外探索、トンネル遊び 火 戸外探索、素材遊び 水 戸外探索、なぐり描き 木 戸外探索 金 戸外探索、シールはり	玩具・トンネル、大型積み木、空き箱 歌・『おべんとう』『パンパンパン』 絵本・『のせてのせて』

評価・反省・課題 (P.166でくわしく説明!)

基本的な生活の流れがわかり、子どもが自分から動けるようすが見られるようになり、全体にクラスの落ち着きが出てきたことが評価できる。また、保育者のまねが盛んになり、生活や自由遊びのあいだの時間に手遊びやふれあい遊びを取り入れることで、遊びが広がっていった。不安なく次年度につなげていきたい。

3月 月案

3月 個人案

	D児（14か月）スプーンで食べたがる	E児（15か月）ひとり歩きが始まった	F児（16か月）食べにくい物を吐き出す
前月の子どもの姿 ○	○スプーンに関心を持ち出し、スプーンで食べたがる。 ○衣服の脱ぎ着をするとき、介助されやすいように、手足を動かそうとする。 ○本棚から動物の絵本を取り出し、「ワンワン」などと言い、保育者に差し出す。	○コップの取っ手を持ってお茶を飲む。 ○両またを広く開け足を高く上げ、ひとりで歩くが、歩幅も方向もまちまちである。 ○片手で2つの立方体を持つ。 ○「おいで」と言うと来たり、「ねんね」と言うと寝転んだりする。	○スプーンを持って食べているが、肉や魚など食べにくい物は吐き出す。 ○玩具など自分の気に入っているものを友達に触られると、かみつこうとする。 ○保育者がいないいないばあをすると、「バー」と言って、何度でもしている。
ねらい★・内容☆	★スプーンを持って喜んで食べる。 ★衣服の脱ぎ着のとき、意識して動く。 ★好きな絵本を十分に楽しむ。 ☆自分でスプーンを持って、口に入れる。 ☆保育者の動作に合わせ、手足を動かす。 ☆知っている動物を指さしして喜ぶ。	★スプーンを使ってひとりで食べたり、コップでお茶を飲んだりして、満足する。 ★ひとりで歩くことを楽しむ。 ☆こぼしながらも、スプーンで食べる。 ☆ひとりで床から立ち上がり、3歩あるく。	★食べにくい物も少しずつ食べて慣れる。 ★保育者に仲立ちしてもらい、友達と安心してお気に入りの玩具で遊ぶ。 ☆食べ慣れていない物を少し口に入れ、味や食感に慣れていく。
環境づくり◆と保育者の援助◇	◆手の動きに合ったスプーンを用意する。 ◇スプーンを持っている手を握り、食べ物をすくう手の動きを介助していく。 ◆衣服を整理しやすい戸棚などを用意する。 ◇意識して介助しやすいように手足を動かしたときは、おおいに褒める。 ◆開架式の本棚を、静かに読める場所に用意する。 ◇個別に絵本の読み語りをする。	◆持ち手が2つのコップや、月齢に合ったスプーンを用意する。 ◇保育者用のスプーンを持って、ようすを見ながら、時々介助して食べさせる。 ◆ひとり歩きが不安定なので、つまずくものがないように、床をかたづけておく。 ◇歩きたい気持ちに共感し、そばで見守る。	◆肉や魚を食べやすいように小さく切って出す。 ◇少し口に入れ「カミカミね」と保育者もいっしょに口を動かしながら、少しずつ食べられるようにする。 ◆落ち着いて遊べるコーナーを作り、玩具の種類を多く出しておく。 ◇友達といっしょに遊べるよう仲介する。
評価・反省・課題 子どもの発達◎と※	◎まだ手首を使えていないが、スプーンで食べようと、意欲を持っている。 ◎衣服の脱ぎ着に興味を持ち、保育者の介助にうまく手足を動かすようになる。 ◎擬音や擬態語がよく出るようになった。 ※友達の遊んでいる積み木を取りに行く。	◎手首のスナップが使いづらく、食べ物をよくこぼすが、スプーンを使おうとしている。 ◎直立歩行がうれしくて、転んでもすぐに立って歩いている。 ※「いけない」と言うと、逆にふざける。	◎O脚状の足で歩いたり止まったりする。 ◎肉や魚の食感に慣れ、かんで食べている。 ◎片手で2つの立方体を持つようになる。 ◎手伝いをしたがり、まねている。 ※「イヤ」という言葉を使って、反抗が始まる。

3月 個人案

	生活と遊び	生活と遊び	生活と遊び
第1週	スプーンを使って食べようとする。	室温に注意し、静かな環境で眠れるようにする。	声や表情を感じ取り、保育者への愛着が深まるようにする。
第2週	衣服の着脱の介助のとき、協力して動く。	睡眠中のようすが見えるように気をつけ、SIDSの予防に努める。	声や表情を感じ取り、保育者への愛着が深まるようにする。
第3週	絵本の読み語りをしてもらう。	静かな環境をつくり、だっこやおんぶを十分にしながら安心して眠れるようにする。	散歩や外気浴をする。
第4週	友達と積み木で遊ぶ。	静かな環境をつくり、だっこやおんぶを十分にしながら安心して眠れるようにする。	散歩や外気浴をする。

育ちメモ

無意味に喃語を話していた子どもが、特定の物にいつも同じ発音で発声したものを一語文と言いますが、言葉の獲得を意味します。擬音や擬態語での伝達ですね。

1歳を越え、ひとり歩きができるようになり人間らしい生活の出発です。安全に注意しながら、探索を応援しましょうね。

自己主張が見られるようになりました。自我が目覚めた証拠ですので、子どもに主体性を持たせ、自意識を高めましょう。

CD-ROM　3月　▶個人案_1

名前を呼ばれて返事する G児（18か月）	紙破りを楽しむ H児（19か月）	嫌いな物を口から出す I児（20か月）
○こぼしながらも手づかみで食べている。 ○汚れたときや食後に、おしぼりで手や口の回りを自分でふこうとする。 ○歩行がしっかりしてきたため、物陰に隠れ保育者に見つけられるのを喜ぶ。 ○名前を呼ばれると「アーイ」と返事をする。	○鼻水がよく出ている。 ○紙を見るとすぐに手に取って破って遊んでいる。 ○CDデッキを指さして、つけてもらうとうれしそうにしている。	○好き嫌いが出てきており、苦手なものは口から出すことがある。 ○指先を使ってシールをはったり、めくったりすることを繰り返し楽しんでいる。
★手づかみでも、自分で食べる意欲を持つ。 ★自分の名前を覚え呼びかけにこたえる。 ☆好きなものを、手づかみで食べる。 ☆言われなくても自分で汚れをふき取る。 ☆名前を呼ばれたときは喜んで返事をする。	★保育者に見守られ、好きな遊びを楽しむ。 ☆保育者といっしょに、繰り返し紙を破って遊ぶ。 ☆好きな音楽をかけてもらい、歌やふれあい遊びをする。	★食材に興味を持ち、意欲的に食べる。 ★指先を使ってシールはりを十分に楽しむ。 ☆友達が食べるようすを見て、嫌いなものも口に入れてみようとする。 ☆立体的なものにシールをはったり、めくったりして繰り返し遊ぶ。
◆手づかみ食べが始まったので、手で持ちやすいスティック状に食材を切り、提供する。床にこぼしてもいいように、敷物を敷く。 ◇自分で食べようとする気持ちを大切にし「カミカミね」とよくかむことを見届ける。 ◆ボックスやカーテンなど隠れやすい場所を作っておく。 ◇期待を持たせる言葉をかけながら、遊ぶ。	◆新聞紙に、破りやすいように切り込みを入れておく。 ◆保育者もいっしょになって遊び、体を大きく動かして紙を破る楽しさに共感する。 ◇H児が好きな『トントントントンひげじいさん』などのリズムのよい歌を用意しておく。	◆食べてみたいと思えるように、よく食べる友達の近くで食べるようにする。 ◆口に入れて食べられたときには、「すごいね！おねえちゃんになったね」などと言って心から褒めるようにする。 ◆段ボール箱やプラスチックの容器を用意し、立体的なものでもシールはりが楽しめるようにする。 ◇楽しんで遊ぶようすを見守り、いろいろなところにはる楽しさに共感する。
◎食材を手で持ちやすい形状に切り、調理したので、自分で意欲的に食べるようになった。食べ終わると満足そうにする。 ◎名前を呼ばれて返事をする言葉が「ハイ」となった。 ＊ひとり遊びの場所を保障していきたい。	◎何度も紙を破って、紙の感触を味わったり、保育者をまねて破いた紙を宙に投げたりして楽しんだ。 ＊下痢の日が2〜3日続いたので、ふきげんな日があった。	◎「おいしいね」と話しかけたり、食材の名前を言いながら勧めたりすると自分から食べようとしている。 ◎援助を受けながら衣服の着脱を自分でしようとし、できたことを認めると喜んでいる。 ◎歌を聞いてうたえる部分をうたう。

生活と遊び	生活と遊び	生活と遊び
自分で手づかみで、かんで食べる。	フラワーペーパーや新聞紙を破って遊ぶ。	友達といっしょに食事をする。
「いないいないばあ」をして遊ぶ。	音楽に合わせて、体を動かして遊ぶ。	衣服の着脱を自分でする。
名前を呼ばれて「ハイ」と返事をする。	保育者とふれあい遊びをする。	立体的なものにシールをはる。
積み木でひとり遊びを楽しむ。	保育者に言葉やしぐさで欲求を伝える。	好きな歌をうたう。

3月　個人案

自分の名前と、人の名前の違いがわかり自分の名前を呼ばれると「ハイ」と返事をするようになったのですね。自我の目覚めが進んで、発達の節を迎えます。

子どもが自分からかかわることで、目に見えてこたえてくれる遊びは、興味をそそられます。紙破りは応答性のある遊びです。

自我が芽生えるころ、特に野菜嫌いが起こりがちです。無理に食べさせるのではなく、周囲の子どもがおいしそうに食べ好奇心を持たせたり褒めるのがいいですね。

3月 個人案

	自分で食べようとする J児（16か月）	**まねっこを楽しむ** K児（17か月）	**ハイハイを十分にする** L児（19か月）
前月の子どもの姿 ○	○スプーンを持ち、自分で口に運んで食べようとしている。 ○ズボンを自分ではこうとしている。 ○音楽が流れたり、手遊びをしたりするなど体を揺らして楽しんでいる。	○食事のときに眠たくなってしまうときがある。 ○紙パンツやズボンを自分ではこうとする。 ○保育者が話す言葉の発音をまねしようと、言葉を発して楽しんでいる。	○野菜を口から「ベー」と出して、野菜の入ったお皿を保育者に渡す姿が見られる。 ○靴下やズボンを自分で脱ごうとしている。 ○戸外や部屋の中で体を動かすことを楽しんでいる。
ねらい★・内容☆	★スプーンを使って、自分で食べようとする。 ★音を聞いたり、鳴らしたりして楽しむ。 ☆できないところは保育者に介助してもらい、自分で食べる。 ☆ふれあいあそびをしたり、楽器を鳴らしたりして遊ぶ。	★言葉のやりとりや、ふれあい遊びを楽しむ。 ★満足するまで食べた後、気持ち良く眠れるようにする。 ☆保育者のまねっこ遊びをする。	★いろいろな食材に親しむ。 ★体を動かすことを楽しむ。 ☆いろいろな食材に慣れ、食べる。 ☆さまざまな場所で体を動かして遊ぶ。
環境づくり◆と保育者の援助◇	◇「マンマおいしいね」と話しかけながら、自分で食べようとする姿を優しく見守る。また、スプーンを手渡すなど手助けしていく。 ◆手遊びやふれあいあそび、マラカス、太鼓などの楽器遊びを取り入れる。 ◇いっしょにリズムを取りながら、楽器を鳴らすことを楽しめるようにしていく。	◆外気に当たりに行ったり、手を洗ったりして、気分を変えるようにしていく。 ◇自分でしようとする姿が多く見られるので、優しく見守りながら、さりげなく手助けしていく。 ◇ひとことひとこと話しかけていき、発語を促していく。	◇苦手なものを小さくしたり、好きなものといっしょにしたりして、少しずつ食べられるようにしていく。 ◇苦手な気持ちを受け止め、何が苦手か探っていくようにする。 ◆室内では広いスペースを確保し、ハイハイを楽しめるようにする。 ◇ハイハイの経験を重ねていけるよう保育者もいっしょに遊んだり、楽しくなるようにことばがけをしたりしていく。
子どもの発達◎と評価・反省・課題＊	◎介助されながらスプーンを持って食べるようになった。 ◎リズム楽器に興味を持ち、鳴らすことを楽しむようになった。 ◎手遊びやふれあい遊びをしている。	◎食事中に眠気を催していたが、満足できるように食事の介助をし、午睡をしっかり取るようにしたので改善できた。 ◎衣服を着たり脱いだり自分でしようとする。 ◎保育者の言葉をまねて返すようになる。	◎苦手な野菜も、調理方法を工夫することで、少しずつ食べられるようになる。 ◎戸外へ出ることが好きであるが、歩行がまだ不十分である。ハイハイを十分にしたので、歩く意欲も出ている。 ◎靴下やズボンを自分で脱ぐようになる。

3月 個人案

	生活と遊び	生活と遊び	生活と遊び
第1週	介助されながらスプーンを持って食べる。	食事を最後まで眠らないで食べる。	苦手な野菜を少しずつ食べる。
第2週	手遊びやふれあい遊びをする。	ズボンを自分ではく。	戸外や室内で体を動かして遊ぶ。
第3週	リズム楽器を鳴らして遊ぶ。	園庭で遊ぶ。	靴下やズボンを自分ではく。
第4週	ズボンを自分ではく。	保育者と言葉のやりとり遊びをする。	ハイハイアスレチックで遊ぶ。

育ちメモ

リズム楽器で遊び出しましたが、楽器は子どもが手に持って振ったり、たたいたりかかわると応答するのが楽しい発見です。

特定の保育者に愛着を持つようになると、その人に関心を示し、まねをするようになります。言葉をまね、覚えていくのです。

ひとり歩きの開始は個人差があり1歳7か月でも、ハイハイの経験を重ねる必要があるL児です。基礎的な運動を十分に。

2月 P.153から

CD-ROM　3月 ▶個人案_2

意欲的に食べる M児（20か月）	指さしする N児（21か月）	手遊びを楽しむ O児（19か月）
○スプーンやフォークで、ご飯やおかずをこぼしながらも、自分で食べようとしている。 ○オマルに座って排尿することがある。 ○手遊び歌を、いっしょに歌おうとしている。	○スプーンやフォークを使いながら、ご飯やおかずをこぼしながら自分で食べようとしている。 ○オマルに座って排せつしている。 ○「○○ちゃんは？」と尋ねると、友達を指さして知らせている。	○気分により、顔を背け食べようとしないときがある。 ○紙パンツやズボンを自分で脱ごうとしている。 ○歌や手遊びをすると手拍子をしたり、体を揺らしたりして楽しんでいる。
★こぼしながらも、自分で食べようとする。 ★保育者もいっしょに歌い、ふれあいを楽しむ。 ☆スプーンを使って、自分で食べる。 ☆保育者と歌ったり、ふれあい遊びをしたりする。	★自分からオマルに座って排せつしようとする。 ★指さしして思いを伝えようとする。 ☆オマルに座って排せつする。 ☆自分の思いを保育者に伝える。	★自分の思いを表現し、保育者に受け止めてもらい喜ぶ。 ★保育者や友達とふれあいを楽しむ。 ☆手遊びやふれあい遊びを保育者や友達と十分にする。
◆「モグモグ、カミカミ」など保育者がいっしょに口を動かし、見本を見せながら楽しく食事する。 ◆自分でしようとする姿を優しく見守りながら、さりげなく手助けしていく。 ◆「しーしー出たね」とオマルで排尿できたときや、褒めていく。 ◆「いっしょに」の気持ちを大切に、歌をうたったりふれあったりして楽しむ。	◆床に温かいマットを敷くなどして、自分からオマルに行きたくなる環境をつくる。 ◆「しーしーできたね」とオマルで排尿できたときは、おおいに褒めていく。 ◆子どものしぐさや表情を受け止めていき、保育者とのふれあい遊びややりとりを楽しめるようにする。 ◆戸外で安全に歩いて探索できるように園庭環境を整えておく。 ◆のびのびと園庭で探索できるよう見守る。	◆「いっしょに食べようね」と言って食べるまねを見せたり、「おいしいね」と話しかけながら楽しく食事ができるようにしたりしていく。 ◆自分でしようとする姿が多く見られるので、優しく見守りながら、さりげなく手助けしていく。 ◆手遊びやふれあい遊びなどをして、ふれあいながら遊ぶことを楽しんでいく。
◎モグモグ、カミカミして食べている。 ◎オマルに座って排せつしている。出ないときは、「シーシーない」と知らせる。 ◎保育者といっしょに、歌をうたったり、ふれあい遊びを楽しんだりしている。 ◎戸外へ出て歩くことを楽しんでいる。	◎スプーンやフォークを使って、自分で食べている。 ◎歩くのが安定し園庭で歩いて探索操作を楽しんでいる。 ◎友達の名前がわかり、保育者に「○○ちゃんは」と聞かれると、その子どもを指さしして伝える。	◎少しずつだが、落ち着いてひとりで食べている。 ◎パンツやズボンを脱いでいる。 ◎友達に関心を持ち、ふれあって遊んでいる。 ◎手遊びや、ふれあい遊びをしている。

生活と遊び	生活と遊び	生活と遊び
スプーンやフォークを使ってかんで食べる。	スプーンやフォークを使って自分で食べる。	落ち着いて自分で食べている。
オマルに座って排せつする。	オマルに座って排せつする。	パンツやズボンを自分で脱ぐ。
歌をうたったりふれあい遊びをしたりする。	戸外に出て歩き、探索する。	友達とふれあい遊びをする。
戸外へ出て歩く。	保育者とやりとり遊びをする。	歌をうたったり、体を揺らして遊ぶ。

3月 個人案

1歳8か月になると、身の回りのことを自分でしようとする姿が出てきます。できる喜びを受け止め、介助していきます。

指さしは知っている物を教える自発的なものから、「○○ちゃんは？」聞かれて指さして応えるレベルへ発達しますよ。

自分以外の存在に気がつき、友達といっしょを楽しむ段階を迎えました。社会性の発達の初期です。友達とふれあいましょう。

今月のねらい

ひとりひとりの子どもの、生活習慣の自立過程や、体格、運動能力などの発達過程を振り返り、成長を確認するとともに、次年度への課題を確かめます。進級の不安がないように、身の回りのできていることひとつひとつの自立表などをいっしょに見て、自分の成長に自信を持たせます。

文例

進級に向け、ひとりひとりの成長や発達過程を振り返り、進級を視野に入れながらゆったりと無理のない対応をしていく。

健康・食育・安全

食物が口に入ると臼歯で固い物をかみ砕き、舌で唾液と混ぜ、食塊にまとめ、舌で食道の入り口へ運ぶ、これが咀嚼の一連の動作です。よくかむのは唾液とよく混ぜ合消化がよくなるとともに味覚が発達します。乳児はこの基本的なカミカミの摂食動を学び始める大切な時期なのです。

文例

食事のときは、咀嚼をしっかりできるよう、「モグモグ、カミカミ」と知らせていく。

これも！おさえておきたい 3月の計画のポイントと文例

本指導計画の月案では、A～O児に合った今月のねらいなどを掲載しています。より参考にしていただけるように、ここでは、この月によくある、ほかにも押さえておきたいポイントを紹介しています。

CD-ROM 3月 ▶文例

保育者間の連携

0歳クラスで過ごしたこの1年間の、ひとりひとりの成長や、発達の記録を確認したり、既往症、予防接種の実施状態などをまとめ、1歳児クラスの担当予定の保育者に引き継ぎをします。その際、全職員が立ち会いのうえ、引き継がれたことを確認することが大切です。

文例

予防接種の有無や既往症、発達の記録などを整理し、次年度の保育者への引き継ぎをする。

家庭・地域との連携

自分の子どもが無事に0歳の時期を越え1歳児クラスへ進級するのですから、保護者の喜びはたとえようがないことでしょう。保育者はその喜びを共感すると共に、進級に向けてのカバンや帽子、靴など、使用に問題はないか、新調する必要なものはないか、話し合って準備します。

文例

1歳児クラスに進級するにあたって、通園バッグ、帽子、靴などを点検し新しくしたり、修繕したりしてもらう。

3月 日の記録

保育を振り返るために、また仕事の証として、日々の記録は欠かせません。ここでは例として、違う日の3人を抜き出して掲載しています。次の計画に生かしましょう。

CD-ROM 日の記録フォーマット

3月4日（水） B児（17か月）

受入れ
- 健康状態・異常：無・有（　）
- 朝体温：36.6℃　与薬：無・有（　）

時刻	食事	排せつ	睡眠	SIDSチェック	子どものようす
8		オ小			登園
9	果汁(全)	小			ままごと遊び
10		小			戸外探索
11	給(全)	小			牛乳残す
12			12:05→	✓✓	
13			↓	✓✓	
14		小	14:45	✓	
15	間食(全)				
16		小			
17					降園
18					

生活と遊び：音楽をかけて、楽しい雰囲気の中で、過ごせるようにする。苦手な物を少しずつ食べようとする。

準備物：テーブル、イス、ままごとセット、エプロン、カバン、フープ、ボール、CD

子どもの発達と評価反省課題： 苦手な野菜も少しずつ食べており、家でもしっかり食べるようになり、ミルクの量も減ってきた。牛乳はひと口も飲もうとしないので、ようすを見ていく。

3月13日（金） J児（16か月）

受入れ
- 健康状態・異常：無・有（　）
- 朝体温：36.2℃　与薬：無・有（　）

時刻	食事	排せつ	睡眠	SIDSチェック	子どものようす
8					登園
9	果汁(全)	オ小			オマルで排尿
10		茶 オ			戸外探索
11	給	小			切り干し大根残す
12			12:15→	✓✓	
13			↓	✓✓	
14		小	14:40	✓	
15	間食(全)				
16		小			ホールで遊ぶ
17					降園
18					

生活と遊び：自分で、靴がはきやすいように間隔を空けて靴を置いておく。保育者に介助されながら、自分で食事や衣服の着脱をしようとする。

準備物：ボール、砂場の土を掘り起こす。

子どもの発達と評価反省課題：靴を脱ごうと、座ってマジックテープを外している。パジャマも自分で着ようとし、できないときは、保育者にしぐさで伝え、援助を求めるので、さりげなく介助していきたい。

3月26日（木） K児（17か月）

受入れ
- 健康状態・異常：無・有（　）
- 朝体温：36.6℃　与薬：無・有（　）

時刻	食事	排せつ	睡眠	SIDSチェック	子どものようす
8					登園
9	果汁(全)	小			
10		小			ままごと遊び／オマルで排尿
11	給(全)	オ			
12			12:04→	✓✓	
13			↓ 13:45	✓✓	
14		オ		✓	
15	間食(全)	小			
16					降園
17					
18					

生活と遊び：ままごとセットの玩具は、口に入れても安全なように、消毒しておく。保育者や友達のまねをして、遊びを楽しむ。

準備物：テーブル、イス、ままごとセット、エプロン、カバン

子どもの発達と評価反省課題：ままごと遊びを楽しみ、保育者や友達といっしょに「かんぱーい」といってコップをくっつけようとしている。引き続き、ままごと遊びを取り入れていきたい。

小：排尿　**大**：大便　**オ**：オムツ交換　**離**：離乳食　**給**：給食　**ミ**：ミルク　**茶**：お茶

実践ポイント：B児のような好き嫌いを一度整理してみると、調理法、味、食感などの傾向が把握できます。原因が解れば調理法を工夫するなどして、徐々に食べられる範囲を広げます。

※SIDS（シッズ）とは「乳幼児突然死症候群」と呼ばれる、睡眠中突然死する病気です。一定時間ごとに睡眠中の子どものようすを確認しましょう。ここでは5分ごとに複数の保育者でチェックしています。SIDSについて詳しくはP.170をご覧ください。

3月のふりかえりから次年度へ

今月のねらい（P.158参照）
- ひとりひとりの成長を振り返り、現在のようすをしっかりとらえ、次年度に引き継ぎながら、新しい環境にも慣れるようにする。
- 保育者にベビーサインで交流したり、友達とのかかわりが楽しくなるような遊びをしたりして、人間関係を深めていく。

ふりかえりポイント
- ♥ ねらいの設定は？
- ◆ 環境構成・援助は？
- ◎ 子どもの育ちは？
- 次年度へのつながりは？

私たちの保育はどうでしょう。
場面を思い浮かべて振り返ってみましょう。

T先生(5年目)　S先生(2年目)

例えば…

1歳児クラスとの出会い

★子どもたちが新しい環境に慣れられるように、◆1歳児クラスで遊べる時間をつくったわね。

- ◆いつも遊んでいるぬいぐるみを持って行くようにしたので、◎初めは不安そうにしていた子どもも、徐々に集中して遊んでいけたと思います。
- そうね。◎1歳児クラスのハイハイアスレチックで活発に遊ぶようすを見られて、安心したわ。
- ◆保育者間でも、子どもの発達のようすや体調・体質など、伝えるべきことを整理しましたね。
- 新学期に不安なのは、子どもだけでなく、保護者も同じよ。次年度に向けて、不安なことを保護者に聞いて、支援していきたいわね。

J児(16か月)の場合

★保育者や友達などほかの人といっしょに遊びを楽しめるよう、◆今月も引き続きふれあい遊びを取り入れました。

- ◎みんな、ふれあい遊びをとても楽しんでいるわね。
- ◎楽器遊びをしているときに、いつもの歌をうたうと、Mちゃんが楽器に合わせてマラカスを振り始めたんです。すると、近くにいたJちゃんもいっしょにマラカスを振っていました！
- 保育者が先導しなくても、子どもたち同士で遊びが広がっているのね。りっぱね。

伝えたい!! 園長先生のおはなし

キーワード　次年度への引き継ぎ

1年の総括の時期を迎えましたね。0歳児の時期は心身共に目まぐるしく発達し、人間の特徴である直立歩行、言葉の使用、道具の操作、生活の見通しなどが評価できますが、生活習慣の自立は重要な発達なのよ。次年度への引き継ぎにはこの自立過程を確認します。落ち込んだときの立ち直りや、思いやりなど、心の発達の面も見落とさないことが大切です。

クラス全体では

次年度の指導計画に生かせます！

- 1年間の記録を読み返していると、1日の生活の流れがわかって見通しを持てているわね。
- 帽子をかぶると戸外遊びだとわかっている姿などですね。生活習慣の自立にもつながりますね！
- そうね。それに加えて、子どもたちが「いっしょが楽しい」と感じていることも、引き継いで次年度に生かしましょう。

今月の評価・反省・課題（P.159参照）

基本的な生活の流れがわかり、子どもが自分から動けるようすが見られるようになり、全体にクラスの落ち着きが出てきたことが評価できる。また、保育者のまねも盛んになり、生活や自由遊びのあいだの時間に手遊びやふれあい遊びを取り入れることで、遊びが広がっていった。不安なく次年度につなげていきたい。

第3章

ここでは、指導計画以外のさまざまな資料や計画例を掲載しています。園全体では、共通理解を持って進めていけるようにしましょう。

計画サポート集

- 施設の安全管理　・・・・・・・・・・・・ P.168
- 健康支援　・・・・・・・・・・・・・・・ P.170
- 避難訓練　・・・・・・・・・・・・・・・ P.172
- 食育　・・・・・・・・・・・・・・・・・ P.174
- 子育て支援　・・・・・・・・・・・・・・ P.178

施設の安全管理

保育中の子どもたちの事故防止のために園内外の安全点検に努めると同時に、保育者間で共通理解を図る必要があります。下に示す一例を見ながら、あなたの園をイメージしてみましょう。

施設の安全管理チェックリスト 〈保育室〉

共通チェック
- ☑ 破損はないか
- ☐ 危険物は落ちていないか
  （口に入りそうなもの・とがっているもの）

出入り口
- ☐ 外れやすくなっていないか
- ☐ 開閉はスムーズにできるか
- ☐ 出入りにじゃまなもの・危険物は放置していないか

備品
- ☐ 戸棚、ロッカーなどは倒れやすくなっていないか

窓
- ☐ 窓・戸は外れやすくなっていないか
- ☐ 開閉はスムーズにできるか
- ☐ カーテンは安全につって使用しているか
- ☐ ガラスのひび・窓枠の破損はないか
- ☐ 身を乗り出すことのできるようなものを窓際に置いていないか

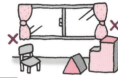

園によって保育室内の設備はさまざまです。一例としてご覧ください。

床
- ☐ 床板の破損はないか
- ☐ 床板は滑りやすくなっていないか
- ☐ 押しピン・針・ガラスなど危険物を放置していないか

沐浴室
- ☐ 湯騰器は正常か（ガスコック）
- ☐ 浴槽の破損はないか

天井・壁
- ☐ 扇風機は安全か
- ☐ 電灯は安全か
- ☐ 掲示用部屋飾りの押しピンは落ちそうになっていないか
- ☐ 掲示物・時計は落ちそうになっていないか
- ☐ コンセントにはカバーが付いているか

手洗い場
- ☐ 水道のコックは安全で漏水はないか
- ☐ 水道の漏水はないか
- ☐ 排水の状態はよいか

トイレ
- ☐ 水洗の排水状態はよいか
- ☐ 便器、壁などのタイル、戸の破損はないか
- ☐ 床の破損はなく、水などで滑りやすくなっていないか
- ☐ 手洗い場の排水はよく、漏水はないか
- ☐ 水道のコックは正常であるか

サポート資料 ❶

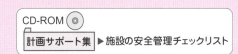

保育室外・園庭

共通チェック
- ☑ 不要なもの・危険なものは置いていないか
- ☐ 危険なものなど放置していないか
- ☐ ぬれて滑りやすくなっていないか、汚れていないか

園庭
- ☐ 遊具の破損はないか（ネジ・鎖　など）
- ☐ プランターの置き場所や畑は安全か
- ☐ 周辺の溝に危険物はないか
- ☐ 溝のふたは完全に閉まっているか、また、すぐに開けられるか
- ☐ 石・ゴミ・木くず・ガラス破損など、危険物はないか
- ☐ でこぼこや穴はないか

避難経路
- ☐ 危険物などがなく、正常に通行できるか
- ☐ 非常口の表示燈はついているか

駐車場
- ☐ 周りの柵や溝のふたが破損していないか
- ☐ マンホールのふたは完全に閉まっているか
- ☐ マンホールのふたは、すぐに開けられる状態になっているか
- ☐ 石・ゴミ・木くず・ガラス破損など、危険なものは落ちていないか

プール
- ☐ プールの周辺に不要な物、危険なものはないか
- ☐ 遮光用のネットがあるか
- ☐ プール監視役の体制は整っているか

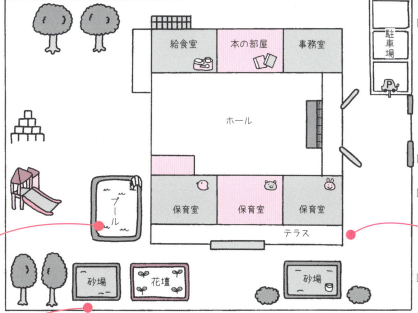

園によって園内の設備はさまざまです。一例としてご覧ください。

テラス
- ☐ 不要なもの・危険なものは置いていないか
- ☐ ぬれて滑りやすくなっていないか、汚れていないか（雨の日は特に注意しましょう）
- ☐ 紫外線を遮るテントやグリーンカーテンがあるか

砂場
- ☐ 砂の状態はよく、砂の中に危険物・汚物（とがっているもの、ネコのふん　など）はないか
- ☐ 遮光用のテントがあるか

廊下
- ☐ 消火器は指定場所に安全に設置されているか

ホール
- ☐ 不要なもの・危険なものはないか
- ☐ 巧技台や体育用具など、安全点検がなされ、安全に保管されているか
- ☐ 時計や掲示物は落ちないように固定されているか
- ☐ 床がぬれて滑りやすくなっていないか、汚れていないか

☑ チェックリストの使い方

このチェック項目は月に1回の定期的な点検に向け作成されたものです。付属のCD-ROM内のデータは、貴園の環境に合わせて書き換えていただけるような一欄になっています。貴園に合わせてアレンジする過程で、保育中のヒヤリ・ハッとする場や園独自の設備、災害時の安全も含めて話し合いましょう。また、日常の点検の参考資料としてもお役だてください。

健康支援

子どもの生命の保持とすこやかな生活の確立は、保育の基本となります。子どもひとりひとりの健康状態、発育・発達の状態に応じて、心身の健康増進を図り、疾病等の対応に努めましょう。

健康支援のポイント

❶ 常に健康観察を
つねに、子どもひとりひとりの健康状態を把握しておきます。乳児は、体の不調を言葉で伝えられないことが多いのです。常に子どもの健康状態に気を配り、きめ細かな観察を心がけましょう。

❷ 早期発見で適切な処置を
乳児は、症状の進行が早いので、早期発見と適切な処置が求められます。嘱託医など、医療機関とも連携を取り、迅速に対応してもらえるようにしておきましょう。

❸ 保護者や保育者との情報共有を
子どもの健康状態や体質などについてできるだけ、保護者と情報共有しておきます。全職員が見られるように記録に残し、適切な処置を取れるように話し合っておきましょう。普段のようすを把握しておくことが、異状のときの正しい判断につながります。

健康観察チェックポイント

子どもの健康状態を把握するために、毎日の健康観察を欠かさず行ないましょう。

特に…

登園時

家庭でのようすを保護者から聞き、健康状態やきげんの良し悪しなどを観察します。体温や与薬のチェックも忘れずに。

午睡前後

SIDSの予防のためにも、健康状態を観察します。午睡中も5分間隔で観察します。

引き継ぎ降園時

別クラスの担当保育者や、保護者に、健康状態や保育中のようすを伝えます。虫刺されやけが、切り傷、擦り傷、打撲などは見落としがちです。

0歳児は特に注意！

全体
- □ 朝のあいさつが明るく生き生きしているか
- □ 保育者の働きかけにのってくるか
- □ きげんは良いか
- □ 顔色はよいか

目
- □ 輝いているか
- □ 充血していないか

耳
- □ 耳垂が出ていないか

鼻
- □ 鼻汁が出ていないか

口
- □ おう吐やせきはないか

おなか
- □ 腹痛を訴えていないか

ほほ
- □ はれていないか

皮膚
- □ つやがあるか
- □ 清潔であるか
- □ 湿疹(ぶつぶつ)が出ていないか
- □ 乾燥していないか(かさかさ)

ひじ・股関節・足首
- □ 関節に異状はないか
  急に引っ張られると、関節脱きゅうが起こります。子ども自身が気づかないことが多いので要注意です。

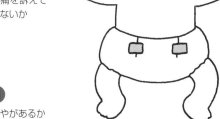

SIDS（乳幼児突然死症候群）

乳幼児が睡眠中に突然、呼吸が止まって死亡してしまう病気です。原因がまだはっきりとしていませんが、生後7か月ごろまでに発症しやすいようです。

●毛布テストの実施を
あおむけに寝かせ、顔の上にガーゼやタオル、毛布などをかぶせ、首を振って払いのけるまでの時間を記録します。この記録が、万が一突然死が起こってしまった場合の証拠資料にもなり得ます。

●チェックポイント
- うつぶせで寝かさない　うつぶせ寝はあおむけ寝に比べて発症率が高いというデータがあります。
- 健康状態の確認を大切に　家庭との連絡を十分に取り、記録に残します。
- 睡眠中は定期的に確認を　0歳児は5分に1回、子どものようすを確認しましょう。
- 睡眠時の環境の整備を　硬めの敷ふとん、軽めの掛けふとんに薄着で寝かせます。ベッドの周りにビニール袋などを置かないよう注意しましょう。

サポート資料 ❷

CD-ROM
計画サポート集 ▶ 健康支援年間計画表

「保健計画」に準ずるものとして
健康支援年間計画表

子どもたちの健康管理のために園で取り組む内容の年間計画表の一例です。家庭や嘱託医・専門医と協力して進める内容も記入します。全職員が確認できるようにしておきましょう。

	支援内容	検診・予防措置（嘱託医・専門医によるものも含む）	家庭連絡
4月	● 新入児の健康診断　● 子どもの身体的特徴の把握（発育状況、既往症、予防接種状況、体質、特に健康時における状況） ● 生活習慣形成の状況を把握する ● 室内整備、医薬品整備　● 健康観察の徹底	● 予防接種の計画と指導 ● 安全保育の研修 ● 流行病の予防（麻疹、水痘、耳下腺炎　など） ● 健康診断（嘱託医）	● 健康生活歴、生活習慣形成状況の実態調査、保険証番号調査 ● 緊急時の連絡、かかりつけの医師の確認
5月	● 目の衛生指導、清潔の習慣づけ、手洗いの励行 ● 戸外遊びを十分に楽しませる　● 外気浴の開始 ● 新入所（園）の疲労に留意する		● 清潔指導について
6月	● 歯科検診 ● 梅雨時の衛生管理（食品、特に既製食品）に留意する ● 汗の始末に気を配る ● ふとん、玩具などの日光消毒、パジャマの洗濯励行 ● 気温の変化による衣服の調節をする	● 食中毒の防止 ● 消化器系伝染病の予防 ● 眼疾の予防 ● あせもの予防 ● プール熱の予防 ● 健康診断（嘱託医）	● 歯科検診結果の連絡
7月	● 暑さに体が適応しにくいので休息を十分に取る。デイリープログラムを夏型に変え、生活のリズムを緩やかにする ● プール開き（水遊び時の健康状態の確認をていねいに行なう） ● 皮膚、頭髪の清潔強化　● 水分補給に注意　● 冷房器具の整備、日よけの完備、室内を涼しげに模様替えする　● 職員の健康診断	● 歯科検診（専門医） ● 眼疾検査（専門医）	● 眼の検査報告 ● 夏の生活用具についての連絡（汗取り着、プール用品、寝具など）
8月	● 冷房器具の扱いに留意する、寝冷えしないように留意する ● プール遊びを実施する（衛生管理に十分に気を配る） ● 夏季の疲労に注意し休息を十分に取る　● 健康観察の強化		● 健康カード提出について、徹底を計る ● 夏の衣服についての連絡
9月	● 疲労の回復を図る、生活リズムを徐々に立て直してゆく ● 体育遊びを推進する、疲れすぎにならないよう注意する	● けがの予防 ● 破傷風の予防 ● しもやけの予防 ● 健康診断（嘱託医）	● 活動しやすい服装について
10月	● 戸外遊びを推進し、体力増強を図る。疲れすぎに気を配る ● 衣服の調節（薄着の励行）をする　● 運動用具の点検・整備		● 衣服の調整（薄着の励行）について
11月	● 暖房開始　● 体温の変動に注意する		● かぜの予防について
12月	● 室内の換気、室温（15℃より下がらないようにする、温度の急激な変化は避ける）、湿度に留意する　● 検温の徹底	● 応急手当ての研修（職員、保護者） ●「冬の下痢・ノロウイルス・RSウイルス感染症」について　研修	● 薄着の励行 ●「冬の下痢・ノロウイルス・RSウイルス感染症」について
1月	● 寒さに負けないよう戸外遊びを推進する　● 肌荒れの手当て	● 健康診断（嘱託医）	
2月	● 生活習慣の自立について、実態を再確認し、指導する ● 健康記録の整理	● 予防接種の徹底指導 ● 健康診断（嘱託医）	● 生活習慣や健康状態について話し合う
3月	● 健康状態の引き継ぎ		● 個人記録表を渡す

※参考資料　待井和江・川原佐公『乳児保育』

予防接種（BCG、麻疹、風疹混合など）

● 定期接種…決まった期間内に公費で受けられる
● 任意接種…任意で自費によって受ける
予防接種は、子どもたちを感染症から守るための大切な方法です。それぞれの接種状況を把握し、計画的な接種を保護者に推奨するために、市町村が定める実施内容、推奨時期をこまめに確認しておきましょう。

常に伝えていきたいこと

● 流行病発生時について
● 基本的生活習慣の自立について
● 新たな伝染症について
● SIDS（乳幼児突然死症候群）について
● 栄養（食事）に関する指導
● 発熱時の家庭連絡について

避難訓練

保育者は、子どもたちの安全・命を守る責任があります。非常災害に備えた、月に一度の避難訓練や日ごろの防災意識が、いざというときの冷静な判断・沈着な動作につながります。

避難訓練のポイント

❶ 不安や恐怖心を与えない

まず、保育者自身が落ち着いて指示を与えることが大切です。非常ベルを怖がるときは、園内放送や言葉で伝えます。避難車は常に活用して、子どもに慣れさせておくなど、子どもたちが混乱しない方法を考えます。

❷ 職員間の話し合いを大切に

想定しておくべき事態や避難方法など、職員間で意見を出し合い、共通認識をもてるようにしましょう。避難訓練後、今回はどうだったか、改善できるところはあるかなどを振り返り、万一に備えて準備します。

❸ 地域の諸機関と連携を

地域の医療機関や消防署、警察署、区役所などの統治機関、また、地域住民と協力し、緊急時に地域一体となって、子どもたちを守る体制を整えておきましょう。緊急避難時の経路も話し合っておくといいですね。

3歳未満児の防災って？

● 日ごろの意識と指導が大切です！

地震や火災など、命にかかわる災害は、いつ起こるかわかりません。日ごろから防災意識を持って、いざというときに備えましょう。

0歳児

緊急時を想定し、だっこ（おんぶ）ひもや、避難車を利用しやすいところに置いておき、すぐに逃げられるようにしておきましょう。避難経路の確認も大切です。

1・2歳児

だっこ（おんぶ）をする、避難車に乗る、防災ずきんを着けて逃げるなど、ひとりひとりの子どもの避難のし方の判断をしておきます。また、ふだんから戸外に出るときは靴を履く、保育者の話をしっかりと聞くなどの習慣をつけておきましょう。リング付き誘導ひもを作り、避難訓練で使用し、慣れておくという方法もあります。

● 家庭と共通認識を！

緊急時の園の対応、避難先（経路を含む）連絡方法、迎えの所要時間、兄弟間の順序など、確認できるようにし、共通認識を図ります。連絡先が変わったら、必ず報告してもらうよう呼びかけましょう。

● 非常時、持ち出し袋の準備を！

緊急時に備えて準備しておきましょう。

保育室用

ウエットティッシュ／レジャーシート（防水で便利）／タオル（たくさん）／バスタオル／だっこ（おんぶ）ひも／紙オムツ／粉ミルク／哺乳瓶／ペットボトル

その他
- トイレットペーパー
- 着替え
- ビニール袋
- ゴミ袋
- ホイッスル
- おかし　など

事務室用

懐中電灯／ラジオ／園児名簿／関係機関一覧表

その他
- クラフトテープ
- 救急用品
- 軍手
- ヘルメット
- 携帯電話
- フェルトペン　など

定期的に見直しを

粉ミルクや食料品など、交換が必要なものは、定期的にチェックします。残量の確認もしておきましょう。

持ち出しやすい場所に

玄関やベランダなど避難時に持ち出しやすい場所に、箱などを用意して置いておきましょう。防災ずきんも同じ場所に置いておくとよいです。

※参考資料『保育施設のための防災ハンドブック』（経済産業省）

サポート資料 ③

CD-ROM
計画サポート集 ▶ 避難訓練年間計画表

避難訓練年間計画表

定期的な避難訓練の年間計画の一例です。貴園の想定しうる災害に備えて作成してください。

予定		内容		ねらい	
月日	時刻	設定	火元	子ども	保育者
4/23(火)	10:30	火災	給食室	● 避難訓練について知る	● 火災の通知後は保育者の指示をよく聞き速やかに避難場所に避難する ● 消火班は消火器設置場所を点検し初期消火の訓練を行う。
5/21(水)	10:00	火災	給食室	● ベルの音に慣れる	● 非常ベルを鳴らすことを予告しておく。避難後も保育者の指示をよく聞くよう知らせる。 ● 消火班は消火器設置場所を点検し初期消火の訓練を行う。
6/18(水)	10:30	火災	給食室	● ベルの音に慣れる	● ベルの音に慣れ、保育者の指示を聞いて行動するよう言葉をかける。 ● 消火班は消火器設置場所を点検し初期消火の訓練を行う。
7/16(水)	10:30	地震 (引火なし)		● 避難訓練について知る	● 事前に地震時の避難方法を知らせておく。保育者の指示をよく聞き従うよう促す。 ● 消火班は消火器設置場所を点検し初期消火の訓練を行う。
8/27(水)	10:30	地震		● 地震時の避難方法について知る	● 地震の大きさにより避難方法が異なることを知らせ保育者の指示をよく聞くよう促す。 ● 消火班は消火器設置場所を点検し初期消火の訓練を行う。
9/17(水)	10:30	火災	調乳室	● 指示をよく聞いて行動する	● 出火場所により避難経路が変わることを保育者間で確認し合い子ども達にも知らせる。 ● 消火班は初期消火の訓練を的確に行う。
10/22(水)	15:30	火災	調乳室	● 指示をよく聞いて煙の避け方を知る	● 煙を吸わないよう姿勢を低くしながら避難する事を知らせる。 ● 消火班は消火器設置場所を点検し初期消火の訓練を行う。
11/12(水)	15:30	地震		● 指示をよく聞いて避難方法を守る	● 通報があると即座に机の下に隠れて落下物を避ける事を知らせる。 ● 消火班は消火器設置場所を点検し初期消火の訓練を行う。
12/17(水)	15:30	消火訓練		● 指示に従い、二次避難場所に避難する	● 消火班は消火器設置場所を点検し、消火の訓練を行う。
1/21(水)	15:30	地震		● 指示に従い落ち着いて避難する	● 避難ベルが鳴ったら次の指示をよく聞くよう促す。 ● 消火班は消火器設置場所を点検し初期消火の訓練を行う。
2/16(水)	15:30	火災	事務所	● 緊急時に落ち着いた態度で行動する	● 緊急事態が発生した場合、場所・活動内容に関わらず指示に従い、落ち着いて避難する。 ● 消火班は消火器設置場所を点検し初期消火の訓練を行う。
3/18(水)	15:30	火災	事務所	同上	同上

放送事項

非常ベルを鳴らした後、「地域の皆様にお知らせいたします。只今のベルは避難訓練の実施によるものです」と放送すること。
その後「園児の皆さんにお知らせいたします」と言ってから、以下のように火災または地震など目的に応じた放送をする。

火災 … 「只今より避難訓練を行います。○○から出火しました。先生の指示に従って▲▲に避難してください」

地震 … 「只今より避難訓練を行います。地震が発生しました。揺れがおさまるまで先生の指示に従ってください。揺れがおさまりました。速やかに▲▲に避難してください」

操作手順

非常起動
↓
火災
↓
放送する場所
↓
通常の一斉放送
↓
チャイム
↓
マイク
↓
復旧

実施上の留意点

① 非常ベルと指示を聞き分ける
② 子どもに不安や恐怖感を与えないよう落ち着き働きかける(点呼)
③ 緊急連絡表を持ち、風向きなどを考慮し避難経路を経て指定場所に誘導する
④ 火元を点検する
⑤ 災害原因に応じて扉を開閉する
⑥ 避難誘導後、人員点呼をして責任者に報告する

避難訓練の実施状況や参加人数、評価・反省も記録しておきましょう。

※資料提供　奈良・ふたば保育園

食育

食育は、園において大切な保育の内容として位置づけられます。子どもたちの豊かな食体験を保障し、実態に合わせてよりよく変えていくために計画をたてて取り組む必要があります。ここでは、0歳の食育に関する計画の例を3つ紹介します。立案の参考にしてください。

0歳児の立案のポイント

❶ ミルクは乳児にとって命の綱

母乳が出ないとか、園に入って母乳が飲めないときは、人工栄養になります。調整粉乳を使用する場合は、月齢別調乳基準に基づいて過不足なくミルクを与え、体重の変化に注意します。乳児にはミルクが命の綱です。

❷ 離乳食は自立に向けての課題です

4～5か月以降の乳児には、ミルクだけでは発育に見合った栄養素や熱量が不足します。唾液や胃酸の分泌が増加し、舌を押し出す反射が消えるころから、液状→半固形食→固形食へと離乳食を進めていきます。

❸ 食事を通しての愛着関係の形成

母親や保育者の腕に抱かれての授乳や、スプーンで食べさせてもらう食事、旬の食材を使ったおいしい手作りの食事は、体だけではなく心の栄養にもなります。その幸せは自己価値意識、人への信頼関係を高めます。

食育ってなに？

食育の目標と目ざす子どもの姿

園における食育の目標は、現在をもっともよく生き、かつ、生涯にわたって健康で質の高い生活を送る基本としての「食を営む力」の育成に向け、その基礎を培うことです。楽しく食べる子どもへの成長を期待しつつ、次の5つの子ども像の実現を目ざします。

①おなかがすくリズムの持てる子ども
②食べたいもの、好きなものが増える子ども
③いっしょに食べたい人がいる子ども
④食事作り、準備にかかわる子ども
⑤食べ物を話題にする子ども

以上の姿を目ざし、食事の時間を中心としつつも、入所している子どもの生活全体を通して進める必要があります。

3歳未満児の食育って…？

3歳未満児においては、その発達特性から見て、項目別に食育に関する活動を区分することがむずかしい面があることに配慮して、計画を作成することが重要です。また、ひとりひとりの生育歴や、発達及び活動の実態に合わせた配慮を行ないます。特に、全職員の協力、家庭との連携を密にして、24時間の生活を通して食の充実が保たれるように、取り組む必要があります。生活リズムや食べ方を身につけていく大切な時期です。「食べたい」という意欲を育て、食事を楽しむ気持ちを大切にしましょう。

遊ぶことを通して

思い切り遊ぶことで、子どもは空腹になります。よく遊んでしっかりご飯を食べるようにしましょう

食文化の出会いを通して

行事食や旬の食材から季節感を味わえるように、体験の機会を増やしましょう。気持ち良く食事をするマナーを

人とのかかわり

大好きな人といっしょに食べることで、愛情や信頼感をはぐくんでいきましょう

食べることを通して

食べ物をおいしく食べられるよう、興味・関心を引き出しましょう

料理づくりのかかわり

見て、嗅いで、音を聞いて、触って、味見して料理への関心が持てるようにしていきましょう

自然とのかかわり

身近な動植物との触れ合いを通して、自然の恵み、命の大切さを気づかせていきましょう

Ⓒ 川原佐公

サポート資料 ❹

発達に沿った 0歳児の食育計画

離乳食開始前の、ミルクの提供を含む具体的な食事提供に関する計画については、P.176、177 の上部の表を参考にしてください。

それぞれの期と月齢はあくまでめやすです。ひとりひとりの発達のようすをよく見て、楽しい食体験ができるように工夫しましょう。

目標 ①成長に合った離乳食が食べられる。 ②食べたいという意欲を持つ。

1、5か月になったら離乳食の準備をはじめましょう
①授乳時間を 3〜4 時間空けるようにする (1日5〜6回の授乳にする)。
②スプーンの練習をする。
③乳汁以外の味に慣らす (白湯・麦茶・野菜スープ・薄めた果汁・重湯　など)。

月齢		5〜6か月	7〜8か月	9〜11か月	12〜15か月
		ゴックン期	モグモグ期	カミカミ期	パクパク期
ねらい		粒のないべたべた状の離乳食をじょうずにゴックンできる	舌で楽につぶせる固さの離乳食をもぐもぐと口を動かし食べることができる	歯ぐきでつぶせる固さの離乳食を、口の中で移動しながらかむことができる	バランスの取れた離乳食をしっかりカミカミして食べることができる
口の動き		●始めは口を開けたまま飲み込むが、だんだん上唇を下げて口を閉じ、圧力をかけてゴックンと飲み込む。	●しっかりと口を閉じ、舌を上下に動かして口腔の上あごに舌を押し付けて食べ物をつぶす。●つぶすのに合わせて左右の口角が伸びたり縮んだりする。●口唇に筋肉がつき、口を結んだ時水平になり、一文字に見える。	●前歯を使い、量や大きさを調整する。●舌を動かし、奥の歯茎に食べ物をのせる。●口唇は上下唇がねじれながら閉じる。●ほほをふくらませて歯茎ですりつぶしてカミカミする。●あごはかんでつぶす側がしゃくれる。	●口唇や口角が、自分の意志で自由に動かせるようになる。●奥歯でかめるようになる。●基礎的な咀嚼運動が完成する。
食育内容	食べさせ方	●食事前に手をふく(または洗う)。●保育者があいさつしてみせる。●開口時は舌上面と床面が平行になるような姿勢で座らせる。●下唇をスプーンで刺激し、出てきた舌先に食べ物を乗せる。●口からこぼれたものはスプーンですくって与える。	●下唇をスプーンで刺激し、上唇の動きを引き出す。●離乳食は取り込みやすいように舌の前部に置き、上下唇で挟み取らせる。●口を閉じ、舌と上あごでつぶしているか観察する。●手づかみ食べを認め、食べ物の感覚を体感させる。●コップの練習を始める。	●持ちたがる時は乳児用のスプーンを持たせる。●取り込んでかんでつぶし、飲み込むことを体得させる。●ひと口量がかじり取れるように口に運ぶ。●「おいしいね」の言葉をかけながら食べることの楽しさを知らせる。	●決まった時間に食事をする。●手伝ってもらいながら手を洗う。●食事中、背中や足裏も安定させる。●自分にあったひと口量をかみ取る練習をする。●手づかみ主体の発達を認め、スプーンやフォークを使うことにも慣れさせる。●自分で食べようとする気持ちを大切にする。
	離乳食のポイント	●旬の食品を使用する。●衛生面に気をつける。●ポタージュ状のものから少しずつ水分の少ないジャム状にする。●均一の調理形態(ドロドロ状)に仕上げる。	●食品の種類を増やす。●一応形はあるけれども舌で簡単につぶせる固さ(最初は豆腐程度)にする。●唾液と食べ物をじょうずに混ぜ合わせることができないので、とろみがあって粘り気はないものにする。	●鉄分の多い食品を取り入れる。●柔らかくて形の大きなものにし、歯茎でつぶせる固さ(バナナ程度)にする。●キュウリ・人参スティックなど手で持てるものを準備する。●急に固くしないように注意する。●味付けは薄くする。	●離乳は完了してもかむ力は未熟なので、食事は移行期間を設ける。●味付けは薄くする。●栄養のバランスを考え、いろいろな味に出会わせる。●食べる意欲をそそるような形態も取り入れる。
発達の目安	全身	寝返りが始まるころ	腹ばいのころ	ハイハイとおすわりのころ	歩行開始のころ
	手指機能	てのひらでつかむ。 手全体でつかむ。	親指でつかむ。	*手・指・手首・ひじの機能をチェックする。 親指とひとさし指でつかむ。	*食具を持てることと使えることを混同しない。 スプーンやフォークを持って食べる。
	生歯				

※資料提供　奈良・ふたば保育園

食育

ミルクを進めるめやすとして

月齢別調乳基準表

CD-ROM 計画サポート集 ▶ 食育 ▶ 月齢別調乳基準表

表は進め方の一例で、表内の値はあくまでめやすの値です。ひとりひとりに合った進め方の参考にしてください。

月齢	1/2か月まで	1/2〜1か月	1〜2か月	2〜3か月	3〜4か月	4〜5か月	5〜6か月	6〜7か月	7か月以後
基準体重	3.2kg	3.8kg	4.8kg	5.9kg	6.7kg	7.2kg	7.6kg	8.0kg	
粉乳量	20ccに3g(1さじ)の割合15%(単一調乳)								
	12.0g 4.0さじ	15.0g 5.0さじ	21.0g 7.0さじ	24.0g 8.0さじ	31.5g 10.5さじ	33.0g 11.0さじ	33.0g 11.0さじ	34.5g 11.5さじ	36.0g 12.0さじ
出来上がり量	80cc	100cc	140cc	160cc	210cc〜200	220cc〜200	220cc〜200	230cc〜200	240cc〜200
1日の回数	7	7	6	6	5				
1日の全哺乳量	560cc	700cc	840cc	960cc	果汁などでの水分を補給すれば、出来上がり量を200ccぐらいまでに減らし、少し濃くしてもよい。				

この基準量と使用量は、表示月齢の中間時の値を示します。さじで計るときは必ずすり切りにし、2〜3回調乳しましょう。

※参考資料 川原佐公編著『乳児保育』

授乳のポイント

授乳前には、オムツがぬれていないか確かめたり、顔や手を温かいおしぼりでふいたりして、気持ちの良い状態にしましょう。

① 抱き方
- 頭が保育者の腕に乗るようにあおむけに抱いて、もう片方の手で、腰をかかえるように安定させます。

② 飲ませ方
- 飲ませ始めるときは、乳首を軽く唇に触れ、吸い付きを促すようにします。乳首を含ませたら、瓶底を上げて、乳首の部分にたっぷりミルクが入るように。
- ゆったりとした気持ちで接し、「おいしいね」など目を見て優しく話しかけましょう。

③ 清潔に
- 哺乳瓶は毎回洗って清潔に保ちましょう。生後4か月くらいまでの子どもには、毎回消毒すると安心です。
- ミルクを作り置きしたり、哺乳瓶を別の子に使い回したりしないように。

授乳後は
子どもの胃の辺りが、保育者の肩に当たるよう高めに抱き、背中を下から上にさするようにするか、軽くたたいたりして、げっぷを出すようにします。1〜2分でげっぷと空気が出ます。

サポート資料 ❹

離乳食を進めるめやすとして

離乳食実施予定表

CD-ROM 計画サポート集 ▶ 食育 ▶ 離乳食実施予定表

離乳食を進めるめやすとしてご参照ください。実施の予定表を作っておくと、園の職員間や、家庭との共通認識のもとで進めることができます。

月齢	5〜6か月	7〜8か月	9〜11か月	12〜18か月
	ゴックン期	モグモグ期	カミカミ期	パクパク期
食べ方の目安	●子どものようすを見ながら、1日1回1さじずつ始める。 ●母乳やミルクは飲みたいだけ与える。	●1日2回、食事のリズムをつけていく。 ●いろいろな味や舌触りを楽しめるように、食品の種類を増やす。	●食事のリズムを大切に、1日3回食に進めていく。	●1日3回の食事のリズムを大切に、生活のリズムを整える。 ●自分で楽しみながら、手づかみで食べ始める。
離乳食	1回(10時)	1回(10時)	2回(10時・14時)	1回(11時)
ミルク	2回(10時・14時)	2回(10時・14時)	2回(10時・14時)	なし(午前午後間食)
調理形態	ドロドロ	舌でつぶせる硬さ	歯茎でつぶせる硬さ	幼児食へ移行(お弁当は不要)
食品・1回量 *穀類 米・パン・うどん	つぶし粥・パン粥 5〜10g	つぶし粥・パン粥・卵黄粥 30〜70g	粥〜軟飯・パン粥・全粥 80〜100g	
*卵 鶏卵	卵黄 1/4	卵黄 1/2〜1個	卵黄〜全卵 1/2〜1個	全卵 1/2〜1個	
*鳥獣魚肉 レバー・魚・肉	すりつぶし・ペースト 5〜10g	つぶし・ほぐし 10〜20g	ほぐし(魚)・そぼろ(肉) 20〜30g	
*野菜	すりつぶし 5〜10g	つぶし・おろし 10〜30g	おろし・きざみ 30〜40g やわらか煮 50g	
*果物	果物 50g	果汁・煮つぶし・おろし 50〜100g	果汁・おろし煮・そのまま 50〜100g	

※資料提供 奈良・ふたば保育園

園における食物アレルギー対応10原則（除去食の考え方等）

食物アレルギーは乳幼児に多く、疾患の状態は育ちにつれて変化します。アレルギー児や保護者が安心し、安全に保育を実施するために、それぞれが役割を認識し、組織的にこまめに対応することが重要です。

① 食物アレルギーのない子どもと変わらない安全・安心な、保育園での生活を送ることができる。

② アナフィラキシー症状が発生したとき、全職員が迅速、かつ適切に対応できる。

③ 職員、保護者、主治医・緊急対応医療機関が十分に連携する。

④ 食物除去の申請には医師の診断に基づいた生活管理指導表が必要である。（診断時＋年1回の更新）

⑤ 食物除去は完全除去を基本とする。

⑥ 鶏卵アレルギーでの卵殻カルシウム、牛乳アレルギーでの乳糖、小麦での醤油・酢・麦茶、大豆での大豆油・醤油・味噌、ゴマでのゴマ油、魚でのかつおだし・いりこだし、肉類でのエキスなどは除去の必要がないことが多いので、摂取不可能な場合のみ申請する。

⑦ 除去していた食物を解除する場合は親からの書面申請で可とする。

⑧ 家でとったことがない食物は基本的に保育園では与えない。

⑨ 共通献立メニューにするなど食物アレルギーに対するリスクを考えた取り組みを行なう。

⑩ 常に食物アレルギーに関する最新で、正しい知識を職員全員が共有し、記録を残す。

※参考資料『保育所におけるアレルギー対応ガイドライン』（厚生労働省）

子育て支援

子育て支援計画では、地域性や、園の専門性を十分に考慮して計画をたてましょう。ここでは、地域における子育て支援の年間計画例を紹介します。

子育て支援の6つの基本

★ 子育て親子の交流
親子間や子育て家庭間の交流の場の提供や交流の促進に努めます。
● 子育て教室の開催・保育体験　など

★ 子育て不安等についての相談
子育てなどに関する相談に応じたり、援助や指導を行なったりします。
● 電話相談・面談相談　など

地域における 子育て支援年間計画表

ねらい　子育ての負担感の緩和を図り、安心して子育て・子育ちができる環境を整備するため地域の子育て機能の充実を図る。
＊年齢や発達に合わせたいろいろな遊びの場を提供して、子育て家庭が育児のノウハウを知るきっかけをつくる。
＊園児や子育て支援事業に参加の子どもたちとの交流の中で異年齢児とのかかわりを深める機会を持つ。親同士の交流を深められるように仲介する。

		子育て親子の交流	子育て不安等についての相談	子育て関連情報の提供
支援の内容		●「親子で遊ぼ　わくわく広場」（フリー参加）園の専門性を活かし遊びを紹介する中で、子どもの発達などを知らせる。 ●「いっしょにあそぼ」（フリー参加）家ではなかなか体験できない運動会・水遊び・もちつきなどを親子で体験する。 ●「うきうき広場」（会員限定）コーナー遊びで園児との交流を図る。 ●「子育て広場」（会員限定）表現遊び・製作遊び・運動遊び・読み聞かせ・身体計測など。	● 電話相談 随時相談に応じる（子どもの発達・しつけ・遊び場・一時預かりなどについて）。 ● 面談相談 随時相談に応じる（相談に応じて対応する。子育てが楽しくできるように遊び場の紹介をする）。 ● 遊びの広場に相談コーナーを設ける。 ● 登録参加者にもそのつど相談に応じる。 ● 遊びを通してその遊びからの子どもの発達を知らせる。	● ブログ 遊びの広場紹介・絵本の紹介・健康について・リフレッシュ体操など。 ● 子育て通信（ハガキ短信） ● ポスター提示 ● チラシ配布 ● 新聞折込チラシ月2回 ● メール配信
保育者の援助・準備など	1期 4・5・6・7・8月	● 遊びを紹介する中で子どもたちの発達などに関心が持てるように知らせたり、家でも親子でふれあえるヒントが与えられるようにしたりする。 ● 初めての参加の方へは親同士の友達の輪ができるように仲介する。 ● 参加方法やマナー約束事（遊具やはんこなどの使い方）などを知らせる。友達づくりができるように仲介し、遊びに誘う。	● 遊びの広場では遊びの紹介だけではなく、子育てについての悩みなどの相談も受ける。また、遊びの中で子どもの発達なども知らせる。アンケートなど（どんな疑問や希望を持っているか）。	● ブログで遊びの広場の実施紹介をして、より多くの地域の親子に参加してもらう。 ● 遊びの広場で紹介するなど、ブログを見てもらえるようアピールする。 ● 子育て支援事業のチラシなどを置かせてもらう（市民ホール・保健センター）。 ● 毎週1回メールにて、イベント案内のメールを配信する。
	2期 9・10・11・12月	● 親子の遊びを楽しめるように紹介する。 ● 親同士の交流が楽しくできるようにし、子育ての喜び・苦労などを共感し合えるようにする。 ● 園児との交流を深めていき、異年齢児とのふれあいを通し刺激を受け合うことができるように仲介する。 ● 年齢や発達に応じた遊びを紹介するいろいろな子育ての相談に応じられるようにする。友達と積極的に交流ができるように支援する。	● 遊びの広場では遊びの紹介だけではなく子育てについての悩みなどの相談も受ける。	● ブログで遊びの広場の実施後、紹介をして関心を持ってもらえるようにする。参加し、友達の輪を広げ、子育てを共に楽しくできるようにする。 ● ブログに感想や意見のコメントをして参加してもらえるように促す。
	3期 1・2・3月	● 子育てが楽しいものになるように相談ができ、子どもの成長にも関心を持てるようにする。 ● 地域の親子の方々が園に来られても気軽に遊びの中に入れるように人的・物的環境を整える。 ● 自分たちでの活動がしやすいように、部屋を貸したり遊びのヒントを出したり相談に乗ったりする。 ● 毎回遊具の点検をしてかたづけや使い方のマナーも知らせていく。	● 友達の交流を深めその中でもみんなで相談し合えるように促す。同じ悩みを持っているなどもわかり子育てに意欲を持ってもらう。 ● 楽しく子育てができるようにする。	● 友達を誘ったり約束をしたりしながら、遊びの広場に積極的に参加してもらえるようにする。

サポート資料 ❺

(指針・教育・保育要領に沿って項目を摘出しています。)

★ **子育て支援関連情報の提供**
地域の子育て支援に関する情報を、実情に合わせて提供します。
● ポスター提示・チラシ配布・メール配信 など

★ **講演会等の実施**
子育てや子育て支援に関する講演会などの催しを実施します。
● 子育て講演・保育者による実技講習 など

★ **子育て人材の育成・援助**
子育て支援にかかわる地域の人材を積極的に育成、活用するように努めます。
● 保育サポーターの育成や協力依頼 など

★ **地域との交流・連携**
市町村の支援を得て、地域の関係機関や団体、人材と、積極的に連携、協力を図ります。
● 老人会の方々への講師依頼 など

CD-ROM
計画サポート集 → 子育て支援 → 子育て支援年間計画表

評価反省課題
来園者はほとんど決まった方であったが、後半は少しずつHPやブログなどを見て子育て広場にも参加する方がいた。もっと広がってほしいと思う。そのためにチラシ配布や宣伝を積極的にしていきたい。その中で交流を仲介したり、話をする機会を設けたりして、ひとりで悩まず情報を少しでも共有できるようにしていきたい。また、「うきうき広場」での園児との交流も、もっと伝えていきたい。

講習会等の実施	子育て人材の育成・援助	地域との交流・連携
● 子育て講演（対象　保護者）食育・写真・健康・体操（自彊術）・絵画 ●「いっしょにあそぼ」（対象　保護者と子ども）伝承遊び・絵・親子リトミック・ベビーダンス　など	● 保育サポーターサークル　サポーター依頼の報告（月の予定・もちつき　などの参加依頼） ● 子育て中の保護者　子育て中の保護者の交流を深める。親子遊びを伝えたり、子どもを預かり合い、リフレッシュできる機会をつくったりする。	● 市町村・栄養士 ● 専属カメラマン ● 保健師 ● 地域高齢者の方々　老人会 ● 地域読み聞かせボランティアの方
● 子どもの食育について関心を持ってもらう。また、疑問などあれば聞けるように援助する。 ● 日ごろ家庭ではできないものを企画して、親子で楽しんでもらえるようにしていく。 ● 親には昔からの伝承行事や、園での行事などにも関心を持ってもらう。	● チラシ依頼 ● 遊びの広場などの計画をたてておき、日程を報告する。積極的に参加してもらえるようにしていく。 ● 部屋を空けておき、交流しやすいようにしておく。	● 講師依頼（講演会）　栄養士（食育について） ● カメラマン（子どもの写真撮影依頼） ● 保健師に年間依頼（子どもの発達について） ● 老人会に、伝承遊びを親子に教えてもらう依頼（お手玉・折り紙・こま回しなどを教えてもらう中で老人の方との交流を深める） ● 地域読み聞かせボランティアに、手遊びや絵本の読み聞かせ依頼
● 食事について楽しめるようにする。 ● 積極的に自分でも進めて、感想なども聞いていく。 ● 日ごろ家庭ではできないものを企画して、親子で楽しんでもらえるようにしていく。 ● 親には昔からの伝承行事や、園での行事などにも関心をもってもらう。 ● 家でも楽しんでもらえるようにする。	● 活動報告を聞く。 ● 講演などのサポートを依頼してサポーターと地域の方をつなげていけるようにする。 ● 遊びの計画を立て親子で楽しめるように進めていく。	
● 親がリフレッシュしてもらえるようにし、交流を深めてもらう。また、自分たちで活動していけるようにする。	● 活動を広げていけるようにする。 ● 必要に応じ、家庭に、保育サポーターを紹介する。 ● 子育てを支援し合えるように助言して、お互いにリフレッシュできるようにする。	

※資料提供　奈良・ふたば保育園

子育て支援

子育て家庭に向けて、園の機能を開放することは、地域の子育て拠点として、園で取り組むべき大切な支援内容です。ここでは、子育て広場開催日の1日の流れを紹介します。担当者でなくても、全職員が協働するために、作成し、チームワークを密にするために活用すると良いでしょう。

CD-ROM
計画サポート集
▼
子育て支援
1日の流れ予定表

1日の流れを表した例

子育て広場の開催日

時間	主な活動	担当保育者の動き
8:25		● メール・ブログの確認 　返信メールやコメントをする
8:30		● ミーティング 　他クラスとの連携 　○ その日の予定確認 　○ 予定人数報告など
		● 環境整備 ● 保育室の準備確認 　(受付セット準備含む) ● メールの確認
9:45 10:00	登園 ● 受付 ● 保育者が親子遊びを設定する 『おはようのうた』をうたう 朝のあいさつをする 出欠調べ (返事をしたり自己紹介をし合ったりする) 手遊びやふれあい遊びを楽しむ 各広場の親子遊びをする (運動遊び・製作遊び・歌遊び・ふれあい遊び 　絵本読み聞かせ・誕生会・身体計測　など)	● 受付 ○ 親子それぞれの名札を付けてもらう ○ 子どもの健康状態を把握する為健康チェック用紙に記入してもらう ○ 出席カードを各自に作りスタンプを押してもらう ○ 初めての参加の方にブログなどの写真掲載許可をもらう 　(用紙にサインをしてもらう) ● 親子の方々に親子遊びを紹介する
10:55	かたづけ	
11:00	● あいさつ (以降フリータイムになり順次降園する人もいるためみんなで帰りのあいさつをしておく) (名札は指定のカゴに戻す)	ブログ掲載の写真撮影 ● 子育て中の親の話を聞く ● 次回の来園を勧める ● 親同士の交流の仲介をする ● ブログの作成をする ● 子育て相談の記録をする ● 今日の子育て広場の出席者の集計をする ● 次回の子育て広場の準備
	● フリータイム(各コーナーでの遊び) ○ 親子で好きな遊びをする 　ままごと 　輪投げ 　手作りサイコロ・お手玉 　絵本 　汽車と線路 　ブロックや積み木 　トンネル・お家　など ○ お母さんたちのおしゃべりタイム ● 順次降園する	
16:00 16:35		● 保育室の掃除をする ● ミーティング ○ その日の連絡事項の報告 ○ 明日の予定を報告

職員間のチームワークのポイント

全職員間のミーティングで、その日の予定や使用場所などを確認し合います。子育て支援担当の保育者からは、上記に加えて、参加予定人数や初参加者の有無などの参加状況を伝え、共通認識を図ります。

準備のポイント

親の名札には
○ ○○町
○ 名字(姓)　を記入。
子どもの名札には
○ 子どもの姓名の記入
○ 年齢別に台紙の色を変える
○ 子どもがわかりやすいようにシールをはる
などして工夫します。

環境のポイント

参加者が自由に遊んだり、交流したりできるようなリラックスした雰囲気づくりを心がけます。要望に応じて、子育てに関する相談の場を設けたり、状況に応じて各コーナーの遊びの見守りやブログの作成を行なったりします。

※資料提供　奈良・ふたば保育園

CD-ROMの使い方

ここからのページで、CD-ROM内のデータの使い方を学びましょう。

❗CD-ROMをお使いになる前に必ずお読みください

付属のCD-ROMは、「Microsoft Office Word 2010」で作成、保存したWordデータを収録しています。お手持ちのパソコンに「Microsoft Office Word 2010」以上がインストールされているかご確認ください。
付属CD-ROMを開封された場合、以下の事項に合意いただいたものとします。

●動作環境について

本書付属のCD-ROMを使用するには、下記の環境が必要となります。CD-ROMに収録されているWordデータは、本書では、文字を入れるなど、加工するにあたり、Microsoft Office Word 2010を使って紹介しています。処理速度が遅いパソコンではデータを開きにくい場合があります。
○ハードウェア
　Microsoft Windows 10 以上
○ソフトウェア
　Microsoft Office Word 2010 以上
○CD-ROMを再生するにはCD-ROMドライブが必要です。
※Mac OSでご使用の場合はレイアウトが崩れる場合があります。

●ご注意

○本書掲載の操作方法や操作画面は、『Microsoft Windows 10 Professional』上で動く、『Microsoft Office Word 2010』を使った場合のものを中心に紹介しています。
　お使いの環境によって操作方法や操作画面が異なる場合がありますので、ご了承ください。
○データはWord 2010以降に最適化されています。お使いのパソコン環境やアプリケーションのバージョンによっては、レイアウトが崩れる可能性があります。
○お客様が本書付属CD-ROMのデータを使用したことにより生じた損害、障害、その他いかなる事態にも、弊社は一切責任を負いません。
○本書に記載されている内容に関するご質問は、弊社までご連絡ください。ただし、付属CD-ROMに収録されているデータについてのサポートは行なっておりません。
※Microsoft Windows, Microsoft Office Wordは、米国マイクロソフト社の登録商標です。
※その他記載されている、会社名、製品名は、各社の登録商標および商標です。
※本書では、TM、®、©、マークの表示を省略しています。

●CD-ROM収録のデータ使用の許諾と禁止事項

CD-ROM収録のデータは、ご購入された個人または法人・団体が、営利を目的としない掲示物、園だより、その他、家庭への通信として自由に使用することができます。ただし、以下のことを遵守してください。
○他の出版物、企業のPR広告、商品広告などへの使用や、インターネットのホームページ（個人的なものも含む）などに使用はできません。無断で使用することは、法律で禁じられています。なお、CD-ROM収録のデータを変形、または手を加えて上記内容に使用する場合も同様です。
○CD-ROM収録のデータを複製し、第三者に譲渡・販売・頒布（インターネットを通じた提供も含む）・賃貸することはできません。
○本書に付属のCD-ROMは、図書館などの施設において、館外に貸し出すことはできません。
（弊社は、CD-ROM収録のデータすべての著作権を管理しています）

●CD-ROM取り扱い上の注意

○付属のディスクは「CD-ROM」です。一般オーディオプレーヤーでは絶対に再生しないでください。パソコンのCD-ROMドライブでのみお使いください。
○CD-ROMの裏面に指紋をつけたり、傷をつけたりするとデータが読み取れなくなる場合があります。CD-ROMを扱う際には、細心の注意を払ってお使いください。
○CD-ROMドライブにCD-ROMを入れる際には、無理な力を加えないでください。CD-ROMドライブのトレイに正しくセットし、トレイを軽く押してください。トレイにCD-ROMを正しく乗せなかったり、強い力で押し込んだりすると、CD-ROMドライブが壊れるおそれがあります。その場合も一切責任は負いませんので、ご注意ください。

CD-ROM 収録データ一覧

付属の CD-ROM には、以下の Word データが収録されています。

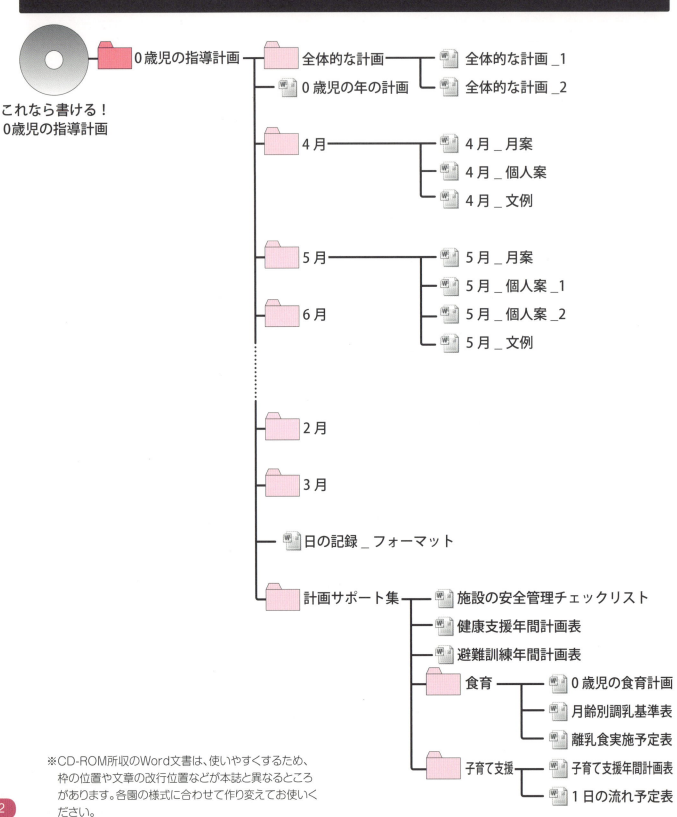

これなら書ける！
0歳児の指導計画

- 0歳児の指導計画
  - 全体的な計画
    - 全体的な計画_1
    - 全体的な計画_2
  - 0歳児の年の計画
  - 4月
    - 4月_月案
    - 4月_個人案
    - 4月_文例
  - 5月
    - 5月_月案
    - 5月_個人案_1
    - 5月_個人案_2
    - 5月_文例
  - 6月
  - 2月
  - 3月
  - 日の記録_フォーマット
  - 計画サポート集
    - 施設の安全管理チェックリスト
    - 健康支援年間計画表
    - 避難訓練年間計画表
    - 食育
      - 0歳児の食育計画
      - 月齢別調乳基準表
      - 離乳食実施予定表
    - 子育て支援
      - 子育て支援年間計画表
      - 1日の流れ予定表

※CD-ROM所収のWord文書は、使いやすくするため、枠の位置や文章の改行位置などが本誌と異なるところがあります。各園の様式に合わせて作り変えてお使いください。

付属のCD-ROMのWordデータを使って
指導計画を作ろう

『Word』を使って、指導計画を作ってみましょう。付属のCD-ROMのWordデータはMicrosoft Office Word 2010で作成されています。ここでは、Windows 10上で、Microsoft Office Word 2010を使った操作手順を中心に紹介しています。

（動作環境についてはP.181を再度ご確認ください）
※掲載されている操作画面は、お使いの環境によって異なる場合があります。ご了承ください。

CONTENTS

Ⅰ データを開く・保存・印刷する ……………………… P.184
　❶ Wordのデータを開く／❷ データを保存・印刷する

Ⅱ 文字を打ち換える ……………………………………… P.186
　❶ 文字を打ち換える／❷ 書体や大きさ、文字列の方向、行間、文字の配置を変える

Ⅲ 枠を調整する …………………………………………… P.189
　❶ 枠を広げる・狭める／❷ 枠を増やす・減らす

基本操作

マウス

マウスは、ボタンが上にくるようにして、右手ひとさし指が左ボタン、中指が右ボタンの上にくるように軽く持ちます。手のひら全体で包み込むようにして、机の上を滑らせるように上下左右に動かします。

クリック カチッ
左ボタンを1回押します。ファイルやフォルダ、またはメニューを選択する場合などに使用します。

ダブルクリック カチカチッ
左ボタンをすばやく2回押す操作です。プログラムなどの起動や、ファイルやフォルダを開く場合に使用します。

右クリック カチッ
右ボタンを1回押す操作です。右クリックすると、操作可能なメニューが表示されます。

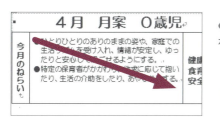

ドラッグ カチッ…ズー
左ボタンを押しながらマウスを動かし、移動先でボタンを離す一連の操作をいいます。文章を選択する場合などに使用します。

元に戻る・進む

間違えたら ↶ をクリックすると元に戻り、やり直せます。↷ は、その逆です。

I データを開く・保存・印刷する

使用するデータをCD-ROMから抜き出し、わかりやすいように名前を付けて保存します。使用する大きさに合わせて印刷サイズも変えることができます。

1 Wordのデータを開く

1. CD-ROMをパソコンにセットする
パソコンのCD-ROM（またはDVD）ドライブを開き、トレイにCD-ROMを入れます。

2. フォルダーを開く
自動的に「エクスプローラー」画面が表示され、CD-ROMの内容が表示されます。画面の右側にある「0歳児の指導計画」フォルダーをダブルクリックして開きます。

「DVD」ドライブ　「エクスプローラー」ボタン　左記の画面は右下のボタンをクリックした状態です。

> **ヒント**
> ※CD-ROMのエクスプローラーを閉じてしまった場合は、タスクバーの「エクスプローラー」ボタンをクリックして開き、左側のナビゲーションウィンドウで「PC＞CD-ROM（またはDVD）ドライブ」をクリックします。
>
>

3. ファイルをデスクトップにコピーする
使用するWordファイルをデスクトップにドラッグします。

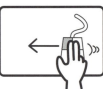

4. ファイルをダブルクリック

デスクトップにコピーしたWordファイルをダブルクリックしましょう。

4月_月案

5. Wordのデータを開く
「Word」が起動して、下の画面が現れます。

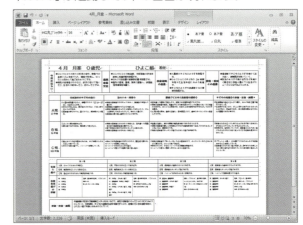

Ⅰ データを開く・保存・印刷する

2 データを保存・印刷する

1. 「名前を付けて保存」する

「ファイル」タブ→「名前を付けて保存」をクリックし、現れた画面で保存先（「ドキュメント」など）を指定します。わかりやすい名前を付け、最後に「保存」をクリックします。

2. 印刷する

プリンターに用紙をセットし、「ファイル」タブの中の「印刷」をクリックします。現れた画面で、設定をお使いのプリンターに合わせ、「印刷」をクリックします。

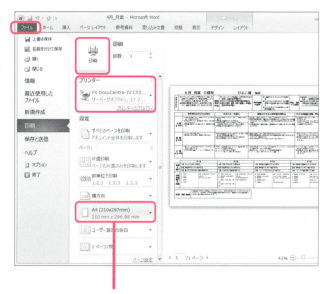

※CD-ROM所収のデータはすべて、A4サイズの設定になっています。適宜、用紙サイズの設定を変えて拡大縮小してお使いください。

※下記の画像が出てくるときは、「はい」をクリックします。

ヒント

保存したファイルを開くには、画面の左下にある「スタート」をクリック。項目の中から「ドキュメント」（データを保存した保存先）を選択します。

※デスクトップ上に「ドキュメント」がある場合は、そのアイコンをダブルクリックします。現れたウインドウから保存したファイルをダブルクリックします。

Ⅱ 文字を打ち換える

担当クラスのようすや、担当クラスの子どもたちに合わせて文字を打ち換えましょう。
書体や大きさなども変えるなどしてアレンジしてみてください。

1 文字を打ち換える

1. 変更したい文章を選択する

変更したい文章の最初の文字の前にカーソルを合わせてクリックし、ドラッグして変更したい文章の範囲を選択します。

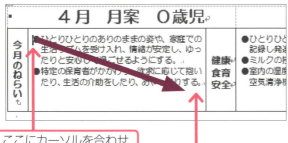

ここにカーソルを合わせて、変更したいところまでドラッグします。

ここでマウスをはなすと、クリックしたところから、ここまでの文章が選択されます。

選択された文字の背景の色が変わります。

2. 新しい文章を打ち込む

そのまま新しい文章を打ち込みます。

2 書体や大きさ、文字列の方向、行間、文字の配置を変える

1. 文章の「書体」や「大きさ」を変える

文章を好きな書体（フォント）に変えたり、大きさを変えたりして、読みやすくしてみましょう。
まず、「1 1.変更したい文章を選択する」の方法で、変更したい文章の範囲を選択します。
次に、リボン※の「ホーム」でフォント・フォントサイズの右側「▼」をクリックし、書体とサイズを選びます。
※Word 2007以降は「メニューバー」と呼称せず、「リボン」と名称変更されています。

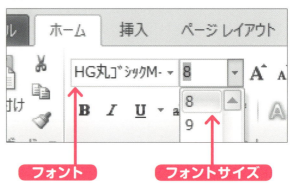

フォント
フォント名が英語のものは、日本語を表示できません。使うことのできるフォントの種類は、お使いのパソコンにどんなフォントがインストールされているかによって異なります。

フォントサイズ
フォントサイズは、数字が大きくなるほどサイズが大きくなります。
フォントサイズが8以下の場合は、手動で数値を入力します。

II 文字を打ち換える

下の例のように、文章が新しい書体と大きさに変わりました！

変更前
フォント:HG丸ゴシックM
フォントサイズ:8

変更後
フォント:MS明朝
フォントサイズ:10

2. 文字列の方向を変更する

変更したい文章を選択し、【表ツール】の「レイアウト」タブの「配置」から希望の文字列の方向を選択します。

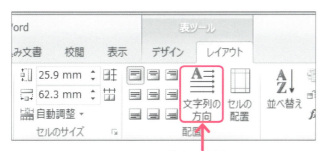

横書き・縦書き

横書き　　　縦書き

※枠（表）の中にカーソルがある時だけ【表ツール】が出現し、「デザイン」タブ、「レイアウト」タブが選択できます。

3.「行間」を調整する

行間を変更したい文章の範囲を選択します。次に、「ホーム」タブの「段落」の右下の「⇘」をクリックすると、「段落」のメニューが表示されます。

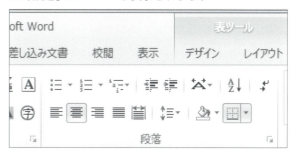

「インデントと行間隔」を選んで「行間」の1行・2行・固定幅など希望の「行間」を選びます。
行間設定の種類により、「行間」を任意に設定できます。固定値を選んだ場合は、「間隔」のところに、あけたい行間の数字を打ち込みます。

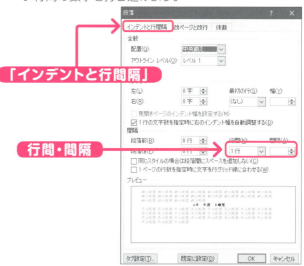

下の例のように、文章の行間が変わりました！

変更前
行間:1行

変更後
行間:2行

II 文字を打ち換える

4. 文字の配置を調整する

枠の中の文字を枠の中央に表示させるには、【表ツール】の「レイアウト」の「配置」から「両端揃え（中央）」を選びます。他にも「両端揃え（上）」「両端揃え（下）」などがあります。

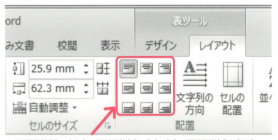

両端揃え（上）・両端揃え（中央）・両端揃え（下）

両端揃え（上）	両端揃え（中央）	両端揃え（下）

ヒント

文字数が増えて表から消えた場合

文字数が多い場合は枠の外から出て表示から消えたような症状が起こる場合があります。文字を小さく、行間を狭く調整すると文字が現れます。

※ただし、文字数が増えて枠が伸びる場合もあります。

数が増えて次のページに及ぶ場合

文字数が多い場合、次のページに及ぶことがあります。枠の幅が延びているためです。文字を小さく、行間を狭く調整（P.187参照）し、増えているページの改行を削除してください。

ヒント

「複写（コピー&ペースト）」、「移動（カット&ペースト）」の2つの操作をマスターすると、より簡単に文字の編集ができます。

複写（コピー&ペースト）

複写したい文章の範囲を選択し、「ホーム」の「クリップボード」グループの「コピー」をクリックします。

キーボードの「Ctrl」キー+「C」キーを同時に押してもよい。

貼り付けたい文章の位置を選択して、カーソルを移動します。「ホーム」の「クリップボード」グループの「貼り付け」をクリックすると、文章が複写されます。

キーボードの「Ctrl」キー+「V」キーを同時に押してもよい。

※貼り付けた先と書体や大きさが違う場合は、P.186-187を参考に、調整しましょう。

移動（カット&ペースト）

移動したい文章の範囲を選択し、「ホーム」で、「クリップボード」グループの「切り取り」をクリックします。

キーボードの「Ctrl」キー+「X」キーを同時に押してもよい。

移動したい位置をクリックして、カーソルを移動します。「クリップボード」グループの「貼り付け」をクリックすると、文章が移動されます。

キーボードの「Ctrl」キー+「V」キーを同時に押してもよい。

Ⅲ 枠を調整する

枠を広げたり狭めたりして調整してみましょう。
自分で罫線を引いたり消したりすることもできます。

1 枠を広げる・狭める

適当に枠をずらすと、それぞれに応じて行の高さや列の幅も変わってきます。行の高さや列の幅を変えることで枠を広げたり狭めたりしてみましょう。

1. 表の枠を上下左右に広げる、狭める

画面上の枠にマウスを合わせ表示画面上で、カーソルを合わせると ╪ や ╫ が出ます。

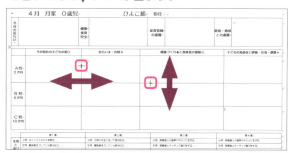

マウスをクリックしたまま上下左右に動かして変更します。このように、上下の高さ、左右の幅が変更できます。

※枠を広げたことで、次のページに及ぶときは、他の枠を狭めて調整してください。

ヒント

罫線をずらす時、近くの罫線とつながってしまうことがあります。その場合、表の形が崩れることがあります。

その時は、1度セルを分割（P.190のヒント参照）し、隣のセルと統合（P.190の1参照）させます。

この枠を分割させました。
（列数＝2、行数＝2）

上を結合させます。　　　下を結合させます。

つながってしまった罫線の
上の部分を結合させます。　下の部分を結合させます。

そして、罫線をずらしていきます。

III 枠を調整する

2 枠を増やす・減らす

表の中の枠を増やしたり減らしたりするときにはセルの結合・分割を使います。

1. 枠を結合して、枠の数を減らす

この3つの枠を1つに結合して、横枠（列）を1つにしてみましょう

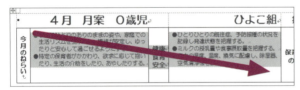

まず、マウスで結合したい枠の範囲をクリックしてドラッグし、選択します。

キーボードの「DEL」（「Delete」）キーを押し、文字を消去します。枠は残り、文字が消えた状態になります。

※「Back space」キーを使うと、セルまで消えてしまうので注意しましょう。

次に、再び結合したい枠の範囲を選択し、【表ツール】の「レイアウト」の「結合」から「セルの結合」をクリックします。

下のように、横枠（列）の数が1つに減りました！

ヒント

打ち間違えたり、表の形が崩れたりした場合、元に戻して、再度やり直してください。

ここをクリックすると、1つ前の操作に戻ります。

ヒント

枠を分割して、枠の数を増やすこともできます。

この枠を横に3分割して、横枠（列）を3つに（縦枠（行）は1つのまま）してみましょう

まず、マウスで分割したい枠をクリックして、【表ツール】の「レイアウト」の「結合」から「セルの分割」をクリックします。

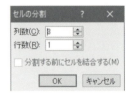

「列数」を「3」、「行数」を「1」と入力し、「OK」をクリックします。

III 枠を調整する

下のように、横枠（列）の数が3つに増えました！

この結合、分割を使って、作りたい指導計画の様式になるように、枠組をどんどん変えていきましょう！

2. 枠の結合・分割で枠の数を変更する

この枠の数を変えてみましょう

まずは、P.190の1.と同様の方法で、マウスで変えたい枠の中の文字を選択し、「DEL」（「Delete」）キーで文字を消去します。

続いて、P.190の1.と同様の方法で、マウスで結合したい枠の範囲をクリックして選択し、セルを結合します。

結合されました。

次に、P.190のヒントと同様に分割したい枠をクリックして、【表ツール】の「レイアウト」の「結合」から「セルの分割」をクリックし、横枠と縦枠の数を入力して分割します（ここでは、「列数」を「4」、「行数」を「2」とします）。

枠を作り変えられたら、P.189「枠を広げる・狭める」の方法で枠の幅を変えていきましょう。

【監修・編著者】
川原　佐公（かわはら　さく）
元・大阪府立大学教授
元・桜花学園大学大学院教授

【執筆協力者】
田中 三千穂（奈良・ふたば保育園園長）

【原案】
奈良・ふたば保育園

※所属、本書掲載の資料は、執筆当時のものです。

STAFF
本文イラスト：池田かえる・北村友紀・白川美和・町田里美・みやれいこ
本文デザイン：太田吉子
企画編集：安部鷹彦・山田聖子・北山文雄
校正：堀田浩之（飯田女子短期大学）
CD-ROM制作：NISSHA株式会社

※本書は、『これなら書ける！　0歳児の指導計画（2016年3月、ひかりのくに・刊）』を、2018年3月施行の保育所保育指針、幼保連携型認定こども園教育・保育要領の内容に沿って、加筆・修正したものです。

▼ダウンロードはこちら

CD-ROM収録のデータは、URL・QRコードより本書のページへとお進みいただけますと、ダウンロードできます。
https://www.merupao.jp/front/category/K/1/

※ダウンロードの際は、会員登録が必要です。

改訂版 これなら書ける！
0歳児の指導計画

2019年2月　初版発行
2020年12月　第3版発行
監修・編著者　川原佐公
執筆協力者　田中 三千穂
発行人　岡本 功
発行所　ひかりのくに株式会社
　　　〒543-0001　大阪市天王寺区上本町3-2-14
　　　TEL06-6768-1155　郵便振替00920-2-118855
　　　〒175-0082　東京都板橋区高島平6-1-1
　　　TEL03-3979-3112　郵便振替00150-0-30666
　　　ホームページアドレス　https://www.hikarinokuni.co.jp
印刷所　NISSHA株式会社

©2019 Saku Kawahara
乱丁、落丁はお取り替えいたします。

Printed in Japan
ISBN978-4-564-60923-7
NDC376　192P　26×21cm

本書のコピー、スキャン、デジタル化等の無断複製は著作権法上での例外を除き禁じられています。本書を代行業者等の第三者に依頼してスキャンやデジタル化することは、たとえ個人や家庭内の利用であっても著作権法上認められておりません。